आधुनिक विज्ञापन

आधुनिक विज्ञापन

डॉ. प्रेमचंद पातंजलि

वाणी प्रकाशन

वाणी प्रकाशन
4695, 21-ए, दरियागंज, नयी दिल्ली 110 002
फ़ोन : +91 11 23273167 फ़ैक्स : +91 11 23275710

शाखाएँ
अशोक राजपथ, पटना 800 004, बिहार
कॉफ़ी हाउस कैम्पस, महात्मा गांधी मार्ग, इलाहाबाद 211 001, उत्तर प्रदेश
महात्मा गांधी अन्तरराष्ट्रीय हिन्दी विश्वविद्यालय, वर्धा 442 001, महाराष्ट्र

www.vaniprakashan.in
marketing@vaniprakashan.in
sales@vaniprakashan.in

AADHUNIK VIGYAPAN
by Dr. Premchand Patanjali

ISBN : 978-81-7055-507-0
Media

प्रथम संस्करण 1997
द्वितीय संस्करण 2008
तृतीय संस्करण 2018

मूल्य : ₹ 495

एम.एस. प्रिंटर्स, दिल्ली-110 095 में मुद्रित

वाणी प्रकाशन का लोगो मक़बूल फ़िदा हुसेन की कूची से

भूमिका

विज्ञापन शब्द का उच्चारण अथवा पठन करने मात्र से मन में प्रतिदिन देखे-सुने विज्ञापनों की लहरें-सी उठने लगती हैं। लगता है आधुनिक जीवन विज्ञापन से ओत-प्रोत है, विज्ञापन से प्रेरित है। यहां यह कहना भी अतिश्योक्ति न होगी कि विज्ञापन से नियन्त्रित है।

आज विज्ञापन हमारे चारों ओर छाया हुआ है। इसे अनदेखा और अनसुना करना हमारे वश में नहीं है क्योंकि दैनिक जीवन में हमें विज्ञापन और विज्ञापित वस्तुओं से दो-चार होना पड़ता है। दैनिक उपभोग की इन वस्तुओं और सेवाओं के अतिरिक्त मानव जीवन को सुविधाजनक एवं आरामदायक बनाने वाली वस्तु व सेवा के प्रचार-प्रसार के लिए संचार माध्यमों के अलावा मेले एवं प्रदर्शनियों का आयोजन भी किया जाता है।

विज्ञापन न केवल साधन है अपितु सिद्धि भी है। उत्पादक के उत्पादों व सेवाओं की सूचना, परिचय, जानकारी, रुचि उत्पन्न करने, जिज्ञासा बढ़ाने, खरीद के लिए प्रेरित करने, खरीदने व एक ही ब्रांड को बार-बार खरीदने के लिए मानसिक प्रतिबद्धता की स्थिति पैदा कर विज्ञापन एक सशक्त साधन का कार्य करता है। उत्पादक व उपभोक्ता के बीच वह सेतु की भूमिका अदा करता है जिसके माध्यम से उत्पादक और उपभोक्ता परस्पर निकट आते हैं। इन सम्बन्धों में निरन्तर प्रगाढ़ता बनाए रखने और नए उपभोक्ताओं तक अपने उत्पाद को पहुँचाने के लिए उत्पाद को निरन्तर विज्ञापन का सहारा लेना पड़ता है। विज्ञापन के प्रभावस्वरूप उत्पाद की बिक्री अधिकाधिक बढ़ती जाती है जिसके परिणाम स्वरूप उत्पादन में वृद्धि की संभावनाओं के द्वार खुलते हैं। अधिक उत्पादन की स्थिति में उपभोक्ता सस्ते मूल्य पर बढ़िया वस्तु या सेवा प्राप्त कर सकता है क्योंकि उसके सामने एक ही वस्तु के अनेक ब्रांड बाजार में उपलब्ध होते हैं। ऐसी स्थिति में उसके सामने वस्तु या उत्पाद के चयन की समस्या आती है। विज्ञापन इस चयन की समस्या को सुलझाने में सहायता करता है।

दूसरी ओर, विज्ञापन व्यवसाय के तौर-तरीकों, कार्य प्रणाली, कार्य क्षेत्र आदि में अभूतपूर्व विकास एवं विस्तार हुआ है। आज इस व्यवसाय में लाखों लोग अपनी आजीविका कमा रहे हैं और यह व्यवसाय अब साधन मात्र न रह कर एक स्वतन्त्र आर्थिक गतिविधि की स्थिति प्राप्त कर चुका है। अन्य व्यवसायों की तरह इसमें भी पग-पग पर प्रतिस्पर्धा का सामना करना पड़ता है। अतः इसकी तकनीक, प्रबंधन, कलात्मक अभिव्यक्ति, माध्यम, कार्यक्षेत्र, प्रतिभा और कौशल दिन-प्रतिदिन तीव्र गति से परिवर्तित व विकसित होते जा रहे हैं।

विज्ञापन के क्षेत्र में शिक्षण, प्रशिक्षण, नए-नए पाठ्यक्रमों का संचालन सरकारी और गैर सरकारी संस्थाओं द्वारा देश भर में किया जा रहा है। इस क्षेत्र में रोजगार की असीम सम्भावनाएँ हैं। इसी कारण युवा पीढ़ी इस ओर अधिकाधिक आकर्षित हो रही है। विज्ञापन से सम्बन्धित जानकारी को व्यवस्थित करके पुस्तक के रूप में प्रस्तुत करने का उद्देश्य यही रहा है कि पत्रकारिता और विज्ञापन के छात्रों, शिक्षकों, जिज्ञासुओं और इस क्षेत्र में प्रवेश करने वाले युवक-युवतियों को पर्याप्त सामग्री एक ही स्थान पर उपलब्ध हो सके। फिर हिन्दी पत्रकारिता और विज्ञापन के फैलते क्षेत्र को ध्यान में रखते हुए यह भी आवश्यक है कि हिन्दी में भी ऐसे विषयों पर सामग्री अपने सम्पूर्ण रूप में उपलब्ध हो क्योंकि हिन्दी देश के आम आदमी की भाषा है। अतः उसी भाषा में उसे जानकारी दी जानी चाहिए। अंग्रेजी में विज्ञापन विषय पर पर्याप्त सामग्री उपलब्ध है किन्तु हिन्दी में इसका अभाव है। इस अभाव की पूर्ति करने की दिशा में यह पुस्तक एक प्रयास है।

प्रस्तुत पुस्तक दस अध्यायों में विभाजित है। प्रथम अध्याय 'विज्ञापन सामान्य परिचय' के अन्तर्गत विज्ञापन को परिभाषित करने के साथ-साथ उसके उद्देश्य, इतिहास, विज्ञापन कला और विज्ञान तथा विज्ञापन व विकास के सम्बन्धों पर प्रकाश डाला गया है। दूसरे अध्याय 'विज्ञापन के प्रकार' में विज्ञापन के विभिन्न भेदों (उद्देश्य, मांग, श्रोता-पाठक आदि के आधार पर) को विश्लेषित किया गया है। तीसरा अध्याय विज्ञापन माध्यम पर और चौथा अध्याय विज्ञापन अभियान से सम्बन्धित है जिसमें विज्ञापन अभियान की प्रक्रिया का उल्लेख है। पाँचवें अध्याय 'विज्ञापन की भाषा और हिन्दी' के अन्तर्गत विज्ञापन की भाषा हिन्दी से किस तरह प्रभावित हो रही है और हिन्दी के रूप को विज्ञापन किस तरह विकृत कर रहा है, इसका उल्लेख है। छठे अध्याय 'विज्ञापन एजेन्सी' में विज्ञापन एजेन्सियों एवं उनके कार्यों का विस्तृत विवरण प्रस्तुत किया गया है। सातवें अध्याय 'विज्ञापन निर्माण' में विज्ञापन निर्माण की प्रक्रिया को दर्शाया गया है। आठवें और नौवें अध्याय में 'विज्ञापन बजट' विज्ञापन निर्माण की प्रक्रिया में बजट (पैसे) की भूमिका से सम्बन्धित नियमों, कानूनों एवं संहिताओं का उल्लेख है। अन्तिम अध्याय 'शेड्यूलिंग' में विज्ञापन प्रस्तुतीकरण की प्रक्रिया का विवेचन किया गया है कि किन

माध्यमों के द्वारा विज्ञापन को प्रस्तुत किया जाता है, कैसे प्रस्तुत किया जाता है।

पिछले दिनों लखनऊ विश्वविद्यालय के हिन्दी पत्रकारिता विभाग ने मुझे अतिथि प्रोफेसर (विजिटिंग प्रोफेसर) के रूप में आमन्त्रित किया। वहाँ पत्रकारिता में एम.ए. के छात्रों को पढ़ाते समय मुझे इस विषय पर उपलब्ध सामग्री का अभाव खटका। इस प्रकार के पाठ्यक्रमों हेतु इस अभाव की पूर्ति के लक्ष्य से 'आधुनिक विज्ञापन' आपके हाथों में है। कितना दे पाए, कितना और दिया जा सकता है। इसका सही मूल्यांकन तो आप लोग ही कर सकेंगे।

इस पुस्तक को समय पर और सुन्दर रूप में प्रकाशित करने के लिए मैं श्री अरुण महेश्वरी का, जिन्होंने इस कार्य में व्यक्तिगत रुचि लेकर अनेक सुझाव दिए, खास तौर से आभारी हूँ।

प्रेमचंद पातंजलि

विषय-सूची

1

विज्ञापन : सामान्य परिचय

आज के युग को यदि विज्ञापन का युग कहा जाए तो कोई अत्युक्ति न होगी। ऐसा लगता है विज्ञापन जीवन में सर्वव्यापी अवधारणा के रूप में स्वीकार किया जाने लगा है। व्यक्ति का जन्म से लेकर मृत्यु तक विज्ञापन से निरन्तर सरोकार रहता है। ओढ़ने-पहनने, खाने-पीने, रहन-सहन, घर-द्वार से लेकर धर्म, राजनीति आदि समाज के हर क्षेत्र में विज्ञापन ने अपना स्थान बना लिया है। शिक्षा के प्रचार व औद्योगीकरण के प्रभाव के परिणामस्वरूप व्यक्ति उपभोक्ता बन कर रह गया है और उपभोक्ता की प्रत्येक गतिविधि का निर्णय विज्ञापन करेगा—उदाहरण के लिए आप क्या खाएँगे, क्या पहनेंगे, कैसे घर में रहेंगे, कहाँ पढ़ेंगे, कहाँ प्रशिक्षण लेंगे, कहाँ नौकरी करेंगे, कहाँ अपना व्यवसाय करेंगे, कहाँ विवाह करेंगे, आर्थिक स्रोत कहाँ से उपलब्ध होंगे, इन सबका निर्णय करने में विज्ञापन की अहम भूमिका है।

विज्ञापन सामान्यतः किसी वस्तु, विधा या सेवा से उपभोक्ताओं की जानकारी करवाता है, उनमें खरीदने की इच्छा जाग्रत करता है अथवा अनेक उपलब्ध वस्तुओं में से एक का चयन करने में मदद करता है और किसी वस्तु के ब्रांड विशेष के प्रति उनकी प्रतिबद्धता बढ़ाता है। कभी-कभी ऐसा लगता है कि विज्ञापन हमारे जीवन में सहायक की भूमिका तो निभा ही रहा है किन्तु कुछ मामलों में वह ग्राहकों या उपभोक्ताओं को आदेश देने लगता है। यानी मस्तिष्क पर इतना गहरा प्रभाव पड़ता है कि किसी ब्रांड की उपभोक्ता को आदत पड़ जाती है।

विज्ञापन आज के आर्थिक स्पर्द्धापूर्ण युग में एक साधन ही नहीं जो उपभोक्ताओं या उत्पादकों की सेवा करता है अपितु अच्छे व्यवसाय के रूप में विज्ञापन विकसित हो गया है। क्योंकि बड़ी-बड़ी कम्पनियाँ अपने उत्पाद को अधिक

से अधिक उपभोक्ताओं तक पहुँचाने के लिए नियमित रूप से विज्ञापनों पर धन व्यय करती हैं, अतः अब भारत में भी अनेक विज्ञापन एजेंसियाँ इसे व्यवसाय के रूप में विकसित करके अच्छा-खासा धन कमा रही हैं। और उन्होंने अनेक व्यक्तियों को रोजगार उपलब्ध कराने की क्षमता भी पैदा कर ली है। यह एक अनिवार्य सामाजिक संस्था के रूप में उभर कर आया है जो सूचना, सेवा, मार्गनिर्देशन के अतिरिक्त गतिशीलता का संचार करके जीवन को जीवन्त बना सकता है और दूसरी ओर उत्पादों के क्रय-विक्रय के चक्र को निरन्तर बनाए रखकर आर्थिक विकास का अनिवार्य अंग बन गया है।

विज्ञापन घर में—रेडियो, दूरदर्शन, समाचार-पत्र-पत्रिका के माध्यम से, घर के बाहर—पोस्टर, दीवार पर लिखाई, बस में, रेल में, सड़क पर बड़े-बड़े आकार के होर्डिंग, खेल के मैदान में, सिनेमा घर में, रेस्तरां में और जहाँ भी आप जाइए विज्ञापन आपकी नजरों के सामने हैं, आपके दिलो-दिमाग में हर वक्त छाए रहते हैं।

1.1 विज्ञापन की परिभाषा

विज्ञान के सार्वभौतिक प्रभाव के परिणामस्वरूप हम यह तो जानते हैं कि विज्ञापन उत्पादकों द्वारा तैयार उत्पादों की जानकारी ग्राहकों या उपभोक्ताओं तक पहुँचा कर उन्हें सही वस्तु खरीदने में मदद करता है किन्तु उसकी समुचित परिभाषा प्रस्तुत करना इतना सरल कार्य नहीं है फिर भी इसे समझना आवश्यक है।

विज्ञापन शब्द 'ज्ञापन' जिसका अर्थ है सूचना या जानकारी देना के पूर्व 'वि' उपसर्ग जोड़कर बना है जिसका अर्थ है किसी वस्तु की विशेष जानकारी देना। विज्ञापन अंग्रेजी के एडवर्टाइजिंग शब्द का हिन्दी रूपान्तर है जो लैटिन भाषा के 'एडवर्टर' से गृहीत है जिसका अर्थ है 'टु-टर्न टु' यानी किसी ओर मुड़ना अर्थात् किसी के प्रति या किसी वस्तु की ओर आकर्षित होना या करना।

हिन्दी शब्द सागर में विज्ञापन को स्पष्ट करते हुए लिखा है—"जिसके द्वारा कोई बात लोगों को बतलाई जाती है वह सूचना/पत्र/इश्तहार/बिक्री आदि के माल या किसी बात की सूचना जो सब लोगों को विशेषतः सामयिक पत्रों के द्वारा दी जाती है।"

कुछ पाश्चात्य विद्वानों ने भी विज्ञापन की निम्न परिभाषाएँ दी हैं।

गार्डनर—"विज्ञापन बहुमात्र उत्पाद के विपणन तथा उत्पाद की गति बनाए रखने का माध्यम है।"

ब्लम—"समस्त विज्ञापन का क्षेत्र सुझाव है।"

एस. रोलैंड हॉल—"विज्ञापन विक्रय कला की ऐसी प्रणाली है जिसमें वस्तु

की लेखन, मुद्रण तथा चित्रण द्वारा सूचनाएँ दी जाती हैं।''

जी. आर. ग्रीयर–''विज्ञापन साधारणतया विक्रय कला का एक ऐसा माध्यम है जिसका लक्ष्य ऐसा प्रचार है जो वस्तु अथवा सेवा के लिए इच्छुक व्यक्ति की माँग में वृद्धि करे।''

अमरीकी विज्ञापन विशेषज्ञ **रोज़र रीवज़** के शब्दों में ''विज्ञापन एक व्यक्ति के मस्तिष्क से दूसरे मस्तिष्क में एक विचार को स्थानान्तरित करने की कला है।''

कैनन एवं विचर्ट– ''विज्ञापन में उन दृश्य और मौखिक सन्देशों को शामिल किया जाता है जो पत्रिकाओं, समाचार पत्रों, चलचित्रों तथा पत्रों और रेडियो, टेलीविजन, परिवहन के साधनों अथवा बाह्य बोर्डों पर होते हैं तथा जिसके लिए विज्ञापन कर्ता भुगतान करते हैं और जिनका उद्देश्य उपभोक्ताओं के क्रय आचरण को प्रभावित करना होता है।''

डरबन– ''विज्ञापन के अन्तर्गत वे सब क्रियाएँ आती हैं, जिनके अनुसार दृश्य अथवा मौखिक सन्देश जनता को सूचना देने के उद्देश्य से तथा उन्हें या तो किसी वस्तु को क्रय करने के लिए अथवा पूर्व निश्चित विचारों, संस्थाओं अथवा व्यक्तियों के प्रति झुक जाने के उद्देश्य से सम्बोधित किए जाते हैं।''

1932 में अमेरिकी पत्रिका एडवर्टाइजिंग एज ने विज्ञापन की सर्वोत्तम परिभाषा के लिए एक प्रतियोगिता आयोजित की। उन प्रविष्टियों के आधार पर यह परिभाषा दी गई–''किसी व्यक्ति, वस्तु, सेवा या आन्दोलन को प्रस्तुत करने वाली मुद्रित सामग्री लिपिबद्ध शब्द बोले गए शब्द या चित्रांकन विज्ञापन हैं, जिसे विज्ञापनदाता, अपने खर्चे पर बिक्री प्रयोग वोट या अन्य प्रकार की सहमति प्राप्ति के लिए खुले तौर से प्रस्तुत करे।'' इसके कई वर्षों बाद अमरीकन मार्केटिंग एसोसिएशन ने विज्ञापन को इस प्रकार से परिभाषित करने का प्रयास किया–''विज्ञापन एक किसी ज्ञात प्रस्तुतकर्ता द्वारा अपने खर्च-व्यय पर निर्वैयक्तिक प्रस्तुतीकरण और विचारों, वस्तुओं एवं सेवाओं का संवर्द्धन है। इसमें निम्नलिखित माध्यमों का प्रयोग किया जाता है : पत्रिकाओं एवं समाचार पत्रों में स्थान, चलचित्र बाह्य साधनों (पोस्टर साइन आकाश लेखन आदि) रेडियो, कार्ड (कार, बस आदि) सूची पत्र, निर्देशिकाएँ, सन्दर्भ-ग्रन्थ, कार्यक्रम, भोज्य वस्तु सूचियाँ तथा परिपत्र। यह सूची उदाहरण के लिए है परिपूर्ण नहीं।''

1.2 विज्ञापन का उद्देश्य

विज्ञापन का उद्देश्य उत्पादक द्वारा तैयार वस्तुओं की बाजार में सूचना/जानकारी देकर उपभोक्ताओं में इच्छा या आवश्यकता पैदा करके उन्हें वस्तु/उत्पाद खरीदने

के लिए मानसिक रूप से तैयार करना ताकि वस्तु के क्रय से विज्ञापनदाता को लाभ प्राप्त हो। विज्ञापन बाजार में उपलब्ध अनेक वस्तुओं/ब्राण्डों में तुलना का अवसर प्रदान करता है। श्रेष्ठ वस्तु खरीदने में उपभोक्ता की मदद करता है। उत्पादों के बारे में अद्यतन जानकारी देकर उपभोक्ताओं के जीवन को सुखी बनाकर उनके जीवन स्तर को ऊपर उठाने का मार्ग प्रशस्त करते हैं।

रॉबर्ट ने. लेविज और मेरी ए. स्टेनर के अनुसार विज्ञापन के कई कदम हैं। वे सबसे पहले लोगों में वस्तुओं/उत्पादों के बारे में जागृति (Awareness) पैदा करते हैं, फिर उन्हें जानकारी और ज्ञान देते हैं, उनमें रुचि (liking) उत्पन्न करते हैं, फिर उनमें पहल (Preference) पैदा करके उनकी धारणा पुख्ता (Conviction) करते हैं और अन्त में खरीद (Purchase) और पुनः खरीद (Confirmation) के लिए काम करते हैं। एक अन्य विद्वान् के अनुसार–विज्ञापन का कार्य–

"वस्तु या सेवा का परिचय देना, माँग बढ़ाना, बिक्री बढ़ाना, विक्रय समर्थन बढ़ाना, बिचौलियों को वस्तु की अधिक बिक्री के लिए विवश करना, उपभोक्ताओं को वस्तु का स्मरण कराते रहना, विद्यमान वस्तुओं की सूचना देना अथवा उनके नाम परिवर्तन की सूचना देना, प्रतियोगी विज्ञापनों को प्रभावहीन बनाना व खरीदारी को विवेकपूर्ण बनाना, वस्तु के नए उपयोगों की जानकारी देना, उत्पादों अथवा ब्राण्डों की जागरूकता पैदा करना अथवा बढ़ाना। ग्राहकों को वस्तुओं के बारे में सूचित करना अथवा शिक्षित करना, प्रवृत्तियों (instinict) को प्रभावित करना, मध्यजनों (Agents) एवम् विक्रेताओं के मनोबल को बढ़ाना, प्रतियोगी वस्तुओं को हतोत्साहित करना, क्रेता की क्रय सम्बन्धी नीतियों को प्रभावित करना, नए स्थानों पर माँगें उत्पन्न करना, नए बाजार विकसित करना, उत्पादन और वितरण की लागत कम करना आदि।"

संक्षेप में विज्ञापन का उद्देश्य उत्पादक को लाभ पहुँचाना, उपभोक्ताओं को आकर्षित कर प्रभावित करना, और सबसे अधिक उत्पादक और उपभोक्ता के सम्बन्ध अच्छे बनाना है। ई. एफ. एल. ब्रेच के अनुसार–"विज्ञापन का उद्देश्य उत्पादक को लाभ पहुँचाना, उपभोक्ता को शिक्षित करना, विक्रेता की मदद करना, प्रतिस्पर्धा समाप्त कर व्यापारियों को अपनी ओर आकर्षित करना और सबसे अधिक तो उत्पादक और उपभोक्ता के सम्बन्ध अच्छे बनाना है।" इस उद्देश्य की पूर्ति के लिए विज्ञापन की प्रक्रिया की निम्न स्थितियाँ देखने को मिलती हैं :

1. वस्तु की जानकारी : विज्ञापन के माध्यम से उत्पादक अपने उत्पाद, विचार या सेवा का, उपभोक्ताओं को अपने अस्तित्व का परिचय देता है। यह परिचय या जानकारी वस्तु का उत्पादन होने से पहले भी दी जा सकती है और बाद में भी। आजकल बाजार में वस्तु से पहले उसके नाम को प्रचारित-प्रसारित किया जाता है, समाचार-पत्रों-पत्रिकाओं, रेडियो, दूरदर्शन या दीवारों पर लिखाई के द्वारा

जानकारी दी जाती है कि अमुक वस्तु बाजार में आ रही है।

2. ध्यान आकर्षण : विज्ञापन अपनी तकनीक व संचार के आधुनिकतम साधनों द्वारा उपभोक्ताओं और व्यवसायियों—दोनों का नए उत्पाद या वस्तु की ओर ध्यान आकर्षित करता है। ध्यानाकर्षण के लिए विज्ञापन में कुछ असाधारण या अभूतपूर्व गैर परम्परागत तकनीक अपनाई जाती है जैसे—ओनिडा टी. वी. में आने वाला व्यक्ति सींग वाला होता है। विशिष्ट स्थानों का चयन रंग, चित्र, भाषा-शैली, प्रकाश आदि के प्रयोग का निर्णय इस दृष्टि से लिया जाता है ताकि उपभोक्ताओं का ध्यान आकर्षित करके वस्तु के बारे में जिज्ञासा व रुचि उत्पन्न हो सके।

3. रुचि उत्पन्न करना : उपभोक्ताओं का ध्यान आकर्षित करने के बाद विज्ञापन वस्तु के गुण विशेष का प्रचार करता है। बाजार में उपलब्ध उसी वस्तु के अन्य ब्राण्डों की अपेक्षा इनका उत्पाद किन-किन दृष्टियों से अच्छा है, इस बात पर बल दिया जाता है। तेल, साबुन, शैम्पू, क्रीम, पाउडर आदि प्रसाधन सामग्री के विज्ञापनों में अभिनेताओं, अभिनेत्रियों या सुन्दरियों, खिलाड़ियों के चित्र देकर या दूरदर्शन पर उनके मुँह से वस्तु की प्रशंसा करवाकर विज्ञापन उपभोक्ताओं के मन में वस्तु के प्रति रुचि उत्पन्न करता है।

4. छाप छोड़ना : उपभोक्ताओं के दिलो-दिमाग पर वस्तु का नाम व उसका ब्राण्ड छा जाए इतने प्रभावशाली ढंग से विज्ञापन दिए जाते हैं। जैसे—टाटा, बाटा,

उषा, बजाज के नाम सबको याद हो गए हैं और उनके उत्पादों या वस्तुओं को श्रेष्ठ होने का श्रेय प्राप्त हो गया है। इस प्रभाव से प्रेरित होकर उनकी गुणवत्ता की छाप के कारण उपभोक्ता को क्रय करने का निर्णय लेने में देर नहीं लगती।

5. क्रय की इच्छा : विज्ञापनों के माध्यम से उपभोक्ताओं को अच्छे जीवन स्तर की शिक्षा दी जाती है। अच्छे जीवन स्तर की अनिवार्यताओं में अपने उत्पाद का महत्त्व फिट कर दिया जाता है। यह विज्ञापन का ही कमाल है कि जो वस्तुएँ कल तक ऐशो आराम के वर्ग में थीं वे जीवन की मूलभूत आवश्यकताओं में आ गई हैं जैसे—फोन, टी. वी., कपड़े धोने की मशीन, स्कूटर, कार आदि वाहन। इस इच्छा को केवल जाग्रत करने से विज्ञापन का उद्देश्य पूरा नहीं होता है। अपितु इस इच्छा को बनाए रखने या नई-नई वस्तुओं की खरीद के लिए बढ़ाना ही विज्ञापन का उद्देश्य है।

6. आवश्यकता का अनुभव : विज्ञापन हमें यह बतलाने का प्रयास करता है कि अमुक वस्तु हमारे पास नहीं है तो हम सभ्य नहीं हैं, समृद्ध नहीं हैं, सम्पन्न नहीं हैं, जमाने के साथ नहीं चल पा रहे हैं और यहाँ तक कि अमुक वस्तु के अभाव में जीवन ही व्यर्थ है। यही है विज्ञापन का कमाल कि ये वस्तुओं की आवश्यकता ही नहीं अनिवार्यता की स्थिति पैदा कर देते हैं।

7. विक्रय-वृद्धि : ऐसे में उपभोक्ता वस्तु का क्रय करके उत्पादक व विज्ञापक को लाभ पहुँचाता है और आत्मसन्तोष व सुख उसे प्राप्त होता है। इसी चक्र को बनाए रखने के लिए 'सबसे अधिक बिकने वाला' जैसे जुमले प्रयोग करके निरन्तर क्रय-विक्रय के चक्र को विज्ञापन ही तो है, जो बनाए रखता है।

8. ब्राण्ड की छवि बनाना : विज्ञापन ऐतिहासिक परिप्रेक्ष्य में समय की कसौटी पर खरी उतरने वाली वस्तु के प्रयोग, गुणवत्ता और लोकप्रियता का प्रचार करता है। किस प्रकार 'दादी से लेकर पोती तक' पीढ़ी दर पीढ़ी तक वस्तु का प्रयोग करते आ रहे हैं। बार-बार इस बात की याद दिला कर या उसके 'नए डीलक्स' नई 'सुपर' होने की याद दिलाकर उपभोक्ता की प्रतिबद्धता एक ब्राण्ड के प्रति उत्पन्न की जाती है और उपभोक्ता वस्तु के ब्राण्ड विशेष का प्रयोग करके गौरवान्वित अनुभव करता है। यह जादू विज्ञापन का ही है, वस्तु का हो या न हो।

1.3 विज्ञापन की उपयोगिता एवं महत्त्व

तेजी से हुए औद्योगीकरण के परिणामस्वरूप उत्पादन भी तेजी से बढ़ा है। इसकी मात्रा, गुणवत्ता व विविधता का भी क्रमशः विकास हुआ है। उधर उपभोक्ता की आशाएँ, आकांक्षाएँ बढ़ी हैं विशेष तौर पर जब से संचार माध्यमों का क्रान्तिकारी

विकास हुआ है और यातायात के साधनों की उपलब्धि से 'वसुधैव कुटुम्बकम्' 'विश्व एक परिवार' बनने की स्थिति की ओर हम बढ़ रहे हैं। कुल मिलाकर देश-विदेश के आवागमन, विचारों के आदान-प्रदान, तकनीकी जानकारी आदि के कारण दिन प्रतिदिन मानव महत्त्वाकांक्षी होता जा रहा है। ऐसी स्थिति में अधिक उत्पादन के वितरण विपणन की व्यवस्था में उत्पादक और उपभोक्ता के बीच संवाद और सम्बन्ध स्थापित करने का महत्त्वपूर्ण कार्य विज्ञापन द्वारा ही सर्वाधिक मात्रा में प्रभावी ढंग से हो सकता है। अतः उत्पादक के लाभ से लेकर व्यक्ति की इच्छाओं की पूर्ति उसके जीवन स्तर के सुधार तक में विज्ञापन सहायक सिद्ध होता है। ऐसी स्थिति में विज्ञापन की अहम भूमिका स्वतः सिद्ध है। विज्ञापन के महत्त्व को स्वीकारते हुए ब्रिटेन के प्रधानमंत्री विलियम ग्लेडस्टोन ने कहा था "व्यवसाय के लिए विज्ञापन का वही महत्त्व है जो उद्योग में वाष्प शक्ति का।" विन्सटन चर्चिल ने इसकी आर्थिक उपयोगिता को महत्त्व देते हुए कहा था–"टकसाल के अतिरिक्त कोई भी बिना विज्ञापन के मुद्रा उत्पन्न नहीं कर सकता।" विज्ञापन के इससे जुड़े विभिन्न वर्गों पर क्या प्रभाव पड़ता है उसे समझने के लिए हम अलग-अलग पक्षों पर विचार कर सकते हैं।

1. **विज्ञापनदाता :** उत्पादक के तैयार माल के लिए विज्ञापन माँग का सृजन करता है, माँग को स्थिर रखता है और उत्पादन में वृद्धि के साथ नए उत्पादों के लिए बाजारों का सृजन भी करता है। नाइट्रोम के अनुसार–"भारी उत्पादन का कारण एवं परिणाम विज्ञापन है।" विज्ञापन की मदद से उत्पाद के विक्रय में वृद्धि होती है, जिससे उत्पादक को लाभ होता है। दूसरे अधिक मात्रा में उत्पादन की लागत भी कम पड़ती है, यह बचत या मितव्ययिता भी उत्पादक का लाभ ही है। तीसरे अच्छे स्तर के विज्ञापनों से उत्पादक की बाजार और समाज में ख्याति भी बढ़ती है। बाजार में होने वाली प्रतियोगिता में विज्ञापन की सहायता से भी विज्ञापनदाता की विजय होती है। चौथे गुणवत्ता में सुधार का सुझाव भी विज्ञापन ही उत्पादक को देता है।

2. **उपभोक्ता :** विज्ञापन उत्पादक और उपभोक्ता के बीच की कड़ी है। सूचना प्रसारण के माध्यम से उपभोक्ता को नए-नए उत्पादकों की जानकारी मिलती है। उसे गुणवत्ता, मात्रा, अन्य वस्तुओं से तुलना, मितव्ययिता, उपयोग के तरीके, वस्तुओं के लाभ आदि सूक्ष्म से सूक्ष्म जानकारी मिलती है जिसके आधार पर वह वस्तु की जाँच, तुलना और चयन करके खरीदता है। इससे उसका समय और धन तो बचता ही है मन की सन्तुष्टि और आत्मविश्वास जागता है जो उसके जीवन स्तर को ऊपर उठाने में साधक है। विन्सटन चर्चिल के शब्दों में– "विज्ञापन अच्छे जीवन स्तर के लिए माँग उत्पन्न करता है। विज्ञापन उपभोक्ता की शंकाओं का समाधान करता है। उसका ज्ञानवर्धन करता है। विज्ञापन उपभोक्ता के दिलो-दिमाग

में अनेक वस्तुओं की छाप छोड़ देता है जिससे आवश्यकता पड़ने पर उसे किसी भी वस्तु के ब्रांड विशेष की स्मृति आ जाती है, और वह उसे तुरन्त खरीद लेता है। विज्ञापन की अनूठी रंग योजना, शब्द योजना और प्रस्तुतीकरण की शैली से उपभोक्ता का मनोरंजन भी होता है जिससे वह तनावमुक्त होता है।"

3. विक्रयकर्ता का लाभ : उत्पादक और उपभोक्ता के बीच में स्थित है विक्रेता जो उत्पादक के उत्पाद को बाजार में ले जाकर उसकी बिक्री करता है। विक्रेता को वस्तु को बेचकर लाभ प्राप्त होता है जो उसकी आजीविका का साधन बनता है। विज्ञापन वस्तु की माँग को पैदा करने, बढ़ाने और बनाए रखने में साधक है अतः विक्रेता के लाभ का मार्ग प्रशस्त करता है। विज्ञापन से अनेक वस्तुओं की उपलब्धि, माँग की स्थिति व विक्रय संवर्धन की जानकारी भी विक्रेता को प्राप्त होती है। विज्ञापनकर्ता मूल्य को नियन्त्रित करने में भी अप्रत्यक्ष रूप से सहायक होते हैं।

4. राष्ट्र का लाभ : विज्ञापन देश के नागरिकों को नए उत्पाद की जानकारी देता है, उनकी उपयोगिता बताकर क्रय करने की प्रेरणा देता है। इससे उपभोक्ताओं के जीवन स्तर का विकास होता है, उन्हें सन्तुष्टि व आनन्द प्राप्त होता है। विज्ञापन क्योंकि स्वतन्त्र व्यवसाय के रूप में पनप रहा है अतः इससे जुड़े अनेक प्रकार के व्यक्तियों को रोजगार या स्वरोजगार मिलता है। नए-नए उद्यमी इस व्यवसाय में आते हैं, उन्हें स्वयं रोजगार मिलता है और धीरे-धीरे वे दूसरों को रोजगार देने की स्थिति में आ जाते हैं। उत्पादों की बढ़ती माँग व बाजार में होने वाली स्पर्धा के परिणामस्वरूप नए-नए उद्योग पनपते हैं, इससे व्यापार बढ़ता है, रेडियो, दूरदर्शन, संचार माध्यमों, पत्र-पत्रिकाओं को लाभ मिलता है और सभी पक्षों को लाभांश प्राप्त होता है, जिसके परिणामस्वरूप राष्ट्रीय आय में वृद्धि होती है। प्रो. हैपनर के शब्दों में—"विज्ञापन हमारे स्वतन्त्र एवं आत्मनिर्भर प्रेस का बचाव है।" एक अन्य विद्वान् इसे राष्ट्रीय आर्थिक विकास में सहायक मानते हुए इस बात पर बल देते हैं कि राष्ट्र को पहले की अपेक्षा कहीं अधिक समृद्ध बनाने में विज्ञापन का अद्वितीय योगदान रहता है।

1.4 विज्ञापन का स्वरूप

विज्ञापन–कला या विज्ञान

विज्ञापन कला है, या विशुद्ध व्यवसाय है या विज्ञान है। पहले देखें कि विज्ञान किसे कहते हैं ? न्यू इन्साइक्लोपीडिया ब्रिटेनिका ने विज्ञान को इस प्रकार से परिभाषित किया है :

Science-Any of various intellectual activities concerned with the physical world and its phenomena and entailing unbiased observations and systematic experimentation. In general a Science involves a persuit of knowledge covering general truths or the operations of fundamental laws.

— Th New Encyclopaedia Britannica vol. 10 p.552

विश्व हिन्दी कोश में विज्ञान को इस प्रकार से परिभाषित किया गया है—"किसी विशिष्ट विषय के तत्वों या सिद्धान्तों आदि का विशेष रूप से प्राप्त हुआ ज्ञान जो ठीक क्रम से एकत्रित या संग्रहीत हो, विज्ञान कहा जाता है। विज्ञान अंग्रेजी सायंस शब्द का पर्यायवाची है जो सायंस लैटिन शब्द सियो (Scio) से निकला है जिसका अर्थ जानना है। अतः सायंस शब्द का अर्थ ज्ञान होता है। सायंस शब्द उस विशिष्ट ज्ञान के लिए प्रयुक्त होता है जो ठीक क्रम से संग्रहीत और किसी नियम या क्रम के अनुसार प्रतिबद्ध हो। यह विशेष ज्ञान प्रयोग और प्रेक्षण द्वारा प्राप्त होता है।

विज्ञान बहुत विस्तृत विषय है। प्रयोगों के द्वारा मनुष्य अब तक जितना ज्ञान प्राप्त कर सका है, वह सब विज्ञान में सन्निहित है। चूंकि इन सब ज्ञानों को प्राप्त करने की विधि एक ही है अतः ये सब ज्ञान विज्ञान ही हैं।"

हिन्दी विश्व कोश (ना.प्रा.स.) खण्ड—10 पृ. 467, 468

मानक हिन्दी कोश के अनुसार—"सांसारिक कार्यों, बातों, व्यवहारों का अच्छा अनुभव तथा ठीक और पूरा ज्ञान" या "आविष्कृत सत्यों तथा प्राकृतिक नियमों पर आधारित क्रम बद्ध तथा व्यवस्थित ज्ञान" (मानक हिन्दी कोश खण्ड—5 पृ. 57)

इन परिभाषाओं के आधार पर विज्ञान सत्य, प्राकृतिक व मूलभूत नियमों की खोज प्रयोग और परीक्षण के द्वारा करता है। इस प्रक्रिया के तीन चरण होते हैं—तथ्य, अनुक्रम तथा नियम। अर्थात् विज्ञान में तथ्यों का निरीक्षण-परीक्षण करने के उपरान्त उन्हें एक निश्चित अनुक्रम में रखकर उसके नियम निश्चित किए जाते हैं। इस प्रक्रिया में तर्क महत्वपूर्ण भूमिका निभाता है। विज्ञान चूंकि सत्य के मूर्त रूप का आधार बुद्धिजन्य है, इसमें निश्चितता होती है। कल्पना का इसमें कोई स्थान नहीं होता। विज्ञापन के सन्दर्भ में विज्ञान की भूमिका यद्यपि महत्वपूर्ण है लेकिन फिर भी विज्ञापन को विज्ञान के अन्तर्गत नहीं रखा जा सकता। क्योंकि विज्ञापन सत्य की कलात्मक प्रस्तुति होती है।

विज्ञापन का प्रस्तुतीकरण जो कि विज्ञापन का वास्तविक रूप है और जिसके आधार पर ही उपभोक्ता वस्तु लेने या न लेने का निर्णय करता है में कलाकी

भूमिका ही मुख्य होती है। दूसरी ओर, विज्ञान विज्ञापन की निर्माण प्रक्रिया में सहायक होता है क्योंकि विज्ञापन निर्माण की एक व्यवस्था होती है और व्यवस्था के कुछ निश्चित नियम होते हैं। विज्ञापन के क्षेत्र में लागू कानून एवं संहिताएँ विज्ञापन को व्यवस्थित एवं नियन्त्रित करने का कार्य करते हैं। यह एक निश्चित एवं तार्किक प्रक्रिया होती है, जिसमें वैज्ञानिक पद्धति का इस्तेमाल किया जाता है। इसके साथ-साथ विज्ञापन अभियान चलाने के लिए भी व्यवस्थित ढंग से चलना पड़ता है। यहाँ पर विज्ञान सम्मत पद्धति एवं प्रक्रिया का सहारा लेना पड़ता है लेकिन इन सबसे महत्वपूर्ण है विज्ञापन का प्रदर्शन अर्थात् प्रस्तुतीकरण। प्रस्तुतीकरण के द्वारा ही किसी उत्पाद की बिक्री का होना न होना निश्चित होता है। यहां कला की भूमिका मुख्य होती है। यदि प्रस्तुतीकरण की प्रक्रिया में विज्ञान का आश्रय लिया जाएगा तो इससे विज्ञापन अत्यन्त नीरस हो जाएगा और एक सूचना मात्र बनकर रह जाएगा।

आधुनिक युग में केवल बड़ी प्रतिस्पर्धा के बल पर ही कोई उत्पादक बाजार में टिक सकता है। ऐसी स्थिति में विज्ञापन की भूमिका केवल सूचना मात्र देकर ही समाप्त नहीं हो जाती बल्कि इससे आगे बढ़कर उसे उपभोक्ता के मन को 'छूने' से लेकर उसपर 'छा' जाने एवं उत्पाद-विशेष खरीदने के लिए बाध्य करने तक का कार्य करना पड़ता है। कला इस कार्य के अधिक अनुकूल पड़ती है। नए-नए आयामों द्वारा नए-नए परिणाम प्राप्त करने के लिए विज्ञापन के रंग-रूप, शैली तथा दृष्टिकोण में समय-समय पर आवश्यकतानुसार संशोधन-परिवर्तन किया जाता है। इस कार्य में कला की भूमिका ही प्रमुख होती है। कला बौद्धिक-परिवर्तन की अपेक्षा भाव-जगत की चीज होती है। इसका मूल धर्म है—सृजनात्मकता। सृजनात्मकता के लिए कल्पना अनिवार्य होती है। कल्पना की सृजनात्मक प्रक्रिया में कला के विभिन्न रूपों का प्रयोग हो रहा है जैसे संगीत, चित्रकला, मूर्तिकला, काव्य आदि। कला को परिभाषित करते हुए हिन्दी विश्व कोश में लिखा गया है—कला शब्द का प्रयोग शायद सबसे पहले भरत के नाट्यशास्त्र में ही मिलता है। वात्स्यायन और उशनस ने क्रमशः अपने ग्रन्थ कामसूत्र और शुक्रनीति में इसका वर्णन किया है।

कला का अर्थ अब तक निश्चित नहीं हो पाया है, यद्यपि इसकी हजारों परिभाषाएं दी गयी हैं। भारतीय परम्परा के अनुसार कला उन सारी क्रियाओं को कहते हैं, जिनमें कौशल अपेक्षित हो। यूरोपीय शास्त्रियों ने भी कला में कौशल को महत्वपूर्ण माना है। यूरोपीय साहित्य में कला शब्द का प्रयोग शारीरिक तथा मानसिक कौशल के लिए ही अधिकतर हुआ है। कला का अर्थ है रचना करना अर्थात् वह कृत्रिम है। कला उस कार्य में हो जो मनुष्य करता है। कला और विज्ञान में भी अन्तर माना जाता है। विज्ञान में ज्ञान का प्राधान्य है, जबकि कला में कौशल का। कौशलपूर्ण मानव कार्य को कला की संज्ञा दी जाती है। कौशल विहीन या

भौडे ढंग से किए गए कार्यों को कला में स्थान नहीं दिया जाता।"

हिन्दी विश्वकोश भाग–2 पृ. 438

मानक हिन्दी कोश के अनुसार कला–"अभ्यास अपने अनुभव और ज्ञान के आधार पर अच्छी तरह नियम तथा व्यवस्था पूर्वक और सम्बद्ध सिद्धान्तों का ध्यान रखते हुए कोई काम ठीक तरह करने या कोई कृति प्रस्तुत करने का कौशल या चतुरता। कर्तत्व जिसमें उद्‌भावना के सहारे कोई कार्य प्रशंसनीय तथा आकर्षक या मनोहर रूप में सम्पन्न या सम्पादित किया जाए। हुनर।"

इस प्रकार कला की परिभाषा के परिप्रेक्ष्य में विज्ञापन को देखें तो विज्ञापन किसी वस्तु या सेवा को प्रस्तुत करने का कौशल या चतुरता है। यह ऐसा कर्तत्व है जिसमें उद्‌भावना के सहारे कोई प्रशंसनीय, आकर्षण या मनोहर रूप में कार्य सम्पन्न किया जाता है। इसे हुनर या कला नाम देना ही उचित होगा क्योंकि यह सर्जनात्मक गतिविधि है जिसमें शब्द है, चित्र है, रंग है, लय है, गति है, गीत है और काव्यमयता है। यह विज्ञान की भाँति तर्क-विचार, प्रयोग, प्रेक्षण और विश्लेषण का मामला नहीं है। यह तो कल्पना के सहारे नूतनता के क्षितिज खींचती है। इसमें अनुशासन अनिवार्य है जो कौशल को निरन्तर अभ्यास से निखारता है। बच्चा हो, जवान हो या बूढ़ा, स्त्री हो या पुरुष, गरीब हो या अमीर, अनपढ़ हो या शिक्षित, श्रमजीवी हो या बुद्धिजीवी, समाज का हर व्यक्ति विज्ञापन की मनमोहिनी कला के जादू से अभिभूत है, वशीभूत है और कई बार इच्छा और क्षमता के अभाव में भी विज्ञापन के प्रभाव के कारण विज्ञापित वस्तु का क्रय करता है। अतः कहा जा सकता है कि विज्ञापन निसन्देह एक कला है, जो आजकल स्वतन्त्र व्यवसाय के रूप में भी विकसित होता जा रहा है।

कला भावनाओं का पोषण एवं परिमार्जन करती है। मनुष्य की रागात्मकता और सौन्दर्य बोध का विस्तार करती है। कला में कल्पना और कौशल के द्वारा अमूर्त भावों को मूर्त रूप प्रदान किया जाता है। आधुनिक युग में विज्ञापन में कला की अनिवार्य शर्तों, भावों का परिमार्जन या पालन नहीं किया जाता क्योंकि यहाँ पर उद्देश्य नितान्त व्यावसायिक होता है। यहाँ भावों का परिमार्जन न होकर उनका दोहन किया जाता है। विज्ञापन के माध्यम से भावनाओं को भुनाया जाता है, कैश किया जाता है। उत्पादक का उद्देश्य यही रहता है कि विज्ञापन उपभोक्ता की जेब से पैसा कैसे निकलवा सकता है जिससे कि उसको अधिकाधिक मुनाफा मिल सके। यहीं से विज्ञापनं के क्षेत्र में कला का व्यावसायीकरण हो जाती है। वस्तुतः यह कला उपयोगी कला की श्रेणी में आती है। इसे ललित कला या शुद्ध कला नहीं माना जा सकता है क्योंकि यहाँ पर कला का व्यावसायिक इस्तेमाल होता है। इसके पीछे सौन्दर्य बोध को गहन, व्यापक बनाने तथा आनन्द प्रदान करने की भावना कार्य नहीं करती वरन् उसके पीछे अधिक लाभ कमाने की इच्छा की कार्य करती है।

कला यहाँ व्यावसायिक उद्देश्य प्राप्ति का साधन बन जाती है, जिसमें व्यावहारिक दृष्टिकोण निहित होता है। कला जहाँ तक विज्ञापन को सुन्दर, आकर्षक और जानदार बनाने में सहायक होती है, उसी हद तक उसका प्रयोग किया जाता है, इससे आगे नहीं। अतः विज्ञापन उपयोगी कला है, साहित्य, संगीत, चित्रकला आदि की तरह शुद्ध ललित कला नहीं।

1.5 विज्ञापन का इतिहास

आवश्यकता आविष्कार की जननी है। व्यक्ति की आवश्यकता के विकास के साथ ही विज्ञापन नामक संस्था का जन्म भी हुआ होगा। जिस प्रकार से आवश्यकता को प्रकट करने के लिए अभिव्यक्ति या संचार की आवश्यकता पड़ती है उसी प्रकार से वस्तुओं को व्यक्ति की इच्छा पूर्ति के लिए उपलब्ध कराने के लिए प्राचीन काल में किसी न किसी प्रकार की संचार व्यवस्था रही है।

आधुनिक विज्ञापन की संचार व्यवस्था से बहुत पहले भी वस्तुओं पर ट्रेड मार्क का उल्लेख मिलता है। यद्यपि उस समय हाथ से तैयार वस्तुएँ ही उपलब्ध होंगी किन्तु कलाकार अपने उत्पाद पर कोई चित्र बना देते थे, ताकि उसके उत्पाद को पहचानने में उपभोक्ताओं को मदद मिल सके। दूसरे प्रकार के विज्ञापन का आरम्भिक रूप पाम्पई में मिले अनेक उन अवशेषों से पता चलता है जिनमें दुकानों के प्रवेश के आस-पास कुछ चिह्न अंकित कर दिए जाते थे, जिनसे पता चल सकता था कि दुकान में कौन-कौन-सी वस्तुएँ उपलब्ध हैं। बाद में सभ्यता के विकास के साथ इन्हीं चिह्नों को लकड़ी, धातु या पत्थर के पटों पर लिखकर दुकान पर लगाया गया होगा, जो आज तक सूचना पट्ट, होर्डिंग या नियोन साइन के रूप में विकसित है। तीसरे प्रकार का विज्ञापन का आदि रूप ईसा पूर्व विश्व की अनेक सभ्यताओं में मन्दिरों, स्मारकों, अदिलो और पिरामिडों पर अंकित चित्रकला के रूप में मिलता है जो इन चित्रों और कलाकृतियों के माध्यम से ही अभिव्यक्ति का काम लेते थे। शिलालेख भी इसी शृंखला की कड़ियाँ हैं। चारों प्रकार के विज्ञापन का प्रारम्भिक रूप मौलिक सन्देश सम्प्रेषण के रूप में मिलता है। लिपि का विकास होने से पूर्व तो राजकीय घोषणाएँ, उद्घोषकों, ढोल-नगाड़े बजा कर सूचनाएँ प्रेषित करने की परम्परा थी। आज भी भारत के ग्रामीण और जनजातीय क्षेत्रों में विज्ञापन के इस रूप को देखा जा सकता है। जहाँ गाँव में सार्वजनिक सूचनाएँ वहाँ के चौकीदार द्वारा घूम-घूम कर चिल्ला कर दी जाती हैं। इसके अतिरिक्त प्राचीन काल में अश्वमेध यज्ञ और स्वयंवर रचाने का रिवाज भी विज्ञापन के ही प्राचीन रूप कहे जा सकते हैं।

ईसा से सैकड़ों वर्ष पूर्व जब यूनान में दास-प्रथा का प्रचलन था, वहाँ के शासक जनता के मनोरंजन के लिए दासों का युद्ध करवाते थे, जिसमें विजय-पराजय का निर्णय एक दास की मृत्यु ही माना जाता था। कहते हैं इन आयोजनों को देखने के लिए हजारों लोगों को डुगडुगी बजाकर, दीवारों पर कुछ लिखकर इकट्ठा किया जाता था।

विज्ञापन कला आज जिस विकसित रूप में दिखाई पड़ती है इसका आरम्भ छपाई के आविष्कार के साथ माना जा सकता है अतः मुद्रण कला को विज्ञापन के विकास का आधार माना जा सकता है। क्योंकि मुद्रण कला के विकास के बाद पत्र-पत्रिकाओं, पोस्टरों आदि के माध्यम से विज्ञापन आगे बढ़ा है। रेडियो, दूरदर्शन और सिनेमा आदि के विज्ञापन तो बहुत बाद में आए हैं। मुद्रण कला के इतिहास पर दृष्टिपात करने से पता चलता है कि आरम्भ में चीन के प्राचीन साहित्य में सन् 195 ई. में लकड़ी के ठप्पे बनाकर छपाई करने का जिक्र है। सन् 1042 में चीन में ही शांग नामक एक व्यक्ति ने चीनी मिट्टी के अक्षरों का निर्माण किया था। औद्योगीकरण के युग में ज्ञान-विज्ञान के विकास के परिणामस्वरूप भाप का इंजन, दूरबीन, कैमरा, कागज और छपाई की मशीनों का आविष्कार हुआ।

सन् 1450 में जर्मनी में गुटनवर्ग ने कीलाक्षरों (टाइप) का आविष्कार करके पहली बार पवित्र बाइबिल का मुद्रण किया। इसके बाद सन् 1473 ई. में इंग्लैंड में विलियम कैक्सटन ने अंग्रेजी भाषा में पहला विज्ञापन एक पर्चे के रूप में मुद्रित किया। 17 वीं सदी के मध्य में इंग्लैंड में 'मरकुरीज' नामक साप्ताहिक पत्र प्रकाशित होता था जिसमें विज्ञापन छपते थे। सन् 1652 में एक पत्र में पहली बार कॉफी का विज्ञापन छपा, उसके बाद 1657 में चॉकलेट का और 1658 में चाय का विज्ञापन छपा।

आधुनिक विज्ञापन कला का विकास अमरीका में बड़ी तेजी से हुआ है। 24 अप्रैल सन् 1704 ई. में यहाँ से एक पत्र बोस्टन न्यूज लैटर के नाम से प्रकाशित हुआ जिसमें विज्ञापन इंग्लैंड के पत्रों की भाँति ही प्रकाशित हुए थे। अब तक अमरीका में विज्ञापन बहुत बड़े व्यवसाय के रूप में प्रतिष्ठित हो चुका है। यहाँ तीव्र गति से विकास के कारण इस प्रकार हैं—औद्योगिक क्रान्ति के परिणामस्वरूप मशीनीकरण, संचार व्यवस्था का विकास, पत्र-पत्रिकाओं के प्रकाशन में प्रगति, रेडियो और टेलीविज्ञापन का आविष्कार आदि, बदलते हुए औद्योगिक और सामाजिक मूल्य, भौतिकवाद का बोलबाला, अधिक से अधिक सुख के साधनों को जुटाने की लालसा और आर्थिक समृद्धि के अतिरिक्त अमरीका में समय-समय पर सरकार द्वारा विज्ञापनों के बारे में अपनाई गई उदार नीति ने विज्ञापन व्यवसाय को प्रोत्साहित किया है।

भारत में अन्य प्राचीन सभ्यताओं की भाँति, अवशेषों में चिह्नित चित्र व

रोम में देव नागरी टाइपों द्वारा मुद्रण सन् 1771 ई० →

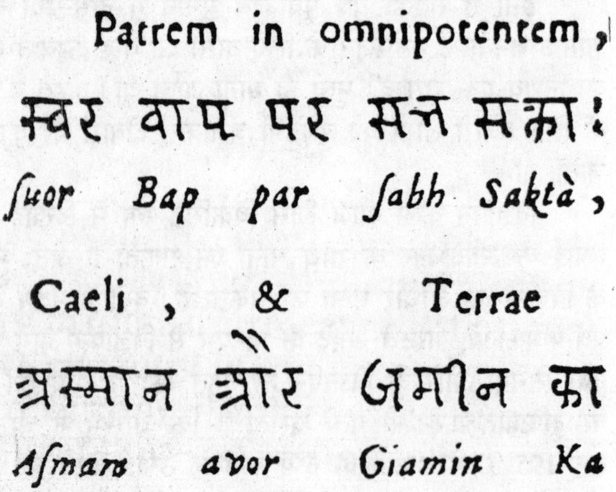

Patrem in omnipotentem,

स्वर बाप पर सब्ब सक्ता:

ſuor Bap par ſabh Saktà,

Caeli, & Terrae

अस्मान और जमीन का

Aſmaro avor Giamin Ka

प्रारंभिक 'देव नागरी' ब्लाक प्रिंटिंग एम्सटर्डम, सन् 1678 ई०

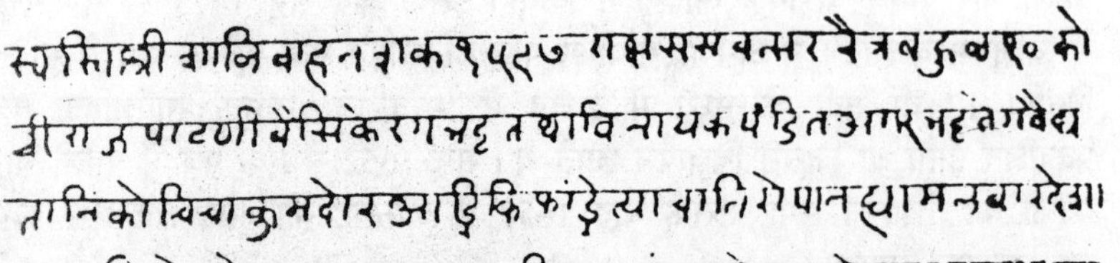

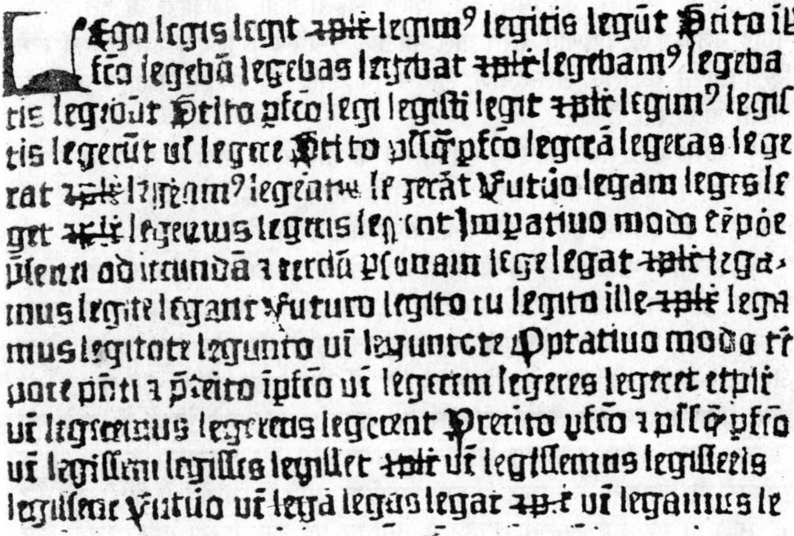
Lego legis legit plr legim9 legitis legūt Ptito ip
fcto legebā legebas legebat plr legebam9 legeba
tis legebāt Ptito pfcto legi legisti legit plr legim9 legis
tis legerūt vl legere Ptito plusq̄pfcto legerā legeras lege
rat plr legeram9 legeratis legerāt Futuro legam leges le
get plr legemus legetis legent Imperatiuo modo tpe
pñti ad secundā ⁊ terciā psonam lege legat plr lega
mus legite legant Futuro legito tu legito ille plr lega
mus legitote legunto vl leguntote Optatiuo modo te
pore pñti ⁊ pterito ipfcto vt legerem legeres legeret plr
vt legeremus legeretis legerent Preterito pfcto ⁊ plusq̄pfcto
vt legissem legisses legisset plr vt legissemus legissetis
legissent Futuro vt legā legas legat plr vt legamus le

गटन वर्ग द्वारा तैयार किये गये पहले टाइप सन् 1445 ई०

संभवतया संसार की प्रथम मुद्रित पुस्तक हीरक सूत्र, चीन सन् 868 ई०

कलाकृतियाँ, स्वयंवर, अश्वमेध यज्ञ, शिलालेख, राजाओं, बादशाहों के दूत, ढोल-नगाड़े बजाकर उद्घोषणाएँ करने वाले मौखिक सम्प्रेषण के लिए ढिंढोरची यहाँ तक कि विज्ञापन के लिए खेल-तमाशे, नृत्य-स्वांग आदि का प्रयोग विज्ञापन के लिए किया जाता रहा है।

भारत में प्रेस का आगमन पुर्तगालियों के सौजन्य से गोवा में सर्वप्रथम हुआ। 1556 ई. में गोवा में प्रथम प्रेस लगी जिसने भारत में पहली पुस्तक 1561 ई. में प्रकाशित की जिसमें ईसाई जीवन के गुणों का वर्णन किया गया है।

भारतीय भाषाओं में सर्वप्रथम 1578 में टाइप का प्रयोग करके लेटर प्रेस पर 16 पृष्ठों की एक पुस्तक 'ड्राक्ट्रीना क्रिस्तम' का तमिल अनुवाद छापा। इसी प्रकार भारत में प्रथम समाचार पत्र प्रकाशित करने का श्रेय एक अंग्रेज जेम्स आगस्टस हिकी को जाता है, जिसने 1777 में कुछ टाइप खरीद कर लकड़ी का ढाँचा बनाकर एक प्रेस तैयार की और 26 जनवरी 1780 को भारत में पहले पत्र 'बंगाल गजट ऑफ कलकत्ता जरनल एडवरटाइजर' का प्रकाशन किया। अंग्रेज सरकार और कम्पनी के विरुद्ध सामग्री प्रकाशित करने के आरोप में हिकी को कैद की सजा दी गई और अन्ततः 1782 में समाचार पत्र बन्द करना पड़ा। इसके कुछ समय बाद पीटर रीड़ ने 'इंडिया गजट' नामक समाचार-पत्र का प्रकाशन किया जिसको सरकारी समर्थन प्राप्त था, जिसमें सभी प्रकार के सरकारी आदेश, सूचनाएँ आदि प्रकाशित होती थीं। इसी बीच 1780 से 1798 के बीच कलकत्ता में लगभग 24 अंग्रेजी साप्ताहिक-मासिक पत्रों का प्रकाशन होने लगा था जिनमें अनेक प्रकार के विज्ञापन प्रकाशित हो रहे थे। उदाहरण के लिए बंगाल गजट में छपने वाले विज्ञापनों के कालम थे—खोया और पाया, शराब, लाटरी, आवश्यकता है और सार्वजनिक नीलामी आदि।

18 वीं सदी के उत्तरार्द्ध और 19 वीं सदी के आरम्भिक वर्षों में छपने वाले विज्ञापनों से तत्कालीन सामाजिक स्थिति पर भी प्रकाश पड़ता है। तत्कालीन दास प्रथा को पुष्ट करने वाले विज्ञापन देखने को मिलते हैं। जैसे 31 मई 1797 को प्रकाशित गुलाम लड़के के खोने का विज्ञापन।

उसी काल में दवाइयों के चमत्कारिक गुणों के विज्ञापन और धार्मिक कार्यक्रमों के विज्ञापन भी खूब प्रकाशित होते रहे। 30 नवम्बर 1826 को 'दि गवर्नमेंट गजट' में प्रकाशित विज्ञापन 'उत्तर राम चरित' का प्रचार कर रहा है। इसी प्रकार 'भगवत गीता' या 'डायलाग ऑफ कृष्ण एण्ड अर्जुन' तथा अनूदित आईने-अकबरी के विज्ञापन भी देखने को मिलते हैं। बीसवीं सदी के प्रारम्भ में देश में बनी वस्तुओं की स्पर्धा विदेश से आयातित वस्तुओं के साथ दिखाई पड़ती है जैसे दिल्ली की एक बिस्कुट कंपनी ने अपने श्रेष्ठ बिस्कुटों के बारे में विज्ञापन में लिखा है। "वे ताजा हैं पौष्टिक हैं और आयातित या निर्यातित पुराने बिस्कुटों से सस्ते

भी हैं–" धारीवाल मिल ने अपने ऊनी वस्त्रों का विज्ञापन इस प्रकार दिया है–भारत के लिए भारत में बना। इसी प्रकार स्वदेशी पैन, जूते, होल्डर, निब आदि के विज्ञापनों का बोलबाला रहा।

विज्ञापनों में छपने वाले मॉडल चरित्र सामाजिक स्थिति के चित्रण में यूँ भी सहायक थे जैसे–राजा-महाराजाओं, अंग्रेज स्त्री-पुरुषों के अधिक चित्र छपते या फिर स्वदेशी आन्दोलन से प्रभावित विज्ञापनों में लाला लाजपत राय आदि महापुरुषों के चित्र प्रकाशित किए गए हैं।

भारत में विज्ञापन कार्य को व्यावसायिक दिशा देने के लिए 1922 में मुम्बई में एक अंग्रेज विज्ञापन विशेषज्ञ ने पहली विज्ञापन एजेंसी की स्थापना की। इसके बाद छोटी-छोटी विज्ञापन एजेंसियाँ खुलीं लेकिन बड़े पैमाने पर पहली भारतीय एजेंसी 1930 में स्थापित हुई–नेशनल एडवर्टाइजिंग सर्विस। इसके बाद खुलीं मद्रास की मॉडर्न पब्लिसिटी कम्पनी; कलकत्ता की कलकत्ता पब्लिसिटी कम्पनी। अनेक नगरों में विज्ञापन एजेंसियों का जाल-सा फैलने लगा था।

दूसरे विश्वयुद्ध के समय सरकारी सूचनाओं, घोषणाओं के विज्ञापनों से समाचार-पत्रों को अच्छा-खासा लाभ होने लगा था। नवयुवकों को सेना में भर्ती हेतु संसाधनों का उचित प्रयोग करने हेतु, डॉक्टरों, इंजीनियरों व नर्सों की भर्ती हेतु, बचत योजनाओं के लाभ के प्रचार हेतु, अनेक सरकारी विज्ञापन उस समय के पत्र-पत्रिकाओं में प्रकाशित हुए। इसी दौरान सरकार ने अपनी एक इकाई को

यह काम सौंप दिया—जिसका नाम था क्रिएटिव पब्लिसिटी यूनिट। जिसका बाद में एसोसिएटिड एडवरटाइजिंग एजेंसीज नाम पड़ा। स्वतन्त्रता के बाद इसी विभाग का नाम विज्ञापन एवं दृश्य प्रचार निदेशालय (डीएवीपी) पड़ा और इसके पहले निदेशक श्री एल. आर. नायर बने। इसी समय इस निदेशालय का विस्तार और आधुनिकीकरण किया गया। विज्ञापन के क्षेत्र में कार्यरत विशेषज्ञों, उत्पादन मीडिया से जुड़े विशेषज्ञों की नियुक्तियाँ इस निदेशालय में की गईं। अब तक डी. ए. वी. पी. सरकारी कार्यक्रमों और उपलब्धियों का विज्ञापन करता रहा है। सरकारी सभी विभागों/मन्त्रालयों के अतिरिक्त अनेक स्वायत्तशासी संस्थाओं एवं सार्वजनिक उपक्रमों के विज्ञापन की जिम्मेदारी भी डी. ए. वी. पी. की है।

विज्ञापन के क्षेत्र में गुणवत्ता व मात्रा दोनों ही दृष्टियों से क्रान्तिकारी परिवर्तन हुआ है। विज्ञापन के क्षेत्र में एक स्तर बनाए रखने के लिए 1945 में एडवरटाइजिंग एजेंसीज एसोसिएशन ऑफ इण्डिया की स्थापना हुई (ए. ए. ए. आई)। विज्ञापन के सिद्धान्त व कार्य प्रणाली के मार्ग निर्देशन के लिए 1952 में इण्डियन सोसाइटी ऑफ एडवरटाइजर्स और 1959 में एडवरटाइजिंग कौंसिल ऑफ इण्डिया और 1967 में नेशनल कौंसिल ऑफ एडवरटाइजिंग एजेंसीज की स्थापना हुई। इसके साथ ही विज्ञापन व्यवसाय के क्षेत्र में अभूतपूर्व विकास और प्रगति हुई।

रेडियो : भारत में रेडियो सेवा का आरम्भ 1927 में हुआ। 1947 में देश में केवल 6 प्रसारण केन्द्र थे जिनकी संख्या अब सैकड़ों में हो गई है। देश की 94.52 प्रतिशत जनता तक पहुँचने वाला प्रसार माध्यम भारत के 82.93 प्रतिशत भूभाग को यह सेवा प्रदान कर रहा है। 1967 में जो व्यावसायिक विज्ञापन सेवा आरम्भ की थी वह अनेक केन्द्रों से लगभग सभी क्षेत्रीय भाषाओं में प्रसारित हो रही है। रेडियो की 'विविध भारती' सेवा में प्रसारित होने वाले विज्ञापन आज भी देश में हर कोने में गूँज रहे हैं।

दूरदर्शन : विज्ञापन प्रसार सेवा का दृश्य-श्रव्य माध्यम प्रस्तुत करने वाले टी. वी. ने तो जैसे विज्ञापन के क्षेत्र में क्रान्ति ही ला दी है। 15 सितम्बर 1959 को देश में टेलीविजन सेवा आरम्भ हुई और आज देश में 500 से अधिक ट्रांसमीटरों के माध्यम से राष्ट्रीय स्तर पर सूचना, शिक्षा, मनोरंजन, इतिहास, भूगोल, वन्यप्राणी विज्ञापन और अनेकानेक क्षेत्रों का ज्ञान व अद्यतन उत्पादों के विज्ञापन टी. वी. के माध्यम से अधिसंख्य जनता तक पहुँच रहे हैं। इसके अतिरिक्त शिक्षा के प्रचार-प्रसार के परिणामस्वरूप भी उपभोक्ताओं में विज्ञापनों के प्रति रुचि बढ़ी है और परिणामस्वरूप विज्ञापन व्यापार में वृद्धि हुई है।

संचार सेवाओं में अभूतपूर्व उन्नति ने तो विज्ञापन व्यापार में और चार चाँद लगा दिए। भारत में जो डाक प्रणाली 1837 में प्रारम्भ हुई वह समाज के हर क्षेत्र में अब अनिवार्य बन गई है। डाकघरों, तारघरों, टेलीफोन सेवाओं, अन्तर्राष्ट्रीय तार

या टेलीफोन सेवाओं, टेलेक्स और फैक्स सेवा ने पूरे विश्व को एक गाँव का स्वरूप दे दिया है। समय और स्थान के अन्तराल को समाप्त करके संसार को एक उपभोक्ता बाजार का रूप दे दिया है।

1.6 विज्ञापन और विकास

विज्ञापन अभिव्यक्ति का एक माध्यम है, यह अर्थव्यवस्था का अभिन्न अंग है। मूलतः यह अर्थव्यवस्था की प्रक्रिया से जुड़ा हुआ है किन्तु सामाजिक-राजनीतिक व्यवस्था और सांस्कृतिक मूल्यों से भी इसका गहरा सम्बन्ध है।

किसी भी अर्थव्यवस्था के तीन मूलभूत चरण होते हैं, प्रथम उत्पादित की जाने वाली अथवा प्रदान की जाने वाली वस्तुओं और सेवाओं की मात्रा का निर्धारण दूसरे, उत्पादन की प्राथमिकता के आधार पर संसाधनों–भूमि, श्रम और पूंजी का वितरण। तीसरे, व्यक्तियों और समूहों के बीच उत्पादित वस्तुओं और सेवाओं का वितरण। इस प्रक्रिया में विज्ञापन एक महत्वपूर्ण घटक है।

विज्ञापन उत्पादित वस्तुओं एवं सेवाओं के विक्रय से जुड़ी प्रक्रिया है अतः आर्थिक विकास के साथ इसका सीधा सम्बन्ध है। आर्थिक विकास से अर्थव्यवस्था सुदृढ़ होती है, अर्थव्यवस्था के विकास के साथ-साथ विज्ञापन सामाजिक रूपान्तरण का कार्य भी करता है। यह सांख्यिकीय विकास का ही सूचक नहीं है बल्कि सामाजिक रूपान्तरण की प्रक्रिया भी इससे जुड़ी है। इसलिए विज्ञापन समाज सापेक्ष है क्योंकि वह आर्थिक विकास के साथ सामाजिक विकास की प्रक्रिया से भी जुड़ा हुआ है।

आधुनिक विज्ञापन कला पूंजीवादी अर्थव्यवस्था की देन है। उपरोक्त तीनों चरण मुक्त बाजार द्वारा निर्धारित होते हैं। इसी सन्दर्भ में विज्ञापन अपना कार्य करता है। वह विस्तृत बाजार और अत्यधिक उत्पादन के अनुरूप सामाजिक और आर्थिक आवश्यकतओं की पूर्ति करता है। पूँजीवादी औद्योगिक क्रान्ति ने ऐसी परिस्थितियाँ उत्पन्न कीं कि विज्ञापन का कार्य अनिवार्य हो गया। पूँजीवादी अर्थव्यवस्था के विकास में विज्ञापन महत्वपूर्ण भूमिका निभाता है क्योंकि इसमें पूँजी का स्वामित्व निजी हाथों में रहता है। इसी प्रकार अन्य प्रकार की अर्थव्यवस्थाओं में भी विज्ञापन का महत्व कम नहीं है।

पूँजीवादी अर्थव्यवस्था में उत्पादन बड़े पैमाने पर होता है। इसके लिए एक बड़े बाजार की आवश्यकता होती है जहाँ पर इस उत्पादन को खपाया जा सके। बाजार का निरन्तर विस्तार करना अर्थव्यवस्था की अनिवार्यता है क्योंकि वस्तुएं और सेवाएं सीमित बाजार में, जहाँ वे बिक्री के लिए लाई जाती हैं, का विक्रय

नहीं हो पाता। ऐसी स्थिति अर्थव्यवस्था के लिए घातक होती है। बाजार का यह क्षेत्र विस्तार देश की सीमाओं को तोड़कर विदेशों तक करना पड़ता है। बाजार के राष्ट्रीय-अन्तर्राष्ट्रीय स्तर पर भौगोलिक विस्तार के लिए एक सुव्यवस्थित और वैज्ञानिक संचार व्यवस्था की आवश्यकता होती है जिसके द्वारा उत्पादित वस्तुओं और सेवाओं की सूचना उपभोक्ता समाज को ठीक समय पर प्रदान की जा सके। विज्ञापन इस कार्य को सम्पन्न करता है।

विज्ञापन वस्तुओं और सेवाओं के उपलब्ध होने की सूचना ही नहीं प्रदान करता वरन् वह उपभोक्ता समाज में ऐसी मानसिकता बनाने का कार्य करता है कि व्यक्ति और समाज इन वस्तुओं और सेवाओं का अधिक से अधिक उपभोग करने के लिए अग्रसरित हो। इससे भी अधिक वह उपभोक्ता समाज की मानसिकता में ऐसा परिवर्तन करता है कि वह कथित वस्तु और सेवा के उपभोग के लिए मजबूर हो जाए।

बाजार के विस्तार का अर्थ यह भी है कि नई उत्पादित वस्तुओं और सेवाओं को उपभोक्ता के लिए स्वीकार्य एवं अनिवार्य बनाना। इसके अभाव में पूँजीवादी अर्थव्यवस्था अधिक दिन तक नहीं चल सकती। बाजार में लगी पूँजी और इसके पुनः निवेश की यह स्थायी प्रक्रिया है जिसमें उत्पाद खरीदने के लिए उपभोक्ता को सूचित करना, प्रेरित करना और मनाना पड़ता है। राष्ट्रीय और अन्तर्राष्ट्रीय स्तर तक विस्तृत बाजार में ऐसा केवल एक विशिष्ट संचार व्यवस्था के द्वारा ही सम्भव होता है। आधुनिक पूँजीवादी अर्थव्यवस्था की आवश्यकताओं की पूर्ति के लिए आधुनिक विज्ञापन का उदय हुआ। औद्योगिक पूँजीवादी अर्थव्यवस्था में इसकी प्रासंगिकता बनाए रखने के लिए मनुष्य की इच्छाओं और आवश्यकताओं, प्रत्यक्ष, को और अप्रत्यक्ष इस ढंग से संचालित करना पड़ता है कि उत्पादन प्रक्रिया निरन्तर चलती रहे। उसमें लगी पूँजी सुरक्षित रहे तथा वस्तु और सेवाओं की बिक्री की प्रक्रिया लगातार चलती रहे। इस प्रकार यहाँ विज्ञापन औद्योगिक पूँजीवाद की विस्तृत वितरण व्यवस्था का अनिवार्य अंग बन जाता है। इस प्रक्रिया में विज्ञापन उपभोक्ताओं को वस्तुओं और सेवाओं से तो परिचित कराता ही है साथ ही नए ग्राहक भी बनाता है। नए ग्राहकों के बनने और उनकी संख्या बढ़ने से औद्योगिक पूँजीवाद फलता-फूलता है। कह सकते हैं कि विज्ञापन औद्योगिक पूँजीवाद का महत्वपूर्ण अंग ही नहीं वरन् उसका प्रवर्तक भी है।

औद्योगिक पूँजीवाद ने राष्ट्र राज्य की संकल्पना को जन्म दिया। राष्ट्र राज्य का अस्तित्व पूर्णतया उद्योगाश्रित है। विज्ञापन ने राष्ट्र राज्य के निर्माण और उसके अस्तित्व को बनाए रखने में महत्वपूर्ण भूमिका निभायी है। क्योंकि वह उत्पादक का उत्पादन बठाने और उपभोक्ताओं की संख्या बढ़ाने का कार्य करता है ताकि बड़े पैमाने पर उत्पादित वस्तु को उपभोक्ता समाज में खपाया जा सके।

सामान्य उपभोग की इच्छा उत्पन्न कर विज्ञापन विविध सामाजिक-सांस्कृतिक कार्यकलापों के भेद को समाप्त करने में सेतु का कार्य करता है। राष्ट्रीय संस्कृति के निर्माण में विज्ञापन का योगदान अत्यन्त महत्वपूर्ण है। उपभोग की सामान्य इच्छा के स्तर पर सामाजिक-सांस्कृतिक भेदभाव समाप्त होने लगते हैं क्योंकि अधिक उत्पादन की स्थिति एवं उसकी अधिक बिक्री रोजगार की अनेक सम्भावनाओं के द्वार खोलती है जहाँ विभिन्न समुदायों के लोग श्रमिक के रूप में कार्य करते हैं। उनके एक साथ काम करने से उनमें परस्पर मेल-जोल बढ़ता है और एक सामाजिक संस्कृति का उदय होता है। उनमें परस्पर सामाजिक सद्भाव की प्रक्रिया विकसित होने लगती है।

औद्योगिक पूँजीवाद और विज्ञापन की पहली प्राथमिकता उपभोक्ता है। वस्तुतः विज्ञापन वस्तुओं और सेवाओं की बिक्री ही नहीं करता वरन उनसे अधिकाधिक लाभ कमाने का उद्देश्य उसमें निहित होता है। उत्पादक और उत्पाद की छवि बनाने का विज्ञापन एक महत्वपूर्ण हथियार है। ब्रांड विशेष की छवि का वस्तु की बिक्री से सीधा सम्बन्ध होता है क्योंकि उपभोक्ता स्थापित ब्रांड को ही प्राथमिकता देता है।

अधिक से अधिक खपत की मानसिकता बनाने और इस खपत की निरन्तर पूर्ति बनाए रखने के लिए विज्ञापन अंधी वैयक्तिक प्रतिस्पर्धा को भी जन्म देता है। इस प्रतिस्पर्धा में वस्तुओं और सेवाओं की विविधता होती है। उत्पादक अपने लाभ की सीमाओं को अधिक से अधिक बढ़ाने और कायम रखने का प्रयास करता है। विज्ञापन के माध्यम से यह कार्य अत्यन्त सरल हो जाता है। अधिक लाभ की प्राप्ति से उद्योग विकसित होता है। इस तरह विज्ञापन उद्योग के विकास का उत्प्रेरक बन जाता है। उत्प्रेरक के रूप में विज्ञापन की भूमिका के कई रूप होते हैं।

सर्वप्रथम विज्ञापन उपलब्ध वस्तुओं और सेवाओं एवं नयी उत्पादित वस्तुओं और सेवाओं के सम्बन्ध में लोगों को जानकारी प्रदान कर सामाजिक विकास के उद्देश्य की पूर्ति करता है। दूसरा, विज्ञापन अर्थव्यवस्था को प्रेरित करता है क्योंकि यह विकास का अनिवार्य उपकरण है। अगर किसी उद्योग का विकास करना है तो विज्ञापन का आश्रय लेना अनिवार्यता बन जाती है। विज्ञापन और बाजार में निश्चित संचार व्यवस्था के अभाव में वस्तुएं और सेवाएं पर्याप्त मात्रा में नहीं बेची जा सकतीं। बिक्री न होने की स्थिति में कारखाने बन्द हो जाएंगे और उनमें कार्यरत श्रमिक वर्ग बेरोजगार हो जाएगा। इसका परिणाम आगे चलकर माँग में कमी और अर्थव्यवस्था के ठप्प होने तक हो सकता है जबकि दूसरी ओर अधिक बिक्री का मतलब है अधिक उत्पादन, कम लागत और श्रेणियों में मितव्यय। जिसके परिणाम स्वरूप अधिक बिक्री होती है। रोजगार की सम्भावनाएं प्रबल हो जाती हैं। अर्थव्यवस्था सुदृढ़ होती है। तीसरा, विज्ञापन लोकतान्त्रिक समाज का घटक है।

लोकतन्त्र में लोगों को चयन करने और उसे व्यावहारिक रूप देने की स्वतन्त्रता होती है। लोकतान्त्रिक अर्थव्यवस्था में उपभोक्ता के सामने चयन के लिए विविध वस्तुएं और सेवाएँ होती हैं। एक ही वस्तु और सेवा के अनेक ब्रांड उसके सामने होते हैं। विज्ञापन उपभोक्ता को चयन करने में समर्थ बनाता है। वह उसे बेहतर जीवन जीने के लिए उत्साहित और प्रेरित करता है। इसलिए व्यक्ति विज्ञापित वस्तु को प्राप्त करने के लिए कड़ी मेहनत करता है। अपनी मेहनत से अर्जित आय को खर्च करने का उसका अपना अधिकार होता है। यहीं से उपभोक्ता पर विज्ञापन की पकड़ मजबूत होने लगती है। चौथा, विज्ञापन उत्पादक को भी प्रेरित करता है। अधिक उत्पादन के लिए कड़ी मेहनत उसे अधिक लाभ प्राप्त करने के अवसर प्रदान करती है। इससे अर्थव्यवस्था मजबूत होती है और विकास को बढ़ावा मिलता है। परन्तु ये सब कार्य-व्यापार एक आदर्श अर्थव्यवस्था के अन्तर्गत ही सम्भव होते हैं क्योंकि बाजार प्रायः समाज की माँग को प्रतिबिम्बित नहीं करता। ऐसा इसलिए होता है कि पूँजीवादी उत्पादक और विकसित औद्योगिक देश काफी शक्तिशाली हो गए हैं। अर्थव्यवस्था की प्रत्येक गतिविधि पर इनका नियन्त्रण है। इनका उद्देश्य केवल लाभ कमाना है। ये सुनिश्चित करते हैं कि कौन-सी वस्तुएँ और सेवाएँ बाजार में प्रस्तुत की जाएं जिनके द्वारा अधिकाधिक लाभ प्राप्ति हो और लागत भी कम आए। ऐसी स्थिति में जहाँ लाभ कमाना ही एकमात्र उद्देश्य हो, विज्ञापन की भूमिका और भी अधिक चुनौतीपूर्ण बन जाती है। विज्ञापन इस अवस्था में बाजार में कृत्रिम माँग उत्पन्न करने का कार्य करता है। इस माँग का जनता और देश की मूलभूत आवश्यकताओं से कोई सम्बन्ध नहीं होता क्योंकि यह उनकी मूलभूत आवश्यकताओं को पूरा नहीं करती।

विज्ञापन उपभोक्ता को बताता है कि उसे क्या खरीदना है और क्यों खरीदना है। वह उपभोक्ता को चालाकी से प्रभावित करता है जिसके कारण उपभोक्ता के सामने युक्ति संगत चयन की समस्या खड़ी हो जाती है। आधुनिक युग में विज्ञापन एक महत्वपूर्ण आर्थिक गतिविधि बन गया है जिसके कारण तीव्र गति से बाजार का विस्तार, लाभदायक बिक्री, उद्योग के विकास और शोध में लगी पूँजी की वापसी सम्भव होती है।

विज्ञापन और विकास की जब बात होती है तो उसके केन्द्र माँग का विस्तार ही होता है। किस तरह उत्पाद की माँग को बढ़ाया जाए। राष्ट्रीय, अन्तर्राष्ट्रीय स्तर पर उसका क्षेत्र विस्तार किया जाए। माँग के विस्तार एवं वृद्धि के कारण ही अर्थव्यवस्था जीवित रह पाती है। माँग के विस्तार के सन्दर्भ में यह जानना जरूरी है कि विकास के पहले चरण में जहां सभ्यता आदिम अवस्था में थी, आदमी की मूलभूत आवश्यकताएँ केवल रोटी, कपड़ा और मकान तक सीमित थीं। ऐसी स्थिति में विज्ञापन की आवश्यकता नहीं थी। मूलभूत आवश्यकताओं के पूर्ण होने पर

व्यक्ति का ध्यान उन अन्य आवश्यकताओं की ओर गया जो उसके जीवन को सुविधाजनक बना सकती थीं। यहीं से विकास की प्रक्रिया प्रारम्भ हुई। जीवन को सुविधा सम्पन्न बनाने के लिए उसने आवश्यकता से अधिक उत्पादन किया जिसके कारण बाजार की संकल्पना ने जन्म लिया। अधिक उत्पादन की प्रक्रिया से एक नए श्रमिक वर्ग का उदय हुआ। उत्पादन के सुविधा जनक साधनों की खोज आरम्भ हुई। विकास की इस प्रक्रिया में विज्ञापन की महत्वपूर्ण भूमिका रही। उसने उत्पाद के सम्बन्ध में लोगों को सूचित करने का कार्य किया। किन्तु आधुनिक युग में इसके स्वरूप और उद्देश्य में पर्याप्त अन्तर आ गया है। आज उद्देश्य केवल उत्पादित वस्तुओं की सूचना मात्र देना नहीं है। बल्कि बाजार पर एकाधिकार स्थापित करने का यह एक महत्वपूर्ण हथियार बन गया है। प्रतिस्पर्धा के इस दौर में जहाँ उपभोक्ता के समक्ष एक ही ब्रांड के अनेक विकल्प मौजूद हैं, विज्ञापन की जिम्मेदारी केवल उत्पाद की सूचना देने तक सीमित नहीं रह गयी बल्कि उसका क्षेत्र विस्तृत हो गया है। आज विज्ञापन सूचना देने के साथ-साथ अन्य कार्य भी करता है। कोई कम्पनी अपने उत्पाद की सूचना मात्र देकर ही प्रतिस्पर्धा में टिक नहीं सकती क्योंकि भूमंडलीकरण की प्रक्रिया ने समस्त विश्व को एक ग्राम के रूप में तब्दील कर दिया है। आज उपभोक्ता के सामने राष्ट्रीय और अन्तर्राष्ट्रीय कम्पनियों के ब्रांड बाजार में उपलब्ध हैं। देशी कम्पनियों द्वारा उत्पादित और अन्तर्राष्ट्रीय कम्पनियों के ब्रांड बाजार में उपलब्ध हैं। दो कम्पनियों की उत्पादित वस्तुओं और सेवाओं में मामूली अन्तर होता है और प्रत्येक कम्पनी बाजार पर अपना एकाधिकार जमाने की चेष्टा कर रही है। बाजार में अपने आपको बनाए रखने, अधिक लाभ कमाने, बिक्री बढ़ाने के देशी-विदेशी कम्पनी भरसक प्रयास करती है। ऐसी स्थिति में कोई भी कम्पनी विज्ञापन के माध्यम कला का आश्रय लेती है और उपभोक्ता को कम्पनी विशेष की वस्तु या सेवा प्राप्त करने के लिए बाध्य कर देती है।

आधुनिक युग में विज्ञापन को मनुष्य की व्यवहार प्रक्रिया एवं उसके दृष्टिकोण को प्रभावित करने का कार्य करना पड़ता है। यह अत्यन्त कठिन कार्य है। यहीं से विज्ञापन मानवीय-सामाजिक सम्बन्धों की सीमा में प्रवेश करता है। यहाँ उसकी टकराहट परम्परागत संस्कारों से होती है क्योंकि यह स्थापित समाज की सामाजिक-सांस्कृतिक व्यवस्था को परिवर्तन के लिए उकसाता है। उसे एक नयी जीवन-शैली अपनाने को प्रेरित करता है। बदलते समाज की आवश्यकताओं और नयी जीवन शैली की माँग के अनुरूप ही उत्पादक वस्तुओं का उत्पादन करता है, उसका प्रचार-प्रसार करता है। प्रत्येक व्यक्ति उस वस्तु और सेवा को प्राप्त करना चाहता है जो उसके जीवन को अधिक आरामदायक बना सके। आधुनिक समाज जिसे उपभोक्ता समाज भी कहा गया है, उसका कारण यही है।

विज्ञापन संचार व्यवस्था को भी प्रभावित करता है क्योंकि यह इलैक्ट्रोनिक और प्रिंट मीडिया की आय का प्रमुख स्रोत है। इलैक्ट्रोनिक मीडिया विज्ञापन का प्रमुख साधन है क्योंकि विज्ञापन के अन्य साधनों के मुकाबले यह अधिक प्रभावशाली है किन्तु इसकी आय का प्रमुख स्रोत विज्ञापन ही है क्योंकि अन्य साधनों के मुकाबले इलैक्ट्रोनिक मीडिया उपभोक्ता को अधिक प्रभावशाली ढंग से किसी उत्पाद-विशेष को खरीदने के लिए बाध्य करता है। विज्ञापन के साथ-साथ राजनीतिक क्षेत्र में भी विज्ञापन का उपयोग आज हो रहा है क्योंकि यह जनमत को प्रभावित करने का प्रमुख हथियार है। इसी कारण राजनीतिक चुनाव प्रचार में इसका प्रयोग किया जाता है।

आज ज्यादातर विकासशील देश विश्वपूंजीवादी व्यवस्था से जुड़े हुए हैं और विश्व बाजार का अनिवार्य अंग बन गए हैं लेकिन तथ्य यह भी है कि विकसित और विकासशील देशों की सामाजिक-सांस्कृतिक और आर्थिक परिस्थितियाँ एक जैसी नहीं हैं; उनमें पर्याप्त भेद है। दोनों की आवश्यकताएँ भिन्न हैं। विकासशील देशों के लिए विकास एक परिवर्तन की प्रक्रिया है जो सरलता से जटिलता की ओर बढ़ती है। यह परिवर्तन आर्थिक, सामाजिक-सांस्कृतिक क्षेत्र में घटित होता है। विकास प्रक्रिया के तीन क्षेत्र-आर्थिक, सामाजिक और सांस्कृतिक हैं। इन तीनों क्षेत्रों में विकासशील देश पूर्व-औद्योगिक अवस्था से औद्योगिक अवस्था की ओर बढ़ते हैं जबकि दूसरी ओर विकसित देश विकास की इस मंजिल को प्राप्त कर चुके हैं। अतः उनके समक्ष विकास का मतलब इस अवस्था को बनाए रखने और उसे अधिक विकसित करने का है।

आधुनिक परिवर्तित समाज निर्णायक रूप से स्थिर नहीं है वरन वह रूपान्तरण की प्रक्रिया से गुजर रहा है। संचार क्रान्ति ने समय और स्थान की दूरी के भेद को समाप्त कर दिया है। आज उपभोक्ता के सामने अनेकों विकल्प मौजूद हैं। ऐसी स्थिति में किसी उत्पाद और सेवा की अधिकाधिक सूचना प्राप्त करने और उस सम्बन्ध में पूर्ण विवरण प्राप्त करने के लिए विज्ञापन उपभोक्ता के लिए मूलभूत आवश्यकता जैसा बनता जा रहा है।

विज्ञापन आधुनिक समाज में जागरूकता उत्पन्न करने के कार्य भी करता है। वह उपभोक्ता के समक्ष ब्रांड विशेष के फायदे प्रस्तुत करता है। उपभोक्ता जिस ब्रांड में अधिक फायदा एवं सुविधा देखता है उसी को खरीदता है। वस्तुतः उत्पाद जो उपभोक्ता की परिवर्तित मांग के अनुरूप नहीं होते वह उनको नहीं खरीदता। वस्तुतः विज्ञापन एक संकल्पना है जो मानसिकता एवं जीवन पद्धति को परिवर्तित करती है। आधुनिक युग में जो व्यक्ति वैज्ञानिक और तार्किक दृष्टिकोण नहीं अपनाता वह अपने समय से बहुत पीछे रह जाता है। विज्ञापन इसी वैज्ञानिक दृष्टिकोण को विकसित करने का कार्य करता है। यह वैज्ञानिक दृष्टिकोण ही

अन्ततः मानव जीवन को सुविधा सम्पन्न बनाता है। इस कार्य से विज्ञापन की महत्ता स्वतः सिद्ध हो जाती है।

1.7 विज्ञापन और समाज

विज्ञापन समाज में आर्थिक प्रक्रिया का अकाट्य अंग बन गया है। यह उपभोक्ता से उत्पादक को जोड़े रहता है, संचार माध्यमों में छाया रहता है। जीवन के हर मोड़ पर हमारा सरोकार विज्ञापन से पड़ता है। यह समाज में सर्वव्यापी उपादान बन गया है। अतः यह आवश्यक हो गया है कि विज्ञापन की आर्थिक व सामाजिक दृष्टि से जाँच-परख की जाए बल्कि समय-समय पर होती रहनी चाहिए ताकि इसका कुप्रभाव समाज पर न पड़े। विज्ञापन को समाज के हर वर्ग के लिए अधिक-से-अधिक लाभ पहुँचाने के उद्देश्य से कार्य करना चाहिए। जेम्स फर्गूसन विज्ञापन को सामाजिक संस्था मानते हुए इस बात पर बल देते हैं कि इसके मूल्य और लाभ आदि की जाँच होनी चाहिए ताकि समाज कल्याण पर विज्ञापन के समूचे प्रभाव का आकलन हो सके। उनके शब्दों में—"सवाल यह नहीं है कि विज्ञापन अपने आप में पूर्ण और सही है अपितु विज्ञापन से मिलने वाले लाभों का वजन विज्ञापन की लागत से अधिक होना चाहिए ताकि विज्ञापन से अधिक से अधिक सामाजिक कल्याण हो सके।"

विज्ञापन समाज कल्याण में अपना योग पाँच प्रकार से दे सकता है—

(1) विज्ञापन से उपभोक्ताओं व औद्योगिक वस्तुओं के उत्पाद की गुणवत्ता, नए बाजार, नई तकनीक व वस्तुओं के मूल्यों की जानकारी प्राप्त होती है।

(2) विज्ञापन से विपणन व विक्रय की कीमत कम हो जाती है।

(3) विज्ञापन प्रतिस्पर्धा को प्रोत्साहन देता है जिससे सूचना-प्रसार का मूल्य कम होता है। यह वस्तु की गुणवत्ता और ब्राण्ड की पहचान द्वारा उत्पादक या वितरक की जिम्मेदारी को बढ़ाता है।

(4) विज्ञापन भौतिक व सांस्कृतिक प्रोत्साहनों का प्रचार करता है जिससे लोकतन्त्रीय समाज में प्रबन्धकों और कर्मचारियों को अधिक काम करके उत्पादन बढ़ाने की प्रेरणा मिलती है।

(5) विज्ञापनों से आर्थिक सहयोग के परिणामस्वरूप संचार माध्यमों को सरकार, राजनीतिज्ञों व दूसरे निहित स्वार्थों के दबाव में आने की जरूरत नहीं और इस प्रकार से विज्ञापन देश में प्रेस या संचार माध्यमों की स्वतंत्रता को बनाए रखने में साधक सिद्ध होते हैं।

विज्ञापन के आर्थिक प्रभाव : उत्पादक या व्यवसायी अपने उत्पाद या सेवा

को कम से कम लागत में अधिक से अधिक मात्रा में शीघ्र से शीघ्र उपभोक्ताओं तक पहुँचाकर लाभ कमाना चाहता है। इस उद्देश्य की पूर्ति विज्ञापन ही सुचारु रूप से करता है क्योंकि वह उपभोक्ताओं को वस्तु की जानकारी देकर जिज्ञासा, इच्छा और फिर माँग उत्पन्न करता है। असमंजस में पड़े उपभोक्ता को भी क्रय के लिए मानसिक रूप से तैयार करता है और इस क्रम से उत्पादक का लाभ व उपभोक्ता की सन्तुष्टि होती है। अतः विज्ञापन को बिक्री का साधन कहा जा सकता है। इस प्रकार से आर्थिक प्रक्रिया में विज्ञापन की भूमिका और प्रभाव को दो स्तरों पर परखा जा सकता है—उत्पादक या विज्ञापक के स्तर पर और उपभोक्ता के स्तर पर। विज्ञापन उत्पादक को अधिक से अधिक लाभ अर्जित कराने का प्रयास करता है। उसकी वस्तु या उत्पाद का बाजार में जानकारी या प्रचार करता है, माँग बढ़ाकर बिक्री बढ़ाता है। स्पर्धा बढ़ाकर बाजार में ग्राहकों को स्थिर करता है। उत्पाद की गुणवत्ता पर नियन्त्रण बनाए रखता है जिससे उत्पादक की ख्याति बढ़ती है। अधिकाधिक बिक्री से प्रोत्साहित होकर अधिक उत्पादन के लिए प्रेरित होता है जिससे उसकी उत्पादन लागत कम हो जाती है जिसके परिणामस्वरूप उसका लाभांश बढ़ता है।

दूसरे स्तर पर उपभोक्ता के आर्थिक लाभ की व्यवस्था भी विज्ञापन करता है। वह घर बैठे नए उत्पादों की सूचना देता है। उनके मूल्य की, उपयोग की, उपलब्धि, स्थान की जानकारी देता है। विज्ञापन अनेक ब्राण्डों की एक ही वस्तु का उपभोक्ता द्वारा तुलनात्मक अध्ययन करके मितव्ययिता बरतने व गुणवत्ता की परख में मदद करता है। उपभोक्ता को कम कीमत पर उत्तम वस्तु बिना समय और शक्ति नष्ट किए प्राप्त हो जाती है जिससे वह सन्तुष्ट और आनंदित होता है।

समाज के विभिन्न वर्गों पर विज्ञापन का प्रभाव कैसा पड़ता है, यह मुख्यतः उसकी शैली और तकनीक पर निर्भर करता है। किन्तु कई बार विज्ञापित वस्तु ही विवाद का विषय बन जाती है। इसके अतिरिक्त दूरदर्शन या रेडियो पर किस समय किस वस्तु का विज्ञापन दिया जा रहा है, दर्शक या श्रोता के मन पर इसका प्रभाव भी गहरा पड़ता है। वस्तु से सम्बन्धित आलोचना आमतौर पर उन विज्ञापनों के बारे में की जाती है जिनमें ऐसी वस्तुओं का विज्ञापन दिखाया जाए जिसका प्रदर्शन समाज में सराहनीय न होकर हेय है। जैसे—शराब, सिगरेट, निरोध और ऐसी कुछ वस्तुएँ। सामाजिक अन्तर्विरोध यह है कि इनके प्रयोग पर तो प्रतिबन्ध नहीं है किन्तु प्रचार किया जाता है कि सिगरेट और शराब बुरी वस्तुएँ हैं। अतः यदि विज्ञापन हमें अच्छा नहीं लगता तो अच्छा यह हो कि इनके उत्पादन और बिक्री पर रोक लगाने की व्यवस्था करें विज्ञापन को दोष क्यों दें।

प्रसारण समय : कई बार कुछ वस्तुओं के विज्ञापन का समय उसे अरुचिकर और असंगत बना देता है जैसे—रात के भोजन के समय कब्ज की दवा का प्रभाव

दिखाने के लिए शौचालय में व्यक्ति को मुक्त होते दिखाया जाना या सैनिट्रो नैपकिन का बहुत गीलापन सोखने का कमाल दिखाया जाना बहुत ही अरुचिकर लगता है। इसी प्रकार बच्चों के कार्यक्रमों को उनके घर रहने के समय ही प्रसारित किया जाए तो अच्छा लगेगा।

भय प्रदर्शन : कुछ विज्ञापनों द्वारा उपभोक्ताओं को भयभीत किया जाता है, असुरक्षा और अनिश्चितता की भावना पैदा की जाती है जो कि सामाजिक दृष्टि से हेय है। जैसे जीवन बीमा के लिए प्रेरित करने के लिए दुर्घटना, असहायता और दुर्दशा का चित्रण, कुछ वस्तुओं से भयंकर रोग जैसे कैंसर आदि होने का डर दिखाना। क्रीम या पाउडर के प्रयोग से त्वचा रोग होने का प्रदर्शन भी बहुत फूहड़ और डरावना लगता है। इस मामले में वस्तुएँ व्यक्ति के लिए अत्यन्त लाभदायक हो सकती हैं परन्तु प्रस्तुति का ढंग नहीं आता है।

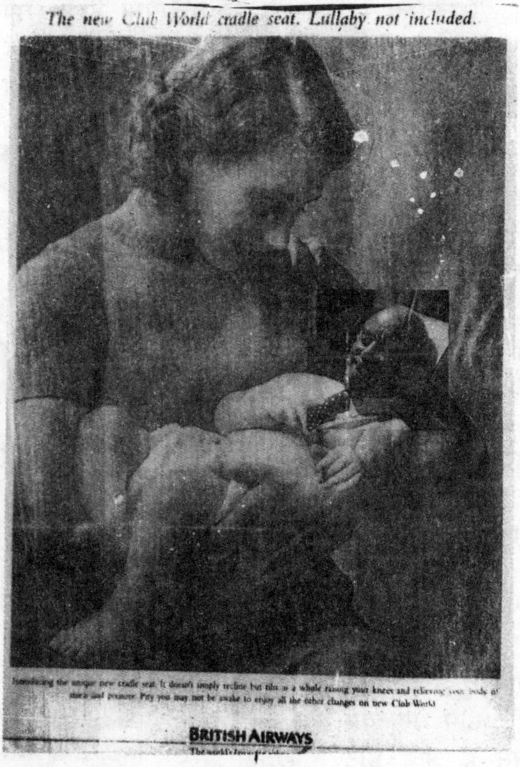

आपत्तिजनक तकनीक : विज्ञापन की कुछ तकनीकें उपभोक्ताओं को मानसिक पीड़ा पहुँचाती हैं जिनसे समाज में विज्ञापन के प्रति रोष उत्पन्न होता है। उदाहरण के लिए सन्देशों को दुहराते रहना, ऊँचा स्वर, खराब ध्वनि व्यवस्था, भद्दे व्यक्तियों का विज्ञापन में प्रयोग। कुछ विद्वानों का मानना है कि सृजनात्मकता व कलात्मकता के अभाव के कारण ऐसी तकनीकों का प्रयोग विज्ञापन एजेंसियाँ करती हैं वरना थोड़ी-सी कल्पना व सौन्दर्य बोध के प्रयोग से इन्हीं विज्ञापनों को और रुचिकर बनाया जा सकता है।

नैतिक पतन : विज्ञापनों को अधिक आकर्षक बनाने की स्पर्धा में नारी देह का इस हद तक अश्लील प्रयोग किया जाता है जिससे नारी के सम्मान को तो ठेस पहुँचती है इससे वासनाओं को भड़काने में मदद मिलती है जिससे समाज में अनेक विकृतियाँ पनपती हैं।

दुर्घटना : विशेष कर बड़े-बड़े नगरों में मुख्य मार्गों पर, चौराहों पर, मोड़ों पर बड़े आकार के होर्डिंग लगाए जाते हैं जिन्हें देखने के कारण ही दुर्घटनाएँ घट जाती हैं।

अवांछित प्रतिस्पर्द्धा : व्यावसायिक संस्थाएँ अपने-अपने उत्पादनों को बाजार में स्थापित करने के लिए अनपेक्षित प्रतिस्पर्धा को प्रोत्साहित करती हैं जिससे विज्ञापनों पर बहुत व्यय हो जाता है। यह व्यय उपभोक्ता से ही वसूला जाता है अतः उपभोक्ता को विवश होकर वस्तुएँ अधिक मूल्य पर खरीदनी पड़ती हैं।

अस्वच्छता : विज्ञापनों की प्रतिस्पर्धा में पूरे नगर में दीवारों पर पोस्टर चिपकाए जाते हैं या (भित्ति लेखन) दीवारों पर वस्तुओं के विज्ञापन लिखे जाते हैं जिससे नगर में स्वच्छता का वातावरण बनाना कठिन हो जाता है।

सूचना माध्यमों का दुरुपयोग : विज्ञापनदाता विज्ञापन एजेंसी, पत्र-पत्रिका या दूसरे संचार माध्यमों पर पर्याप्त मात्रा में धन व्यय करके एक प्रकार से उन पर नियन्त्रण कर लेते हैं और मनमाने ढंग से उसका प्रयोग करते हैं।

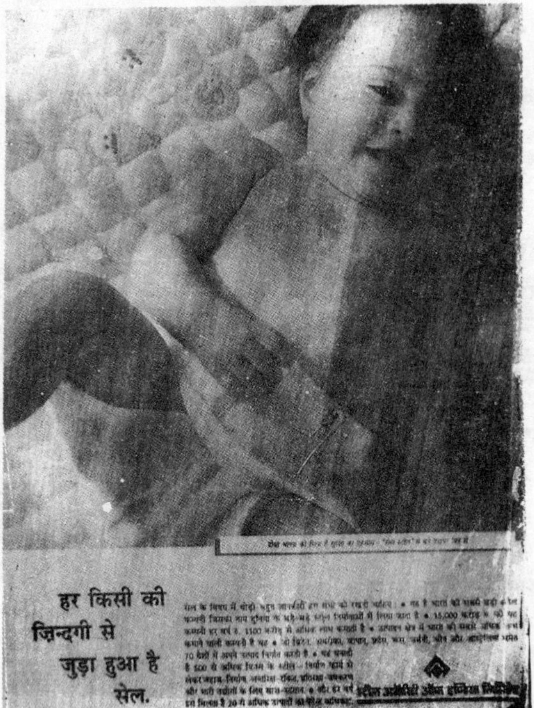

एकाधिकार : उत्पादों की प्रतिस्पर्धा में बड़े औद्योगिक घराने चूँकि विज्ञापन पर असीम धन व्यय करते हैं अतः छोटे उत्पादकों के उत्पाद धीरे-धीरे बाजार से

लुप्त होते नजर आते हैं चाहे वे गुणवत्ता में अपेक्षाकृत श्रेष्ठ क्यों न हों। परिणामस्वरूप एकाधिकार की स्थिति पैदा हो जाती है जिससे अन्ततः उपभोक्ता का ही शोषण होता है।

अनावश्यक क्रय : कई बार विज्ञापनों से प्रेरित होकर उपभोक्ता उन वस्तुओं को भी खरीद लेते हैं जिनकी वास्तव में उन्हें जरूरत नहीं है। किन्तु जिज्ञासा को शान्त करने के लिए कृत्रिम आवश्यकता और अनावश्यक क्रय को प्रोत्साहन मिलता है।

भ्रमित करना : अतिशयोक्तिपूर्ण विज्ञापन शैली से प्रभावित होकर उपभोक्ता किसी वस्तु का क्रय तो कर लेता है किन्तु बाद में पता चलता है कि विज्ञापित वस्तु और क्रय की गई वस्तु की गुणवत्ता आदि में जमीन-आसमान का अन्तर है। अतः भ्रामक विज्ञापन उपभोक्ताओं के ठगे जाने का कारण बनते हैं।

अनिर्णय : एक वस्तु के कई ब्राण्डों के विज्ञापन देखकर कई बार उपभोक्ता यह निर्णय नहीं ले पाता है कि कौन-सी वस्तु अच्छी है और खरीदनी चाहिए। इस उधेड़बुन में कई बार वह वस्तुओं को खरीदता ही नहीं है।

इस प्रकार विज्ञापनों को समाज के हित या रुचि को ताक पर रखकर विशुद्ध लाभ कमाने के उद्देश्य से प्रयोग किया जाएगा तो अवश्य ही विज्ञापनों की आलोचना होगी। किन्तु यदि सूचना जनसम्पर्क के साधन के रूप में समाज के हित को ध्यान में रखकर विज्ञापन दिए जाएँ तो इसके अनेक लाभ समाज को प्राप्त

हो सकते हैं। विज्ञापन के दुरुपयोग या समाज पर इसके दुष्प्रभाव को रोकने के लिए समाज के जागरूक उपभोक्ता और सरकार मिलकर सक्रिय रूप से कार्य कर सकते हैं। उदाहरण के लिए भारत में उपभोक्ता फोरम जहाँ प्रभावी ढंग से काम कर रहे हैं वहाँ विज्ञापन, उत्पादक, व्यापारी, रिटेल या थोक विक्रेता की गतिविधियों पर नियन्त्रण रखा जा रहा है। सरकार के कानून के अतिरिक्त कुछ नैतिक मानदंड तय किए जा सकते हैं जो स्वस्थ व्यापार प्रक्रिया को जन्म देकर उत्पादक और उपभोक्ता के सम्बन्ध ठीक रख सकते हैं। विज्ञापनकर्ताओं को समाज के प्रति उत्तरदायी होना चाहिए। जिस प्रकार अमरीका में एसोसिएशन ऑफ बैटर बिजनेस ब्यूरो ने विज्ञापन व बिक्री के लिए कुछ नैतिक मानदण्ड बना रखे हैं उसी प्रकार भारत में भी इनका पालन किया जा सकता है :

(1) विज्ञापित वस्तु के बारे में सचाई से वर्णन करें।

(2) सचाई को सीधे-सादे तरीके से कहो ताकि उपभोक्ता उस पर विश्वास कर सके।

(3) ईमानदारी पूर्ण मूल्य लेकर जनता की सेवा करे।

(4) ग्राहक की जिज्ञासा के अनुकूल ईमानदारी से उसे सही जानकारी दी जाए ताकि ठीक मूल्य पर अच्छी वस्तु खरीदकर ग्राहक सन्तुष्ट हो सके।

(5) विज्ञापन में दी गई जानकारी के अनुरूप वस्तु की गुणवत्ता व गारंटी को पूरा किया जाए।

(6) जिस वस्तु का विज्ञापन किया जा रहा है वह सार्वजनिक स्वास्थ्य या जीवन के लिए हानिकारक न हो।

(7) वस्तु के बारे में कोई जानकारी छिपाई न जाए।

(8) प्रतियोगी वस्तु की निराधार आलोचना किए बिना अपनी वस्तु का विज्ञापन करे।

(9) भ्रामक शैली या शब्दावली का प्रयोग विज्ञापन में नहीं किया जाना चाहिए ताकि उपभोक्ता धोखा न खा सके।

2

विज्ञापन के प्रकार

आधुनिक युग में विज्ञापन की सार्वभौमिक बहुआयामी भूमिका व प्रभाव को ध्यान में रखते हुए इसके सम्यक् अध्ययन के लिए विज्ञापनों का वर्गीकरण करना समीचीन होगा। वर्गीकरण का आधार उपभोक्ता या ग्राहक हो सकते हैं जिन्हें लक्ष्य करके विज्ञापन दिए जाते हैं। उद्देश्य के आधार पर, भौगोलिक प्रभाव, क्षेत्रों की पहुँच के आधार पर, विषय वस्तु के आधार पर अथवा माध्यम के आधार पर भी विज्ञापनों का वर्गीकरण किया जा सकता है।

2.1 उद्देश्य के आधार पर वर्गीकरण

वस्तुओं या सेवाओं के विज्ञापन : अनुनेय विज्ञापन; सामान्यतः जो विज्ञापन हमें दिन-प्रतिदिन देखने को मिलते हैं वे इसी वर्ग में आते हैं। ये विज्ञापन बाजार में वस्तु या सेवा के प्रवेश की पृष्ठभूमि तैयार करते हैं फिर उसके गुण, आकार आदि का वर्णन करके पूरी जानकारी ग्राहकों को देते हैं और उन्हें क्रय के लिए तैयार करते हैं, प्रोत्साहित करते हैं। बाजार में उपलब्ध अन्य ब्राण्डों से ग्राहकों का आकर्षण हटाकर अपनी वस्तु या ब्राण्ड की ओर मोड़ना और उस ब्राण्ड के लिए ग्राहकों को जमा देना होता है।

इस प्रकार ये विज्ञापन अपनी वस्तु की धाक ग्राहकों पर जमा लेते हैं परिणामतः अधिक बिक्री और अधिक लाभ कमाते हैं। इनकी प्रक्रिया ध्यानाकर्षण, अभिरुचि उत्पन्न करना, प्रेरित करना और खरीद के लिए उत्तेजित करना है। नए या सम्भावित ग्राहकों को तैयार करना, ब्राण्ड की आदत डालना, ब्राण्ड परिवर्तन

के लिए प्रेरित व विवश करना, इन विज्ञापनों का उद्देश्य होता है। आरम्भ में गाँवों के लोग दातुन से ही दाँत की सफाई करते थे, टूथपेस्ट का प्रवेश विज्ञापन ने ही कराया है। साबुन ही एकमात्र कपड़े धोने का साधन था अब डिटर्जेंट पाउडर का प्रयोग करने लगे।

प्रतिस्पर्धात्मक या तुलनात्मक विज्ञापन : ये विज्ञापन विशेषकर बाजार में अन्य ब्राण्डों के उपलब्ध होने की स्थिति में तैयार किए जाते हैं। इनका काम अपनी वस्तु और दूसरी उपलब्ध वस्तु से तुलना करके अपनी वस्तु के गुणों का वर्णन करके श्रेष्ठ सिद्ध करना होता है। कई बार वस्तु के गुणों के अतिरिक्त अच्छी पैकिंग, वाजिब दाम और सरलता से उपलब्धि जैसे तत्त्वों के द्वारा प्रतिस्पर्धा करके दूसरे ब्राण्ड को पीछे छोड़ने के लिए उपभोक्ताओं को तैयार कर लेते हैं। जैसे आपने देखा होगा दूरदर्शन में नमक की बिक्री के लिए एक महिला दो नमक की थैलियाँ खोलकर दो डिब्बों में भरती दिखाई देती है, एक नमक तो 'जिद्दी' है जो थैली से निकलने का नाम ही नहीं लेता है और दूसरा 'जररर् से' डिब्बे में चला जाता है। या सामान्य डिटर्जेंट और एक विशेष ब्राण्ड के डिटर्जेंट की तुलना करके बताया जाता है कि एक भारी है और दूसरा हल्का। पहले एक किलो की तुलना में दूसरा आधा किलो कपड़ों की अधिक और चमकदार धुलाई करता है। अतः वस्तुओं की तुलना के आधार पर बाजार में अपनी धाक जमाने वाले विज्ञापन तुलनात्मक या प्रतिस्पर्धात्मक विज्ञापन कहलाते हैं।

अच्छा नागरिक बनाने सम्बंधी अपील।

अनुनेय विज्ञापन : सामान्यतः जीवन की मूलभूत आवश्यकताओं की पूर्ति के लिए तैयार वस्तुओं की बिक्री के लिए

सीधे-सीधे प्रयोग किए जाने वाले विज्ञापन इस वर्ग में आते हैं। इसे प्रत्यक्ष विक्रय कहते हैं। ये विज्ञापन भोजन, कपड़ा, आवास, शिक्षा, स्वास्थ्य आदि से सम्बन्धित वस्तुओं या सेवाओं के होते हैं जिन्हें जीवन की मूलभूत आवश्यकताएं कह सकते हैं। विकसित देशों में इस वर्ग के विज्ञापन अधिक देखने को मिलते हैं क्योंकि अविकसित देशों में तो उपभोक्ता इन्हें प्राप्त करने के लिए जीवन भर संघर्षरत रहते हैं और जैसे-तैसे इन्हें प्राप्त कर लेना ही उसके जीवन का लक्ष्य रहता है। ऐसी स्थिति में गुणवत्ता, स्पर्धा और तुलना के अवसर कम या कभी-कभी बिल्कुल नहीं होते हैं।

ज्ञानप्रद विज्ञापन : स्थायी उपभोग की वे वस्तुएँ जिन्हें उपभोक्ता जीवन में एकाध बार ही खरीदता है, इनकी खरीद से पहले काफी जानकारी प्राप्त करना चाहता है, तुलना करता है, उनकी गुणवत्ता के बारे में भी सतर्कता बरतता है। परिणामतः ऐसी वस्तुओं की खरीद का निर्णय लेने में कुछ समय लगता है। यहाँ ज्ञानप्रद विज्ञापन की महत्त्वपूर्ण भूमिका है। वह ग्राहकों को वस्तु के सुन्दर सस्ता और टिकाऊ होने का विश्वास दिलाने के साथ उसकी गारन्टी और खरीद के बाद की सेवा मुफ्त सेवाओं का लालच ग्राहक को देता है। विज्ञापन ही अपने उत्पाद के आकर्षक होने व अच्छे स्तर की होने की जानकारी देता है। भौतिक सुख की ये वस्तुएँ स्कूटर, कार, फ्रिज, टी. वी., वाशिंग मशीन, कुकिंग रेंज, वी. सी. आर. से लेकर फैशनेबल फर्नीचर साज-सज्जा आदि वस्तुओं की खरीद के पीछे उपभोक्ता के मन में भौतिक से कहीं अधिक सामाजिक प्रतिष्ठा, रहन-सहन का अच्छा स्तर और किसी से कम नहीं रहने की भावना काम करती है। उपभोक्ताओं की आर्थिक स्थिति इसके अनुकूल न रहने पर भी ऋण लेकर वह खरीदता है। इसीलिए वस्तुओं को आसान किस्तों पर उपलब्ध कराया जाता है। इनकी लालसा वृद्धि के साथ ही बाजार में ऋण उपलब्ध कराने वाली संस्थाओं की बाढ़-सी आ गई है। कार और घर जैसी सुविधाओं के लिए अनेक वित्तीय संस्थाएँ आपको ऋण देने को आतुर दिखाई पड़ती हैं। यह जानकारी भी आपको विज्ञापन ही देते हैं। अतः इस प्रकार के विज्ञापनों को ज्ञानप्रद विज्ञापनों की श्रेणी में लिया जा सकता है।

संस्थानीय विज्ञापन : संस्थागत विज्ञापन किसी वस्तु या सेवा विशेष का विज्ञापन न करके संस्था या कम्पनी के लिए प्रतिष्ठा या सद्भावना अर्जित करने के उद्देश्य से दिए जाते हैं। समाज में कम्पनी अपनी साख बनाने के लिए अनुकूल वातावरण बनाने के लिए इस प्रकार के विज्ञापन देती है ताकि लोग कम्पनी के प्रशंसक व मित्र बनें। समाज और कम्पनी एक-दूसरे के नजदीक आएँ। अतः लाभ कमाने की बजाय नाम कमाना इन विज्ञापनों का उद्देश्य होता है। इसके लिए कम्पनी या संस्था अपनी नीतियों, अनुसन्धान व विकास की गतिविधियों, अपनी सामाजिक जिम्मेदारियों के बारे में, समाज व राष्ट्र को अपने योगदान के बारे में

जानकारी देती हैं। अपने उपभोक्ताओं के हित के अतिरिक्त अपने कर्मचारियों व अधिकारियों के हितों की रक्षा का प्रचार किया जाता है। कम्पनी अपने महान् लक्ष्य, उदार नीतियों व महान् प्रेरणाओं की चर्चा करते हुए यह सिद्ध करती है कि हम केवल धन कमाने के लिए उत्पादन नहीं कर रहे हैं बल्कि समाज या राष्ट्र कल्याण व विकास हमारा लक्ष्य है।

लोक कल्याण परक विज्ञापन : अनेक निजी कम्पनियों में सामाजिक बुराइयों को दूर करने के उद्देश्य से अच्छे नागरिक बनने की प्रेरणा देने से लेकर पर्यावरण के प्रति सजगता लाने तक काम करने के लिए अपने बजट में ऐसे विज्ञापन देने के लिए धन का प्रावधान किया होता है। इन विज्ञापनों के माध्यम से समाज में उन मुद्दों को उठाया जाता है जिन्हें कई बार सरकार भी उठाती रहती है। जैसे ट्रैफिक नियमों का पालन करने की प्रेरणा देना, नगर में स्वच्छता और सफाई के महत्त्व को बताना, पर्यावरण की शुद्धि का जीवन में महत्त्व, पेड़ लगाना, हरित क्रान्ति, नशा मुक्ति के लिए लोगों को प्रेरित करना, बाल-विवाह जैसी कुरीतियों को छोड़ना, भयंकर रोगों के प्रति सचेत करना व उनकी रोकथाम के लिए नागरिकों को प्रेरित करना, विकलांगों की सहायता, कैंसर पीड़ितों, कुष्ठ रोगियों की सहायता की प्रेरणा देना, रक्त दान, नेत्रदान, परिवार व बाल कल्याण, राष्ट्रीय एकता, अपराध नियन्त्रण, कर-भुगतान, साक्षरता प्रसार आदि के लिए समाज में उचित वातावरण तैयार करना।

इस प्रकार के विज्ञापन देकर या अपने योगदान का प्रचार करके अनेक कम्पनियाँ समाज में साख व प्रतिष्ठा अर्जित करती हैं जिससे अन्ततः उसके उत्पादों को खरीदने में उपभोक्ता गौरव का अनुभव करते हैं।

ये विज्ञापन पाठक/श्रोता या उपभोक्ता को समाज और राष्ट्र के प्रति उनके उत्तरदायित्व का बोध कराते हैं। उन्हें अच्छे नागरिक बनने, समाज के स्वस्थ विकास के योगदान के लिए प्रेरित करते हैं।

2.2 माँग के आधार पर वर्गीकरण

वैसे तो सभी विज्ञापन वस्तुओं या उत्पादों की माँग को बढ़ाने का ही काम करते हैं फिर भी माँग बढ़ाने वाले विज्ञापन दो प्रकार के हैं—प्राथमिक माँग बढ़ाने वाले और चुनिंदा माँग बढ़ाने वाले।

प्राथमिक माँग बढ़ाने वाले विज्ञापन : इन विज्ञापनों का उद्देश्य किसी वस्तु या उसके ब्राण्ड विशेष की माँग उत्पन्न करना नहीं होता है। अपितु पूरे वर्ग की माँग बढ़ाना होता है। जैसे दूध का विज्ञापन, अण्डे का विज्ञापन, हरी सब्जियों का विज्ञापन। अण्डा उत्पादक समन्वय समिति द्वारा जारी विज्ञापन ''संडे हो या मंडे रोज खाओ अंडे।'' इसी प्रकार सभी सार्वजनिक क्षेत्र के बैंकों द्वारा लोक हित में

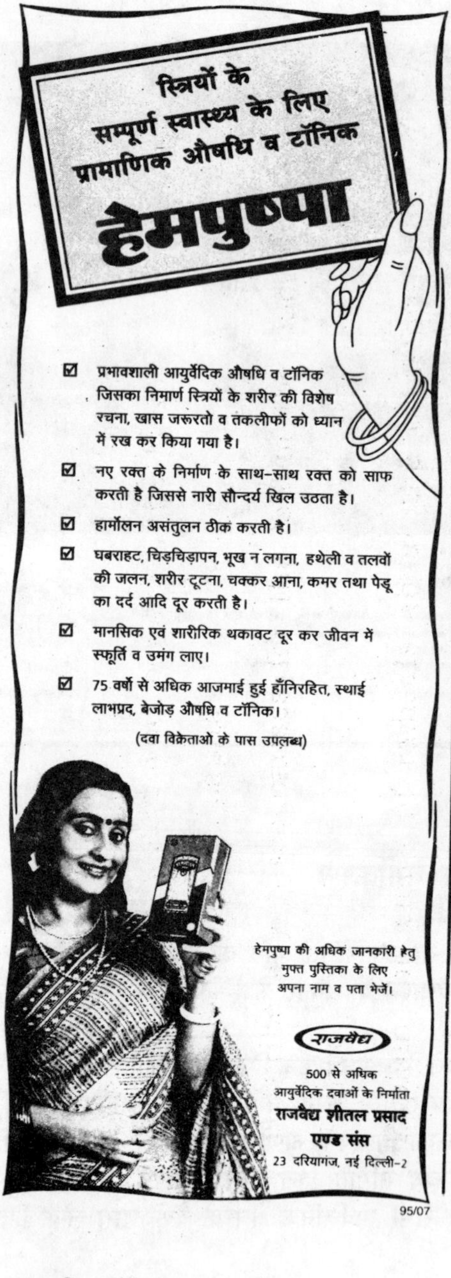

जारी विज्ञापन भी एक बैंक की सेवाओं की अपेक्षा सभी सार्वजनिक क्षेत्र के राष्ट्रीयकृत बैंकों की सेवाओं का प्रचार करता है। उन्हें अगुआ विज्ञापन की संज्ञा दी जाती है।

चुनिंदा माँग को बढ़ाने वाले विज्ञापन : इस प्रकार के विज्ञापनों से किसी वस्तु की अपेक्षा वस्तु के ब्राण्ड विशेष की जानकारी देना, माँग बढ़ाना और उसे बाजार में प्रतिष्ठित करना होता है इसलिए अन्य ब्राण्डों की तुलना में उसे श्रेष्ठ सिद्ध करने के लिए उसके सभी गुणों को उपभोक्ताओं के सामने रखा जाता है।

प्रत्यक्ष कार्यवाही वाले विज्ञापन : इन विज्ञापनों के माध्यम से ग्राहकों को तुरन्त कोई वस्तु खरीदने के लिए प्रेरित किया जाता है। ये फुटकर या स्थानीय प्रकृति के होते हैं। साड़ियों

की सेल, खादी की छूट, भूखण्डों की तुरन्त बुकिंग कराने पर विशेष छूट जहाँ एक ओर 'आज ही खरीदिए', 'तुरन्त सम्पर्क करें', 'सुनहरा अवसर हाथ से न जाने दें', स्टॉक शेष रहने तक सेल का आज अन्तिम दिन, बजट से पहले फ्रिज, टी. वी. या कार खरीदने की प्रेरणा देने वाले विज्ञापन सीधी कार्यवाही वाले विज्ञापन कहलाते हैं।

अप्रत्यक्ष कार्यवाही वाले विज्ञापन : इन विज्ञापनों को माल जल्दी बेचने या उठाने की विवशता नहीं होती है ये दीर्घकालीन स्थायी माँग पैदा करने में विश्वास रखते हैं। ये आमतौर पर राष्ट्रीय स्तर के उत्पादों के लिए धीरे-धीरे जानकारी देकर एक पृष्ठभूमि या वातावरण तैयार करते हैं जैसे शीतल पेयों के बाजार में आने से पहले किए जाने वाले विज्ञापन।

व्यक्तिगत विज्ञापन : वे विज्ञापन हैं जो किसी वस्तु के ब्राण्ड विशेष का विज्ञापन देते हैं। ये थोक या खुदरा दोनों ही प्रकार के हो सकते हैं। जैसे जूते के अलग-अलग विज्ञापन, बाटा, करोना, फॉनिक्स, लिबर्टी, एक्शन आदि के विज्ञापन व्यक्तिगत कहे जाते हैं जिन्हें एक ब्राण्ड विशेष का उत्पादक अपने हित में जारी करता है।

सहकारी विज्ञापन : पिछले कुछ दिनों से एक समान उद्देश्य की पूर्ति के लिए एक वस्तु के अनेक उत्पादक मिलकर विज्ञापन देते हैं ताकि उस वस्तु का माँग बाजार में बढ़ सके और सभी के उत्पादों की बिक्री बढ़ सके। जैसे सेवाओं के क्षेत्र में सार्वजनिक क्षेत्र के बैंकों द्वारा लोकहित में दिया गया विज्ञापन, दुग्ध

निर्माताओं द्वारा दूध पीने पर जोर देने वाला विज्ञापन या अण्डे का हर रोज खाने पर बल देने वाला विज्ञापन सहकारी विज्ञापन हैं। इसके अतिरिक्त कोई बड़ी कम्पनी अपने डीलरों या स्थानीय खुदरा व्यापारियों से मिलकर एक सामूहिक विज्ञापन देती है जिसमें सभी व्यापारियों के स्थानीय पते दे दिए जाते हैं।

सजावटी विज्ञापन : ये विज्ञापन समाचार पत्र-पत्रिकाओं में किसी भी पृष्ठ पर बड़े आकार में दिए जाते हैं। इनमें कम्पनी के लोगों के अतिरिक्त उसका प्रेरणा वाक्य, कोई नारा, किसी प्रकार की आकर्षक तुकबन्दी, पर्याप्त रिक्त स्थान के साथ चित्र, डिजाइन आदि दे दिया जाता है। कुल मिलाकर यह विज्ञापन आकर्षक होता है। और सन्देश के रूप में वस्तु का प्रस्तुतीकरण करता है।

वर्गीकृत विज्ञापन : सजावटी विज्ञापन के ठीक विपरीत इसमें कलात्मकता को स्थान नहीं दिया जाता अपितु कम से कम स्थान में अधिक से अधिक सन्देश/जानकारी देना इसका उद्देश्य रहता है। समाचार-पत्रों में विशेषकर इनकी पृष्ठ संख्या निश्चित रहती है। कुछ शीर्षकों या उपशीर्षकों के अन्तर्गत ये विज्ञापन प्रकाशित किए जाते हैं जैसे वैवाहिक, सम्पत्ति, किराए के लिए, बिकाऊ, चाहिए, निविदा सूचनाएँ, रिक्तियाँ, शिक्षा, रोजगार, चिकित्सा, आवश्यकता है आदि। इनमें चित्र या खाली स्थान की गुंजाइश नहीं है। नारे या पंक्ति आदि का निषेध रहता है।

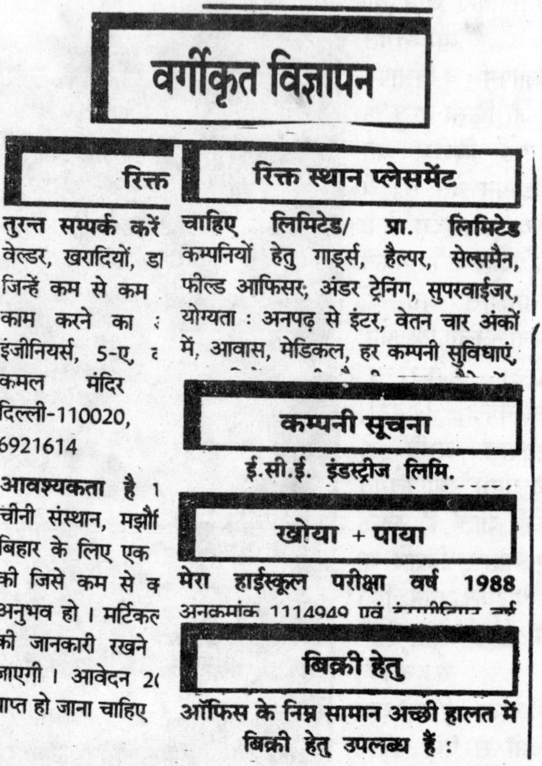
वर्गीकृत विज्ञापन

रिक्त

तुरन्त सम्पर्क करें
वेल्डर, खरादियों, डा
जिन्हें कम से कम
काम करने का
इंजीनियर्स, 5-ए,
कमल मंदिर
दिल्ली-110020,
6921614

आवश्यकता है
चीनी संस्थान, मझौ
बिहार के लिए एक
की जिसे कम से क
अनुभव हो। मर्टिकल
की जानकारी रखने
जाएगी। आवेदन 2
प्राप्त हो जाना चाहिए

रिक्त स्थान प्लेसमेंट

चाहिए लिमिटेड/ प्रा. लिमिटेड कम्पनियों हेतु गाइर्स, हैल्पर, सेल्समैन, फील्ड आफिसर, अंडर ट्रेनिंग, सुपरवाईजर, योग्यता : अनपढ़ से इंटर, वेतन चार अंकों में, आवास, मेडिकल, हर कम्पनी सुविधाएं,

कम्पनी सूचना

ई.सी.ई. इंडस्ट्रीज लिमि.

खोया + पाया

मेरा हाईस्कूल परीक्षा वर्ष 1988
अनुक्रमांक 1114949 एवं

बिक्री हेतु

ऑफिस के निम्न सामान अच्छी हालत में बिक्री हेतु उपलब्ध हैं :

अब कुछ वर्गीकृत विज्ञापनों में कहीं-कहीं सजावट भी आने लगी है। अन्य विज्ञापनों की तुलना में वर्गीकृत विज्ञापन की दरें अपेक्षाकृत कम हैं।

2.3 श्रोता या पाठक के आधार पर वर्गीकरण

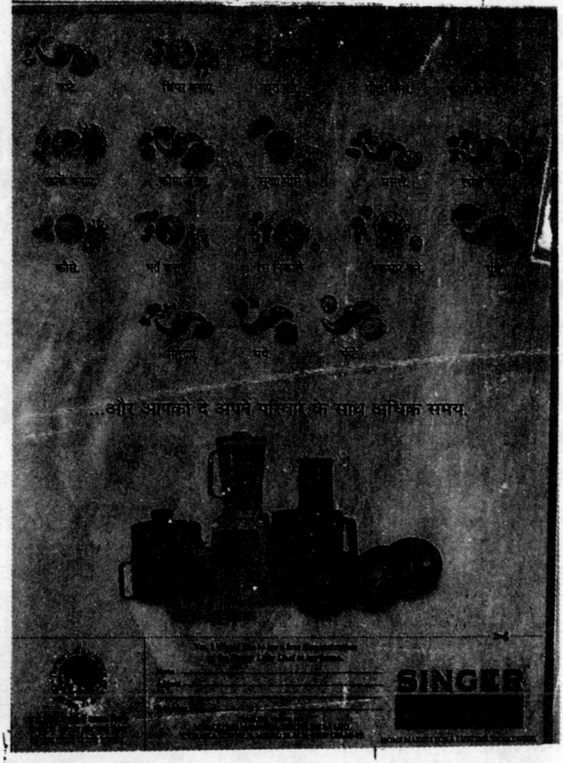

अनेक विज्ञापन वर्ग विशेष के उपभोक्ताओं के लिए किए जाते हैं, सामान्य उपभोक्ता के अतिरिक्त कृषि, उद्योग, व्यापार, वित्त आदि की दृष्टि से विज्ञापनों का विभाजन किया जा सकता है।

सामान्य उपभोक्ता विज्ञापन : यानी सामान्य उपभोक्ता के लिए दिए गए विज्ञापन जिनमें दैनिक प्रयोग में काम आने वाली वस्तुएँ, खाद्य-सामग्री, शृंगार सामग्री, साबुन, कपड़ा, चावल, चीनी, साइकिल आदि के लिए दिए विज्ञापनों को उपभोक्ता विज्ञापन कहा जा सकता है।

औद्योगिक विज्ञापन : औद्योगीकरण के विस्तार के साथ ही बड़ी-बड़ी औद्योगिक कम्पनियों का उदय हुआ और इन कम्पनियों ने अपने उद्योग उत्पादों की बिक्री के लिए उच्चस्तरीय विज्ञापनों का सहारा लिया। बजाज, बोल्टास, लारसन एण्ड टर्बो, टाटा, टिस्को, किर्लोस्कर, एस्कॉर्ट्स आदि अनेक बड़ी औद्योगिक कम्पनियों, उद्यमियों, उद्योगपतियों व निश्चित वर्ग के ग्राहकों को लक्ष्य करके दिए जाते हैं। ये विज्ञापन कच्चे माल, उपकरणों, मशीनों आदि की बिक्री के बारे में दिए जाते हैं। इन विज्ञापनों में कलात्मकता के स्थान पर तार्किक ढंग से अपनी बात कही जाती है। साफ और सीधे शब्दों में वस्तु के बारे में जो दावे किए जाते हैं उनकी प्रामाणिकता सिद्ध करनी होती है। अतः अतिशयोक्ति के लिए यहाँ कोई स्थान नहीं है। ये विज्ञापन आमतौर पर पत्र-पत्रिकाओं में ही प्रकाशित होते हैं।

हाँ इनके साहित्य को डाक से भेजने का भी प्रावधान रहता है इसी के साथ कैटलाग, कम्पनी के बारे में सूची और तकनीकी जानकारी भी भेज दी जाती है और आवश्यकता पड़ने पर सुविधानुसार सैम्पल या नमूने भी भेजे जा सकते हैं।

व्यापारिक विज्ञापन : व्यापारिक प्रचार के वर्ग में आने वाले ये विज्ञापन उपभोक्ता से सीधा सम्बन्ध न रखकर मध्यस्थ व्यापारियों तथा बिक्री बढ़ाने वाले तत्त्वों के लिए विज्ञापन करता है। वितरकों, एजेंटों, थोक विक्रेताओं, फुटकर विक्रेताओं व अन्य सेवा प्रतिष्ठानों के लिए किया गया विज्ञापन उत्पादक द्वारा किया गया एकतरफा प्रचार होता है। डाक, पत्र- पत्रिकाओं के अतिरिक्त उत्पादों के प्रचार के लिए प्रदर्शनियाँ भी लगाई जाती हैं। रेडियो, टी. वी. का भी प्रयोग देखने को मिलता है। वितरण प्रणाली को सशक्त बनाना भी इनका प्रमुख उद्देश्य होता है।

वित्तीय विज्ञापन : अनुमानतः देश में विज्ञापनों पर व्यय होने वाली कुल राशि का लगभग 5 से 10 प्रतिशत तक वित्तीय विज्ञापनों पर व्यय होता है। पिछले दशक के आरम्भ में इस प्रकार के विज्ञापनों में काफी वृद्धि हुई है। कम्पनियाँ बाजार से उपभोक्ताओं से पूँजी एकत्रित करने के उद्देश्य से अपने शेयर और पब्लिक इश्यू बेचने के लिए लाखों रुपए विज्ञापनों पर खर्च कर देती हैं। इन निजी कम्पनियों के अतिरिक्त राष्ट्रीयकृत बैंक, राष्ट्रीय बचत संगठन, बीमा कम्पनियाँ, सरकारी और

गैर-सरकारी लाटरी एजेंसियाँ जनता से धन व पूँजी समर्थन के लिए विज्ञापन देती हैं। कम्पनियों के वार्षिक आय-व्यय विवरण, अध्यक्षीय भाषण, पूँजीधारकों और नियोजकों के लिए दिए गए विज्ञापन भी वित्तीय विज्ञापन हैं। इन विज्ञापनों का पाठक वर्ग सीमित है।

कृषि विषयक विज्ञापन : कृषि में आधुनिक तकनीकों के प्रयोग से कृषि अनुसन्धान के क्षेत्र में विकास से कृषि व्यवसाय भी उद्योग की तरह महत्त्वपूर्ण हो जाता है। कृषकों में शिक्षा-प्रसार व आधुनिक चेतना के बाद भूमि, सिंचाई, बीज, खाद, कीटनाशक दवाएँ, फसल की कटाई के बाद उत्पाद का संरक्षण आदि अनेक विषयों की जानकारी के लिए लालायित कृषक समाचार-पत्र/पत्रिकाओं, रेडियो, दूरदर्शन सभी माध्यमों से प्रकाशित, प्रसारित जानकारी से लाभ उठा रहा है। कृषि सम्बन्धी अनेक पत्रिकाएँ प्रकाशित होने लगी हैं। नए साधन, यन्त्र, उपकरण, नई नस्लों के बीज, रासायनिक खाद, पम्पसैट, ट्यूबवैल की भी जहाँ जानकारी देते हैं वहीं इस क्षेत्र से सम्बन्धित अनेक विज्ञापनों को भी प्रोत्साहन मिल रहा है। कृषि से जुड़े अन्य क्षेत्र जैसे— पशुपालन, मुर्गीपालन, मधुमक्खी पालन भी विज्ञापनों के कार्य क्षेत्र को विकसित करते हैं। इन विज्ञापनों की भाषा सरल व बोधगम्य होती है। दूरदर्शन या रेडियो पर प्रसारित विज्ञापनों में ग्रामीण अंचल की बोली का प्रयोग काफी प्रभावी सिद्ध होता है।

राजनीतिक विज्ञापन : लोकतन्त्रीय प्रणाली में विज्ञापन जादू का सा काम करता है। पोस्टर, हैंडबिल और समाचार-पत्र/पत्रिकाओं के माध्यम से सभी प्रमुख

दल अपनी नीतियों, उपलब्धियों व भावी योजनाओं को मतदाताओं तक प्रभावी ढंग से सम्प्रेषित कर उनसे समर्थन प्राप्त करने का प्रयास करते हैं। ये विज्ञापन नकारात्मक व सकारात्मक दोनों प्रकार के हो सकते हैं। सामान्यतः दूसरे विपक्षी दलों की कमियों को बढ़ा-चढ़ाकर दर्शाया जाता है। ताकि जनमत को अपनी ओर आकर्षित कर सकें। राष्ट्र और जनहित के मुद्दों को लेकर भी विज्ञापन बनाए जाते हैं। इनका उद्देश्य केवल अपने लिए जनमत तैयार करना और समर्थन जुटाना होता है।

2.4 भौगोलिक आधार पर वर्गीकरण

अन्तर्राष्ट्रीय विज्ञापन : बहुराष्ट्रीय स्तर की कम्पनियाँ इस प्रकार के विज्ञापन देती हैं। इनका उद्देश्य अपने उत्पादों को एक देश की सीमाओं के बाहर अन्तर्राष्ट्रीय बाजार में बेचना होता है। विभिन्न देशों में अपने उत्पाद के लिए जिज्ञासा और इच्छा उत्पन्न करके ये विज्ञापन व्यावहारिक पूछताछ के लिए वातावरण तैयार करते हैं। इनका स्तर भी अन्तर्राष्ट्रीय विज्ञापनों की प्रतिस्पर्धा के अनुकूल काफी अच्छा होता है। इसके लिए समाचार-पत्रों या डाक सेवा का अधिक प्रयोग किया जाता है।

राष्ट्रीय स्तर के विज्ञापन : सारे देश में अपने उत्पाद की प्रतिष्ठा, माँग व लोकप्रियता को स्थापित करने के लिए बड़े पैमाने पर दिए विज्ञापन इस वर्ग में आते हैं। राष्ट्रीय स्तर के विज्ञापन माध्यम जैसे टी. वी., रेडियो, फिल्म, पत्र-पत्रिकाएँ इस कार्य को सुचारु रूप से सम्पन्न करने में समर्थ होते हैं। बहुभाषी देश में अनेक भाषाओं में विज्ञापन देना अनिवार्य हो जाता है। इस प्रकार के विज्ञापन की योजना अनुसन्धान व गवेषणा के आधार पर तैयार की जाती है। कम्पनियों के लोकप्रिय विज्ञापन पूरे देश के बाजारों में अपने उत्पादकों की बिक्री की व्यवस्था कर देते हैं।

क्षेत्रीय विज्ञापन : इस विज्ञापन का क्षेत्र सीमित रहता है। यह एक राज्य भी हो सकता है और कुछ राज्यों का समूह भी हो सकता है। जैसे हिन्दी भाषी क्षेत्र के लिए एक विज्ञापन तैयार किया जाए या भौगोलिक दृष्टि से पहाड़ और मैदानी क्षेत्रों की दृष्टि से क्षेत्र तय कर लिया जाए। कुछ खाद्य वस्तुएँ, साबुन और प्रसाधन आदि इस कोटि में आते हैं।

स्थानीय विज्ञापन : एक कस्बे या नगर में माल बेचने के उद्देश्य से किए गए विज्ञापन इस वर्ग में आते हैं। जैसे दुकानदार, रेस्तरां, सैलून, स्वास्थ्य केन्द्र या खुदरा व्यापारी इस प्रकार के विज्ञापनों से अपना सामान या सेवाएँ बेचते हैं। अपना

माल बेचने के अतिरिक्त दुकान की साख बनाना व बढ़ाना, दुकान की स्थिति प्रचारित करना और ग्राहकों को आकर्षित व निमन्त्रित करना इनका उद्देश्य रहता है। स्थानीय विज्ञापनों में समाचार-पत्र, रेडियो, दूरदर्शन के अलावा होर्डिंग, पोस्टर, पर्चे, बैनर आदि का प्रयोग किया जाता है।

2.5 माध्यम के आधार पर वर्गीकरण

प्रयोग किए जाने वाले माध्यमों के आधार पर विज्ञापनों का वर्गीकरण करें तो वह इस प्रकार होगा :

(1) प्रेस विज्ञापन—पत्र, पत्रिकाएँ, समाचार-पत्र, हैंडबिल, पोस्टर आदि।
(2) बाह्य विज्ञापन।
(3) टी. वी. विज्ञापन।
(4) रेडियो विज्ञापन।
(5) सिनेमा विज्ञापन।
(6) डाक विज्ञापन।
(7) प्वायंट ऑफ परचेज विज्ञापन आदि।

3

विज्ञापन माध्यम

विज्ञापन माध्यम उन साधनों को कहा जाता है जो किसी वस्तु या सेवा को भावी उपभोक्ताओं तक पहुँचाने की व्यवस्था करते हैं, जिसके परिणामस्वरूप उत्पाद या सेवा का विक्रय और उत्पादक को लाभ मिल सके।

देश में विज्ञापन माध्यमों पर प्रतिवर्ष करोड़ों रुपए खर्च होते हैं और ज्यों-ज्यों उत्पादन बढ़ता है त्यों-त्यों विज्ञापन पर व्यय होने वाली राशि भी तेज गति से बढ़ती जाती है और एक अनुमान के अनुरूप हर वर्ष विज्ञापन व्यय राशि में लगभग 15-20 प्रतिशत वृद्धि भी होती रहती है। इक्नोमिक टाइम्स रिसर्च ब्यूरो के एक अध्ययन के अनुसार 1981 में विज्ञापन पर व्यय जहाँ 297 करोड़ रुपए था वह 1988 में बढ़कर 1078 करोड़ रुपए हो गया। प्रिंट मीडिया और यहाँ तक कि सिनेमा माध्यम पर खर्च होने वाली राशि में काफी कमी आ गई और दूरदर्शन ने वस्तुतः सभी के हिस्से की धनराशि को अपनी ओर आकर्षित कर लिया। उदाहरण के लिए सन् 1981 में दूरदर्शन विज्ञापनों पर व्यय होने वाली धनराशि 12 करोड़ रुपए (जो कुल का 4 प्रतिशत थी) से बढ़कर सन् 1988 में बढ़कर 175 करोड़ रुपए हो गई। इसके अतिरिक्त बाह्य विक्रय केन्द्र, डाक आदि द्वारा किए जाने वाले विज्ञापनों पर काफी धन व्यय किया जा रहा है। और इसके प्रतिशत में निरन्तर वृद्धि हो रही है।

3.1 विज्ञापन माध्यमों का चयन

विज्ञापनों को जारी करने से पहले उसका समुचित चयन नितान्त आवश्यक है।

विज्ञापन माध्यमों में बहुत विविधता देखने को मिलती है किन्तु हर माध्यम का अपना-अपना प्रभाव है। जिस प्रकार प्रत्येक वस्तु या सेवा के विज्ञापन के लिए सभी माध्यम उपयुक्त नहीं होते और न ही उपभोक्ताओं के अनेक वर्गों तक सभी साधन समान रूप से प्रभावी हो सकते हैं। अतः धन, समय और शक्ति का सदुपयोग करने के लिए वस्तु उपभोक्ता और माध्यम में एक अच्छे तालमेल के लिए विज्ञापनकर्ता को सतर्कता से चयन करना चाहिए। विज्ञापनकर्ता को माध्यम का चयन करते समय निम्न बातों का ध्यान रखना चाहिए :

वस्तु की प्रकृति : विज्ञापन माध्यम चुनते समय यह देखना आवश्यक है कि वस्तु किस प्रकार की है जैसे– फ्रिज, वाशिंग मशीन, वक्यूम क्लीनर उच्च या मध्यम वर्ग अतः समाचार-पत्र या दूरदर्शन का प्रयोग किया जा सकता है। शृंगार प्रसाधनों के विज्ञापन के लिए दूरदर्शन, सिनेमा के अतिरिक्त महिलाओं की पत्रिकाएँ अधिक उपयोगी सिद्ध हो सकती हैं। इलैक्ट्रानिक टाइपराइटर, फैक्स, फोटोस्टेट की मशीन और कम्प्यूटर आदि के लिए दैनिक समाचार-पत्रों के अतिरिक्त औद्योगिक या व्यापारिक पत्रिकाएँ अच्छे माध्यम हो सकते हैं। जबकि बीड़ी जैसे उत्पाद के लिए बाह्य, छोटी पत्रिका उचित सिद्ध हो सकते हैं। इसके अतिरिक्त बहुमूल्य वस्तुओं के विज्ञापन महँगे और कम मूल्य की वस्तुओं के विज्ञापन सस्ते हो सकते हैं।

उपभोक्ता की स्थिति : विज्ञापन माध्यम का चयन करते समय यह देखना होगा कि उपभोक्ता शिक्षित है या अशिक्षित, ग्रामीण क्षेत्र का निवासी है कि नगर का, निम्न वर्ग का है या मध्यम या उच्च वर्ग का और यह भी कि उपभोक्ताओं की संख्या अधिक है या कम। क्योंकि ग्रामीण अंचल में अशिक्षित उपभोक्ता के लिए लाउडस्पीकर आदि का माध्यम अपनाया जाएगा। संख्या कम हो तो डाक का माध्यम अपनाया जाए। निम्न वर्ग का कम शिक्षित उपभोक्ता हो तो बाह्य विज्ञापन या विक्रय केन्द्र विज्ञापन उपयोगी रहेगा। मध्यम वर्गीय उपभोक्ता रेडियो, टी. वी., पैम्फलेट, समाचार-पत्र सभी के माध्यम से पहुँच के भीतर आ सकता है।

बाजार का क्षेत्र : विज्ञापन माध्यम का चयन करते समय देखना चाहिए कि राष्ट्रीय स्तर पर वस्तु का विक्रय हो सकता है, क्षेत्रीय स्तर पर वस्तु का विक्रय हो सकता है, या फिर स्थानीय स्तर पर ही सन्देश भेजने से काम चल सकता है। मान लिया केवल स्थानीय क्षेत्र में सन्देश पहुँचाना है तो वह अखबार, रेडियो के अतिरिक्त हैंडबिल और पर्चों आदि के माध्यम से भी किया जा सकता है।

सन्देश की प्रकृति : सन्देश यदि नई औद्योगिक उत्पाद या मशीनों के बारे में है तो प्रेस ही उपयुक्त माध्यम हो सकता है। यदि सन्देश विस्तृत और विवरणात्मक है तो प्रेस को माध्यम बनाया जाए किन्तु लघु है तो बाह्य मीडिया

को अपना सकते हैं। यदि सन्देश में रंगों का होना अनिवार्य है, नाटकीयता तुकबन्दी या काव्यमयता आनी है तो दूरदर्शन सबसे उपयुक्त माध्यम होगा।

इसके अतिरिक्त लोकप्रिय व बहुप्रचलित माध्यमों का ही प्रयोग किया जाए तो अच्छा होगा ताकि अधिक से अधिक उपभोक्ताओं तक पहुँच सके। आवृत्ति की दृष्टि से समाचार-पत्र, रेडियो, दूरदर्शन और सिनेमा स्लाइड ठीक रहते हैं। श्रेष्ठ माध्यम को अपनाने से वस्तु की प्रतिष्ठा बढ़ती है। माध्यम का चयन करते समय विज्ञापन माध्यमों का तुलनात्मक अध्ययन सही समय, सही स्थान और मितव्ययिता जैसी बातों को भी ध्यान में रखना चाहिए। आजकल ये सब जानकारियाँ उपलब्ध हो जाती हैं कि किस समाचार-पत्र या पत्रिका की प्रचार संख्या क्या है, रेडियो और दूरदर्शन के भी श्रोता और दर्शक कितने हैं, किस वर्ग के हैं। जैसे ऑडिट ब्यूरो ऑफ सरकुलेशन जैसी संस्था प्रामाणिक रूप से यह सूचना देने में समर्थ है कि आजकल कितने समाचार-पत्र और पत्रिकाएँ भारत में प्रकाशित हो रहे हैं और किस समाचार-पत्र की प्रसार संख्या कितनी है। इससे विज्ञापनकर्ता को माध्यम का चयन करने में, उनके प्रभाव व सामर्थ्य का विश्लेषण करने में मदद मिलती है।

यह भी आवश्यक नहीं कि विज्ञापनकर्ता एक ही माध्यम का प्रयोग करे। बड़े निर्माता एक ही समय अनेक विज्ञापन माध्यमों का प्रयोग करके उपभोक्ताओं के दिलो-दिमाग पर छा जाते हैं। जब एक से अधिक माध्यमों का प्रयोग किया जाए उस स्थिति को 'मीडिया मिक्स' का नाम दिया गया है। मीडिया मिक्स में विज्ञापन माध्यमों पर व्यय की जाने वाली धनराशि का आनुपातिक ब्यौरा रहता है। शृंगार प्रसाधन बनाने वाली कम्पनी के लिए 'मीडिया मिक्स' इस प्रकार हो सकता है।

दूरदर्शन	—	50 प्रतिशत
सिनेमा	—	15 प्रतिशत
पत्रिकाएँ	—	25 प्रतिशत
अन्य	—	10 प्रतिशत

तेज गति से बदलती हुई परिस्थितियों में विज्ञापन कब दिए जाएँ, कितनी बार दोहराए जाएँ, कब माध्यम में परिवर्तन करना है इसके लिए कोई निश्चित सिद्धान्त या फार्मूले नहीं दिए जा सकते हैं। अतः बाजार, माध्यमों का प्रभाव, प्रतिस्पर्धा, स्थान, या क्षेत्र आदि को ध्यान में रखकर ही माध्यमों के चयन के बारे में निर्णय लेना चाहिए।

3.2 प्रेस विज्ञापन

नियमित रूप से प्रकाशित होने वाले समाचार-पत्रों व विभिन्न अवधियों वाली पत्रिकाओं में प्रकाशित होने वाले विज्ञापनों को इस वर्ग में रखा जाता है। ये दो प्रकार के हैं—समाचार-पत्रों में छपने वाले और पत्रिकाओं में छपने वाले।

3.2.1 समाचार-पत्र

देश में ज्यों-ज्यों साक्षरता बढ़ती जा रही है त्यों-त्यों समाचार-पत्रों के पाठकों की संख्या में निरन्तर वृद्धि हो रही है। भारतीय प्रेस में अब तक 41 पत्रों ने सौ वर्ष पूरे किए हैं। सबसे पुराना बॉम्बे समाचार है जो 1822 से प्रकाशित हो रहा है। प्रसार की दृष्टि से आनन्द बाजार पत्रिका, टाइम्स ऑफ इण्डिया और हिन्दुस्तान टाइम्स का क्रमशः प्रथम, द्वितीय और तृतीय स्थान है। 1993 के अन्त तक 33612 पत्र छपते थे जबकि 1992 में इनकी संख्या 31957 थी अर्थात् 5.2 प्रतिशत की वृद्धि। अवधि की दृष्टि से इनमें 3740 दैनिक, 275 सप्ताह में दो तीन बार वाले, 11136 साप्ताहिक, 18461 अन्य सावधिक पत्र प्रकाशित हो रहे थे। प्रदेश की दृष्टि से उत्तर प्रदेश 5131 पत्र प्रकाशित करके प्रथम स्थान पर रहा और दिल्ली से 4435, महाराष्ट्र से 3614, पं. बंगाल से 2896, राजस्थान से 2435, मध्य प्रदेश से 2420, तमिलनाडु से 1937, कर्नाटक से 1650, आन्ध्र प्रदेश से 1583, बिहार से 1461 और केरल से 1411 पत्र प्रकाशित हो रहे थे। दैनिक समाचार-पत्रों की दृष्टि से 579 पत्र प्रकाशित करने में उत्तर प्रदेश का प्रथम स्थान था। इसके बाद बिहार ने 380, मध्य प्रदेश ने 346, राजस्थान ने 343, महाराष्ट्र ने 325 और तमिलनाडु ने 306 दैनिक प्रकाशित किए। भाषा की दृष्टि से हिन्दी में सर्वाधिक (12596) और इसके बाद अंग्रेजी में 5316 पत्र प्रकाशित हुए।

सारणी-1
समाचार-पत्रों की संख्या-1993
(भाषा और आवर्तिता)

भाषा	दैनिक	सप्ताह में दो या तीन वार	साप्ताहिक	पाक्षिक	मासिक	त्रैमासिक	महीने में दो वार/ दोमाही	वार्षिक	कुल संख्या
1	2	3	4	5	6	7	8	9	10
अंग्रेजी	256	18	637	496	2161	1025	590	133	5316
हिन्दी	1674	107	6050	2012	2230	381	120	22	12596
असमिया	10	3	51	29	41	10	9	1	154

बांगला	80	11	503	376	582	360	116	8	2036
गुजराती	78	7	289	120	387	47	36	10	974
कन्नड़	203	5	289	173	395	34	15	2	1116
कश्मीरी	0	0	0	0	0	0	0	0	1
कोंकणी	0	0	2	1	1	0	0	0	4
मलयालम	184	2	154	137	585	42	17	8	1129
मणिपुरी	10	0	3	5	3	3	2	0	26
मराठी	225	17	579	140	397	87	34	82	1561
नेपाली	1	2	12	5	7	16	5	0	18
उड़िया	46	2	84	57	224	73	18	4	508
पंजाबी	79	5	296	63	204	25	17	1	700
संस्कृत	3	0	6	2	13	13	4	0	41
सिंधी	8	0	31	9	32	6	2	0	88
तेलुगू	87	2	206	138	336	20	6	1	796
तमिल	297	34	324	193	578	23	9	2	1460
उर्दू	389	18	1022	297	437	44	14	3	2224
द्विभाषी	47	17	445	255	930	277	106	27	2104
बहुभाषी	13	4	77	41	190	59	25	7	416
अन्य	50	11	75	22	104	44	8	0	314
कुल	3740	275	11136	4571	9837	2589	1153	311	33612

प्रसार की दृष्टि से 31 दिसम्बर 1993 को पत्रों की कुल प्रसार संख्या 6,76,11,000 जबकि 1992 में प्रसार संख्या 6,36,67,000 थी।

समाचार-पत्रों की कुल आय का लगभग आधा भाग विज्ञापनों से प्राप्त होता है। स्थान की दृष्टि से विज्ञापन समाचार-पत्रों का 28 से 35 प्रतिशत तक स्थान घेरते हैं। 1987 में सेंटर फार मीडिया द्वारा किए गए अध्ययन के अनुसार समाचार-पत्र-पत्रिकाओं में सबसे अधिक विज्ञापन उपभोक्ता वस्तुओं के प्रकाशित हुए (24.8 प्रतिशत)। उनमें प्रकाशित विज्ञापन ने कितने प्रतिशत स्थान घेरा इसका विवरण नीचे दी गई सारणी में प्रस्तुत है :

सारणी-2

अगस्त 1987

		% व्यय	विज्ञापन जगह का %
1.	डिस्पले (सजावटी)	91.9	92.3
	सार्वजनिक वित्तीय	8.7	8.4

	सरकारी	4.2	4.7
	कानूनी	12.6	14.4
	प्रतिष्ठा	3.7	3.6
	औद्योगिक वस्तुएँ	3.7	3.3
	उपभोक्ता	29.1	24.8
	कृषि संबंधी	0.7	1.0
	मनोरंजन	10.2	13.3
	रोजगार	7.4	6.5
	धार्मिक	0.2	0.3
	अन्य	11.4	12.1
2.	वर्गीकृत	8.1	7.3

स्रोत : सेंटर फार मीडिया स्टडीज

समाचार-पत्र प्रसार की दृष्टि से राष्ट्रीय, क्षेत्रीय या स्थानीय हो सकता है। भाषा की दृष्टि से हिन्दी, अंग्रेजी व सभी भारतीय भाषाओं के हो सकते हैं। प्रकाशन अवधि की दृष्टि से दैनिक, साप्ताहिक, पाक्षिक, मासिक, अर्धमासिक, अर्द्धवार्षिक या वार्षिक हो सकते हैं। संस्करण की दृष्टि से प्रभात, सांध्य, रविवारीय, डाक संस्करण, नगर संस्करण आदि हो सकते हैं। कागज और मुद्रण की दृष्टि से समाचार-पत्रों ने अभूतपूर्व उन्नति की है। सभी अखबार रंगीन पृष्ठ या परिशिष्ट आदि निकालते हैं।

समाचार-पत्रों में प्रकाशित होने वाले विज्ञापनों को हम निम्न श्रेणियों में बाँट सकते हैं :

(1) डिस्पले विज्ञापन : इन विज्ञापनों को विशिष्टता प्रदान करने अथवा आकर्षक बनाने हेतु सुन्दर चित्रों का प्रयोग किया जाता है। इसके साथ ही शीर्षक, उपशीर्षक, प्रतीक चिह्न या व्यापारिक चिह्नों का प्रयोग किया जाता है। इसका कापी लेखन केन्द्रीय विचार या सन्देश को अभिव्यक्त करता है और शेष तत्त्व उसमें सहायक सिद्ध होते हैं। इसका आकार पूरा पृष्ठ, आधा या चौथाई पृष्ठ भी हो सकता है। डिस्पले विज्ञापन प्रति कॉलम सेंटीमीटर के हिसाब से चार्ज किए जाते हैं।

(2) वर्गीकृत विज्ञापन : इनमें चित्रों का प्रयोग नहीं रहता। एकरूपी ये विज्ञापन सामान्यतः एक पृष्ठ पर या अनेक पृष्ठों पर एक समय दे दिए जाते हैं क्योंकि इनकी प्रवृत्ति एक समान है। कम से कम स्थान में अधिक से अधिक सन्देश देने वाले इन विज्ञापनों में लगभग एक ही प्रकार का सामान्य-सा टाइप प्रयोग किया जाता है और रिक्त स्थान नहीं छोड़ा जाता। ये विज्ञापन प्रति शब्द के हिसाब से चार्ज किए जाते हैं।

(3) तीसरे प्रकार के विज्ञापन : ऊपर बताए दोनों के प्रकार के विज्ञापनों का मिश्रित रूप है अतः इसे वर्गीकृत डिस्पले विज्ञापन कहा जाता है। इनमें भिन्नता यही है कि टाइप की विविधता थोड़ी-सी रहती है, छोटे व्यापारिक या प्रतीक चिह्न भी रहते हैं। इन्हें विशिष्टता प्रदान करने हेतु इनकी सीमा रेखाएँ बना दी जाती हैं।

(4) समाचार विज्ञापन : समाचारों की भाँति लिखे गए विज्ञापन समाचार विज्ञापन कहलाते हैं। ये विज्ञापन की दृष्टि से पाठकों का ध्यान आकर्षित करते हैं।

3.2.2 समाचार-पत्रीय विज्ञापन

3.2.3 गुण व लाभ

यूँ तो प्रेस या मीडिया को लोकतन्त्र का चौथा स्तम्भ माना जाता है, किन्तु जनसंचार माध्यमों में समाचार-पत्र की अपनी महत्ता है। देश भर में अनेक भाषाओं में प्रकाशित करोड़ों लोगों के हाथ में जाने वाला स्थानीय, क्षेत्रीय, राष्ट्रीय और अन्तर्राष्ट्रीय स्तर पर घटित होने वाली घटनाओं का ब्यौरा पाठकों तक पहुँचाने वाला संचार माध्यम आज भी अत्यन्त लोकप्रिय और प्रभावी है। जानकारी के अतिरिक्त समाचार-पत्र वस्तुओं, सेवाओं, बाजारों, दुकानदारों, उपभोक्ताओं, उत्पादकों के बीच निरन्तर अच्छे सम्बन्ध बनाने के लिए दिन-प्रतिदिन अनेकानेक विज्ञापन प्रकाशित करते हैं। इन विज्ञापनों के गुण इस प्रकार हैं :

(1) समाचार-पत्र रोज छपते हैं अब विज्ञापन भी रोज दिया जा सकता है। पाठकों पर स्थायी प्रभाव पड़ सकता है।

(2) समाचार-पत्रों में मुद्रित सामग्री स्थायी है जिसे पाठक बार-बार पढ़ सकता है।

(3) समाचार-पत्रों में विज्ञापन देकर अधिक से अधिक उपभोक्ता तक पहुँचना सरल है क्योंकि इनका वितरण क्षेत्रीय, राष्ट्रीय या अन्तर्राष्ट्रीय स्तर पर किया जा सकता है।

(4) शीघ्रातिशीघ्र विज्ञापन प्रकाशित करवाने का समाचार-पत्र एक सुलभ साधन है। आप चाहें तो अगले दिन के समाचार-पत्र में विज्ञापन दे सकते हैं या उसी दिन सांध्य संस्करण में विज्ञापन दे सकते हैं।

(5) समाचार-पत्र अपनी आवश्यकता के अनुरूप चुना जा सकता है जैसे क्षेत्र विशेष का, भाषा विशेष का, आर्थिक विज्ञापन, खेल-कूद आदि के पृष्ठ सभी उपलब्ध हैं। अर्थात् इस माध्यम में लचीलापन काफी है।

(6) समाचार-पत्रों में पर्व विशेष, धार्मिक, सामाजिक उत्सव या राजनैतिक गतिविधि यानी चुनाव आदि के अवसर पर तत्सम्बन्धी विज्ञापन सुविधा से प्रकाशित करवाया जा सकता है।

(7) अद्यतन विचारकल्पना अथवा प्रस्तुति के लिए समाचार-पत्र में गुंजाइश है। विज्ञापन भेजते-भेजते भी कोई परिवर्तन किया जा सकता है।

(8) शाब्दिक सम्प्रेषण के अतिरिक्त चिह्न, प्रतीक या चित्र का प्रयोग करके और टाइप के फेसो की विभिन्नता द्वारा चाक्षुष सम्प्रेषण भी सम्भव है।

(9) दैनिक समाचार-पत्रों में प्रकाशित विज्ञापनों के प्रति पाठक दर देखें तो वह सस्ता भी पड़ता है। विज्ञापन प्रकाशित करने से पहले की तैयारी पर भी कम व्यय होता है।

(10) समाचार-पत्रों को केवल कुछ ग्राहक ही नहीं अपितु उनके परिवार के सदस्य, पड़ोसी और कभी-कभी तो राह चलते लोग भी चाय या पान की दुकान अथवा रेस्तरां आदि में पढ़ लेते हैं। अतः प्रसार से कहीं अधिक पाठक समाचार-पत्रों में प्रकाशित विज्ञापनों को देखते व पढ़ते हैं।

(11) मध्य कोटि के या फुटकर व्यापारी भी समाचार-पत्र में विज्ञापन प्रकाशित करवा सकते हैं।

(12) सहकारी विज्ञापनों के लिए भी समाचार-पत्र का माध्यम उपयुक्त है। बार-बार विज्ञापन प्रकाशित होते रहने से उपभोक्ताओं में वस्तु के प्रति विश्वसनीयता बढ़ती है और ब्राण्ड विशेष उनके मस्तिष्क में घर कर लेता है जिससे बाजार में जाते हैं तो उसी ब्राण्ड की वस्तु खरीद लेते हैं।

3.2.4 सीमाएँ

यद्यपि समाचार-पत्र विज्ञापन का सशक्त और समर्थ माध्यम है फिर भी इसकी कुछ सीमाएँ हैं :

(1) दैनिक समाचार-पत्र का जीवन एक दिन का है क्योंकि दूसरे दिन का पत्र आते ही पहले दिन का समाचार-पत्र बासी हो जाता है।

(2) कुछ अपवादों को छोड़कर अधिकांश समाचार-पत्रों के मुद्रण का स्तर बहुत अधिक अच्छा नहीं है अतः उनमें प्रकाशित विज्ञापन उपभोक्ताओं को अधिक आकर्षित नहीं कर पाते।

(3) अशिक्षित उपभोक्ताओं को समाचार-पत्रों में प्रकाशित विज्ञापनों का कोई लाभ नहीं मिलता।

(4) छोटे समाचार-पत्रों का प्रसार क्षेत्र सीमित होता है। जिसके परिणामस्वरूप उनमें प्रकाशित विज्ञापनों को बहुत कम लोग पढ़ पाते हैं।

(5) दूरदर्शन की लोकप्रियता और प्रसार क्षेत्र बढ़ जाने के बाद समाचार-पत्रों में प्रकाशित विज्ञापनों का प्रभाव बहुत कम हो गया है।

(6) समाचार-पत्रों में छोटे-बड़े विज्ञापन साथ-साथ प्रकाशित होते हैं जिससे छोटे विज्ञापनों की ओर कोई ध्यान ही नहीं देता है।

(7) समाचार-पत्रों में छोटे या दैनिक प्रयोग की घरेलू वस्तुओं के विज्ञापन ही अधिक छपते हैं। बड़े या औद्योगिक विज्ञापन के लिए यह उपयुक्त माध्यम नहीं है।

उपरोक्त अनेक सीमाओं के बावजूद समाचार-पत्रों में विज्ञापनों की भरमार रहती है और अनेक पृष्ठ इसी उपयोग में लाए जाते हैं। करोड़ों उपभोक्ता समाचार-पत्रीय विज्ञापनों का लाभ उठा रहे हैं। इसके अतिरिक्त विज्ञापनों से होने वाली आय के परिणामस्वरूप ही समाचार-पत्रों की कीमत कम होती है जिससे आम आदमी को समाचार-पत्र खरीद कर पढ़ने की सुविधा प्राप्त होती है। समाचार-पत्र ही ऐसा माध्यम है जो सबसे पहले आरम्भ होकर और लम्बी अवधि तक विज्ञापनों का माध्यम बना रहा है।

3.3 पत्रिका विज्ञापन

पत्रिकाओं में प्रकाशित होने वाले विज्ञापनों को पत्रिका विज्ञापन की संज्ञा दी जाती है। महँगी और स्थायी उपयोग में आनेवाली वस्तुओं या सेवाओं के लिए सबसे उपयुक्त माध्यम पत्रिका ही है। विभिन्न प्रकार के विषयों और लम्बी अवधि तक पढ़े जाने के कारण पत्रिका विज्ञापन लोकप्रिय हो रहे हैं। स्वतन्त्रता के बाद सामाजिक, राजनीतिक और सांस्कृतिक क्षेत्रों में जागरूकता आने के परिणामस्वरूप पत्रिकाओं की संख्या और गुणवत्ता में काफी वृद्धि हुई है।

अवधि के आधार पर पत्रिकाएँ वार्षिक, अर्द्धवार्षिक, त्रैमासिक, मासिक, पाक्षिक व साप्ताहिक के अतिरिक्त अनियतकालीन पत्रिकाएँ भी प्रकाशित होती रहती हैं। धर्मयुग, माया, कादम्बिनी, इंडिया टुडे, ब्लिट्ज, दिनमान, वामा, सरिता, आदि लोकप्रिय पत्रिकाएँ रही हैं।

प्रकृति के आधार पर जो पत्रिकाएँ प्रकाशित होती हैं वे विशेष वर्ग के पाठकों को ध्यान में रखकर उन्हीं के लिए उपयोगी सामग्री प्रकाशित करती हैं। महिलाओं के लिए गृहशोभा, मनोरमा, वामा; और मानुषी; बच्चों के लिए पराग, चन्दा मामा, नन्दन और कार्टून पत्रिकाएँ; उद्योग के क्षेत्र में लघु समाचार, बिजनेस इंडिया; बेरोज़गारों के लिए रोजगार समाचार; नौकरी पाने के लिए तैयारी करने वाले प्रत्याशियों के लिए प्रतियोगिता दर्पण, कम्पीटिशन सक्सैस आदि। आर्थिक और

राजनीतिक मामलों के लिए इक्नॉमिक एंड पॉलिटिकल वीकली; योजना सम्बन्धी जानकारी के लिए योजना; मनोरंजन व फिल्मों के क्षेत्र में माधुरी, फिल्मी कलियाँ, फिल्मी दुनिया आदि अनेक पत्रिकाएँ और इसी प्रकार से बैंक, बीमा, स्वास्थ्य आदि क्षेत्रों की पत्रिकाएँ पाठकों के विशिष्ट वर्ग के लिए प्रकाशित होती हैं। इनमें प्रकाशित होने वाले विज्ञापन भी अधिकांशतः इस वर्ग के उपभोक्ताओं को प्रभावित व आकर्षित करने के लिए प्रकाशित किए जाते हैं। व्यावसायिक पत्रिकाएँ भी कई प्रकार की हो सकती हैं :

—प्रबन्ध सम्बन्धी पत्रिकाएँ।
—औद्योगिक पत्रिकाएँ।
—व्यापारिक पत्रिकाएँ।
—विशिष्ट व्यवसाय से सम्बन्धित पत्रिकाएँ।
—विधि पत्रिकाएँ।

3.3.1 गुण व लाभ

(1) समाचार-पत्रों की तुलना में पत्रिका के कागज व छपाई की गुणवत्ता श्रेष्ठ होती है अतः विविध प्रकार के विज्ञापन रंगीन व विभिन्न आकार-प्रकारों में प्रकाशित किए जाने की सुविधा है।

(2) पत्रिका सावधिक प्रकाशन होने के कारण ही दीर्घायु है। पाठकों के हाथ में लम्बे समय तक रहती है। अतः इसमें प्रकाशित विज्ञापन भी देर तक उपभोक्ताओं की नजरों के सामने रहते हैं।

(3) पत्रिका फुरसत के क्षणों में पढ़ी जाती है अतः पाठक ध्यान से विज्ञापनों का अवलोकन करके उनके बारे में अपनी धारणा बना लेता है।

(4) विशिष्ट वर्ग को ध्यान में रखकर जिस प्रकार से पत्रिकाएँ प्रकाशित की जाती हैं उसी प्रकार से विज्ञापनकर्ताओं को सुविधा मिल जाती है कि वे अपने उत्पाद को जिस वर्ग तक पहुँचाना चाहते हैं उसी प्रकार की पत्रिका का चयन विज्ञापन के लिए कर सकते हैं।

(5) अच्छी पत्रिकाओं का पाठक संभ्रांत, शिक्षित व प्रबुद्ध होता है अतः इन पत्रिकाओं में प्रकाशित होने वाले विज्ञापन भी एक अच्छे स्तर को प्राप्त कर लेते हैं और मध्य या उच्च वर्ग के उपभोक्ताओं को सहज ही आकर्षित कर लेते हैं।

(6) पत्रिका में छपे विज्ञापन में बिखराव या भीड़ नहीं होती क्योंकि पत्रिका का आकार इस बात की गुंजाइश नहीं देता कि समाचार-पत्र की भाँति एक ही पृष्ठ पर अनेक विज्ञापन प्रकाशित हो सकें। अतः पाठक का पूरा ध्यान एक ही विज्ञापन विशेष पर केंद्रित रहता है।

(7) प्रसार की दृष्टि से भी पत्रिका का क्षेत्र अपेक्षाकृत विस्तृत होता है अतः इनमें छपे विज्ञापन पूरे देश या विदेश में भी पहुँच सकते हैं। देश के एक कोने से दूसरे कोने तक यात्रा करने वाले लोग पत्रिकाएँ खूब पढ़ते हैं और उनमें छपे विज्ञापन भी।

3.3.2 सीमाएँ

(1) पत्रिका विज्ञापनों की दरें महँगी होने के कारण छोटे विज्ञापनकर्ताओं के लिए अनुकूल नहीं पड़ती।

(2) पत्रिकाओं के लिए विज्ञापन तैयार करने का व्यय अधिक पड़ता है और इसके निर्माण में अनेक प्रकार की कठिनाइयाँ सामने आती हैं।

(3) निम्न आय वर्ग के उपभोक्ता पत्रिका-विज्ञापनों का लाभ नहीं उठा पाते यानी इनकी पहुँच इस वर्ग के पाठकों तक नहीं हो पाती।

(4) समाचार-पत्र की भाँति इसमें तत्काल विज्ञापन प्रकाशित करने की सुविधा नहीं है अपितु काफी पहले इसकी योजना और अग्रिम बुकिंग की जरूरत पड़ती है।

अतः कहा जा सकता है कि उच्चकोटि के उत्पाद, बड़े उद्योगों के उत्पाद, महँगे उत्पाद, मध्यम, उच्च आय वर्ग के लोगों तक पत्रिका विज्ञापन के माध्यम से पहुँचाए जा सकते हैं। सुन्दर और आकर्षक विज्ञापनों के लिए और विस्तृत प्रसार के लिए पत्रिका आदर्श विज्ञापन माध्यम है। समाचार-पत्र या पत्रिका में दिए गए विज्ञापन में यदि कुछ विशेष तत्त्वों का ध्यान रखा जाए तो वह एक आदर्श विज्ञापन बन सकता है जैसे शीर्षक व उपशीर्षक एकदम उचित हों जो उपभोक्ता को आकर्षित कर सकें। उपयुक्त रंगों व चित्रों का संयोजन, प्रभावी व कलात्मक मुद्रण, सरल व बोधगम्य भाषा का प्रयोग, वस्तु या सेवा की उपयोगिता के आधार पर सुझावात्मक ढंग से प्रस्तुत पाठक को प्रोत्साहित करने वाले तत्त्व एवं विज्ञापन में विश्वसनीयता का होना आदि कुछ ऐसी बातें हैं जो प्रेस विज्ञापन को आदर्श विज्ञापन बना सकती हैं।

3.4 इलैक्ट्रॉनिक मीडिया

जब मनोरंजन के साधनों व अवसरों को विज्ञापन के लिए प्रयोग किया जाता है तो उन्हें मनोरंजन विज्ञापन कहा जाता है। जैसे—रेडियो, टेलीविजन, सिनेमा, मेला, तमाशा व प्रदर्शनी आदि।

रेडियो : भारत में रेडियो सन् 1927 में मुम्बई और कलकत्ता में दो निजी

ट्रांसमीटरों के साथ आरम्भ हुआ। सन् 1938 में भारत सरकार ने इसका काम इंडियन ब्रॉडकास्टिंग सर्विस के नाम से सम्भाल लिया। सन् 1936 में इसका नाम ऑल इंडिया रेडियो और 1957 में आकाशवाणी पड़ा। रेडियो मनोरंजन के अतिरिक्त सूचना-सम्प्रेषण और लोगों को शिक्षित करने का एक सशक्त माध्यम है। भारत में रेडियो के 179 प्रसारण केन्द्र हैं जिनमें से तीन केन्द्र केवल विविध भारती के व्यापारिक केन्द्र हैं। 1995 तक 89.7 प्रतिशत क्षेत्रफल में 97.1 जनसंख्या रेडियो कार्यक्रमों को सुन रही है। लोकप्रिय मनोरंजन कार्यक्रम विविध भारती 35 केन्द्रों से प्रसारित किया जा रहा है। कार्य दिवसों और अवकाश के दिनों में प्रतिदिन 14 घण्टे इस कार्यक्रम का प्रसारण समय है।

रेडियो पर व्यापारिक प्रसारण प्रयोग के तौर पर नवम्बर 1967 में आरम्भ में मुम्बई, पुणे और नागपुर से आरम्भ हुआ। रेडियो पर प्रसारण के लिए दो प्रकार के विज्ञापन हैं–किसी भी भाषा में रिकार्ड किए स्पाट विज्ञापन और दूसरे प्रायोजित कार्यक्रम। स्पाट विज्ञापन की अवधि अल्प होती है जैसे–10,15,20 और 30 सेकंड। प्रायोजित कार्यक्रमों के माध्यम से विज्ञापन सुबह-शाम समाचारों के पूर्व और समाचारों के बाद प्रसारित किए जाते हैं। विविध भारती कार्यक्रमों में प्रसारित होने वाले विज्ञापनों को चार (ग्रुपों) समूहों में बाँटा गया है–'ए' ग्रुप में दिल्ली, 'बी' ग्रुप में मुम्बई, कलकत्ता, मद्रास, हैदराबाद, बंगलौर, अहमदाबाद, कानपुर और विजयवाड़ा; ग्रुप 'सी' में जयपुर, बड़ौदा, लखनऊ, इन्दौर, इलाहाबाद, पुणे, नागपुर, जालन्धर, त्रिवेन्द्रम, त्रिचुरापल्ली और पटना; और ग्रुप 'डी' में कटक, श्रीनगर, भोपाल, जोधपुर, रांची, कालीकट, धारवाड़, चंडीगढ़ और राजकोट शामिल हैं।

समय वर्ग को भी तीन समूहों में बाँटा गया है–(1) वह समय जो सबसे अधिक सुना जाता है। (2) में उससे कम और (3) में सबसे कम। विज्ञापन दरें भी (1) में सर्वाधिक (2) में उससे कम और (3) में सबसे कम होती हैं।

विज्ञापनकर्ता रेडियो के प्रायोजित कार्यक्रम–चित्रलोक, मिले-जुले गाने, छायागीत, जयमाला, संगम और सबरस आदि में 70 सेकंड से 2 मिनट तक अपने विज्ञापन प्रसारित कर सकते हैं। इसी प्रकार महिला, कृषि, युवा, ग्रामीण अथवा सामान्य कार्यक्रमों के साथ भी विज्ञापन दिए जा सकते हैं।

गुण व लाभ : रेडियो जन संचार का श्रव्य माध्यम है और इसमें मनुष्य के स्वर के साथ-साथ अनेक वाद्य यन्त्रों का मधुर संगीत, संवादों के रूप में प्रस्तुति व्यक्ति के मन को सहज ही प्रभावित कर लेता है। रेडियो में विज्ञापनकर्ता को यह सुविधा है कि वह आवश्यकतानुसार भाषा, क्षेत्र व प्रसारण केन्द्र का प्रयोग कर सकता है। इसी प्रकार दिन में किस समय और किस कार्यक्रम के साथ विज्ञापन दिए जाएँ, यह सुविधा भी उपलब्ध है। आवश्यकता पड़ने पर बार-बार दुहराया जा सकता है।

रेडियो के विज्ञापन क्योंकि टेप रिकार्ड करके दिए जाते हैं अतः इन्हें तैयार करने में कम समय और कम धन भी लगता है। और रेडियो तक जाते-जाते यदि उसमें कोई संशोधन-परिवर्तन करना हो तो उसकी सुविधा है।

रेडियो द्वारा विशाल क्षेत्र में विज्ञापन प्रसारित किए जा सकते हैं। साथ ही सर्वाधिक उपभोक्ताओं की पहुँच रेडियो तक है। प्रसारण में निरन्तरता भी बनी रहती है। कम आय वर्ग वाले उपभोक्ता, अशिक्षित उपभोक्ता, दूर-दराज के ग्रामीण अंचलों के उपभोक्ता भी रेडियो विज्ञापनों को सुन सकते हैं।

यद्यपि रेडियो विज्ञापन की कुछ सीमाएँ हैं जैसे—ये विज्ञापन दृश्य व पठनीय नहीं हैं, शीघ्र भूले जा सकते हैं। श्रोता कार्यक्रम सुनते समय अपने काम में व्यस्त होने के कारण विज्ञापनों को ध्यान से नहीं सुनता। फिर भी ग्रामीण व निर्धन उपभोक्ताओं के लिए यह एक आदर्श विज्ञापन माध्यम है। विशेषकर जिनमें रंग, आकार, प्रदर्शन की आवश्यकता नहीं पड़ती उन विज्ञापनों के लिए रेडियो प्रभावी माध्यम है।

दूरदर्शन : दूरदर्शन संसार में अनेक प्रसारण संस्थाओं में साजोसामान, स्टुडियो, ट्रांसमीटर, दर्शकों की संख्या आदि अनेक दृष्टियों से सबसे बड़ी प्रसारण संस्था है। भारत में दूरदर्शन का आरम्भ प्रयोग के तौर पर दिल्ली में सितम्बर 1959 में एक छोटे से स्टुडियो और ट्रांसमीटर से हुआ था। नियमित रूप से प्रतिदिन प्रसारण तो 1965 में आरम्भ हुआ। 1972 में दूरदर्शन सेवाओं का विस्तार मुम्बई तक और 1975 तक आते-आते देश के सात नगरों तक दूरदर्शन पहुँच पाया। किन्तु आज देश की लगभग 90 प्रतिशत जनता दूरदर्शन के 700 से अधिक ट्रांसमीटरों से प्रसारित मनोरंजन व विविध प्रकार के कार्यक्रम देख सकती है। लगभग 34 नगरों में कार्यक्रम तैयार करने के लिए स्टुडियो स्थापित किए जा चुके हैं। सैटेलाइट का प्रयोग प्रसारण के लिए किया जा रहा है। देश में दूरदर्शन सेवाओं का सबसे अधिक और द्रुत गति से विस्तार 1982 में एशियाई खेलों के समय हुआ। दिल्ली से अनेक नगरों को सैटेलाइट के माध्यम से जोड़ा गया। रंगीन कार्यक्रमों की भरमार हो गई।

दूरदर्शन विज्ञापन का प्रभावी और लोकप्रिय माध्यम है जिसके माध्यम से व्यावसायिक और सामाजिक या लोकसेवापरक निजी और सरकारी विज्ञापन प्रसारित होते हैं। लोकसेवा संचार परिषद, रेल मंत्रालय, दिल्ली पुलिस के विज्ञापन, श्रम मंत्रालय का बाल मजदूरी समाप्त करने का विज्ञापन, दूरदर्शन पर मुख्य मनोरंजन कार्यक्रमों के पूर्व या एकदम बाद में प्रसारित किए जाते हैं। दूरदर्शन में एक अलग इकाई कार्यक्रमों के व्यवसायीकरण की है। इन व्यावसायिक विज्ञापनों द्वारा दूरदर्शन ने अपनी आय में बहुत वृद्धि की है। व्यावसायिक विज्ञापनों का आरम्भ दूरदर्शन पर 1976 में हुआ। सन् 1981 में इन विज्ञापनों पर व्यय जहाँ केवल 12 करोड़ रुपए था वहाँ 1988 में 175 करोड़ रुपए, 1991-92 में 300 करोड़ रुपए और

1993-94 में यह व्यय बढ़कर 370 करोड़ रुपए हो गया।

दूरदर्शन विज्ञापनों के दो प्रकार हैं :

(1) **स्पाट :** ये अल्पावधि विज्ञापन 10-15 सेकंड के होते हैं। ये विज्ञापन दूरदर्शन के विभिन्न केन्द्रों या राष्ट्रीय चैनल पर दिए जा सकते हैं। नेशनल नेटवर्क के निम्न वर्ग हैं :

(1) सुपर 'ए' स्पेशल–हिन्दी फीचर फिल्म, चित्रहार।

(2) सुपर ए–रात्रि 9.00 से 9.39 बजे।

(3) ए स्पेशल–रविवार प्रातः के कार्यक्रम, रविवार शाम हिन्दी फीचर फिल्म से पहले का समय, अन्तर्राष्ट्रीय, राष्ट्रीय खेल प्रसारण का समय।

(4) ए वर्ग में रात्रि 9.30 से 10.30 तक का समय।

(5) बी वर्ग रात्रि 10.30 से बाद का समय, क्षेत्रीय फीचर फिल्म, ब्रेकफास्ट टी. वी. प्रातः 7.30 से 8.30 बजे तक। इनमें सुपर ए स्पेशल सबसे अधिक महँगा समय लेता है।

(2) प्रायोजित कार्यक्रम : विज्ञापनों का प्रायोजन राष्ट्रीय और क्षेत्रीय दोनों स्तरों पर दूरदर्शन द्वारा स्वीकार किया जाता है। ये विज्ञापन एक कम्पनी के हो सकते हैं या दो-तीन कम्पनियाँ मिलकर दे सकती हैं। इस प्रकार के विज्ञापनों की दरें ऊँची होने पर भी विज्ञापनकर्ता दर्शकों को प्रभावित करने के लिए इन्हें देते हैं।

लाभ : (1) दूरदर्शन की पहुँच बहुत व्यापक और विस्तृत होने से इसके विज्ञापनों का देशव्यापी प्रभाव पड़ता है। सभी आयु व आय वर्गों के लोग आजकल दूरदर्शन का लाभ उठा रहे हैं।

(2) दूरदर्शन पर आने वाले विज्ञापनों से उत्पाद की प्रतिष्ठा बढ़ती है, जिसके परिणामस्वरूप डीलर व खुद विक्रेताओं में आत्मविश्वास बढ़ता है।

(3) इस माध्यम में लचीलापन है। अपनी आवश्यकतानुसार और क्षमता के अनुसार प्रयोग कर सकते हैं।

(4) कार्यक्रमों की विविधता उत्पादों के विज्ञापनों की विविधता का मार्ग प्रशस्त करती है जैसे–कृषि उत्पाद, खाद, बीज, नई नस्लें, चारा आदि के विज्ञापन, कृषि दर्शन कार्यक्रम के समय, स्वास्थ्य चर्चा के समय दवाओं के विज्ञापन, खेल-कार्यक्रम में खेल के सामान आदि के विज्ञापन दिए जा सकते हैं।

(5) दूरदर्शन के माध्यम में रंग, रूप, आकार, शब्द, प्रकाश सभी का सम्मिश्रण रहता है अतः इसका प्रभाव पाठक पर समग्र रूप में पड़ता है। इसमें नाटकीयता और भाव ग्राहकों को बहुत आकर्षित करती है।

(6) दूरदर्शन विज्ञापन के साथ-साथ सेल्समैन का काम भी कर हैं क्योंकि वह दुकान का पता, स्थिति, वस्तु का आकार, गुण, मूल्य सब व्यक्तिगत रूप से

दर्शकों के समक्ष प्रस्तुत करते हैं।

अनेक गुणों के साथ-साथ इसमें कुछ कमियाँ या सीमाएँ भी हैं, जैसे–अल्पायु होना, एक ही बार टेलीकास्ट होना, बिजली की आपूर्ति ठीक न होने से दूरदर्शन के कार्यक्रम न देख पाना, ग्रामीण निर्धन परिवारों की पहुँच आर्थिक कारणों से दूरदर्शन तक न होना आदि। इसके अतिरिक्त महँगा माध्यम होने से छोटे उत्पादक या विज्ञापनकर्ता इसका उपयोग नहीं कर सकते। फिर भी आज के युग में दूरदर्शन अत्यन्त प्रभावी और व्यापक पहुँच का माध्यम है।

दूरदर्शन पर विज्ञापन देने से पहले निम्न बातें विचारणीय हैं–दर्शकों की पहचान, उनका आयु वर्ग, आय वर्ग, शिक्षित हैं या अशिक्षित हैं, ग्रामीण हैं कि शहरी। इसके अतिरिक्त दूरदर्शन के विज्ञापन निर्माण का कार्य तकनीकी दृष्टि से विशिष्ट है अतः फिल्म बनाने वाली एजेंसियों की मदद ली जानी चाहिए। सन्देश छोटा हो, रोचक हो तथा उसकी शैली लुभावनी, सौम्य, सकारात्मक और प्रिय हो। उसमें हास्य-व्यंग्य भले ही हो, किन्तु अश्लीलता न हो। विज्ञापित वस्तु या सेवा का झूठा या अतिशयोक्तिपूर्ण वर्णन नहीं होना चाहिए, अपितु वस्तु के विज्ञापित गुण उसमें विद्यमान हों जिससे उसकी विश्वसनीयता बढ़ सके।

वीडियो : पिछले लगभग एक दशक से वीडियो एक बड़े कारगर विज्ञापन माध्यम के रूप में सामने आया है। वी. सी. आर. और फिल्मों के कैसेट किराए पर देने वाली लाखों दुकानें न केवल बाजारों में बल्कि आवासीय मकानों में भी खुल गयी हैं। देश भर में फैले इस कारोबार के सही आँकड़े तो अभी प्राप्त नहीं हैं किन्तु कस्बों और शहरों में तो वीडियो का व्यापार काफी फैल गया है। इन फिल्मों की रिकार्डिंग करते समय ही इनमें विज्ञापन जोड़ दिए जाते हैं। आमतौर पर एक फिल्म में 15 से 30 सेकंड के 12-14 स्पॉट होते हैं और 10-10 सेकंड के लिए क्रेडिट पंक्तियों के रूप में भी विज्ञापन दिए जाते हैं।

केबल टी. वी. : एक क्षेत्र विशेष में केबल का जाल फैलाकर दिन भर मनोरंजन की व्यवस्था करने का यह व्यवसाय अधिकांशतः बड़े शहरों में खूब पनप रहा है। कामकाजी लोग जब अपने कार्यालय या व्यावसायिक कामों से बाहर निकल जाते हैं तो गृहणियाँ और बच्चे केबल पर आने वाली फिल्मों के समय अनेक प्रकार के विज्ञापनों को भी देखते-सुनते हैं। इन विज्ञापनों का गहरा प्रभाव उपभोक्ताओं पर पड़ता है क्योंकि फुरसत के समय मनोरंजन कार्यक्रमों के साथ इनका प्रसारण होता है। विज्ञापन के इन माध्यमों का लाभ केवल बड़े नगरों में सम्पन्न वर्ग के लोग ही उठा सकते हैं।

सिनेमा : दूरदर्शन माध्यम के प्रचलन से पहले मनोरंजन का बहुत बड़ा और प्रभावी साधन फिल्में ही थीं। यह लोकप्रिय मनोरंजन का साधन विज्ञापन का भी सशक्त साधन था। किन्तु पिछले कुछ वर्षों से टेलीविजन, वीडियो और केबल टी.

वी. ने सिनेमाघरों को सूना-सूना कर दिया है और विज्ञापनों से होने वाली आय में लगातार गिरावट आ रही है। सन् 1984 में विज्ञापनों से सिनेमाघरों को 16 करोड़ रुपए की आय हुई जो 1988 में घटकर 13 करोड़ रुपए रह गई। ऐसी स्थिति में विज्ञापनकर्ताओं ने दूसरे माध्यमों का प्रयोग करना आरम्भ कर दिया। फिर भी जहाँ वीडियो पहुँच नहीं पाया है वहाँ फिल्मों और इनके साथ दिखाए जाने वाले विज्ञापन अभी भी सार्थक हैं। सिनेमा विज्ञापन स्लाइड के माध्यम से होता है। स्लाइड शीशे की पट्टी पर लिखा एक सन्देश होता है जो प्रोजेक्टर के सामने से गुजारकर परदे पर दिखा दिया जाता है। ये स्थिर सन्देश हैं। रंगीन या श्वेत-श्याम दोनों प्रकार की हो सकती है। इसे बनाना और दिखाना सरल है और यह महँगा माध्यम नहीं है। स्थानीय और खुदरा व्यापारियों के लिए बहुत उपयुक्त है। दर्जी, मिठाई की दुकान वाले, साड़ी, वस्त्र भण्डार, बर्तन भण्डार, आदि अनेक दुकानदार स्लाइडों के माध्यम से विज्ञापन देते हैं।

सिनेमाघरों के लिए विज्ञापन की छोटी-छोटी फिल्में भी तैयार की जाती हैं जो सजीव, रोचक और आकर्षक लगती हैं। सिनेमा माध्यम में लोच काफी है अतः विज्ञापनकर्ता अपने दर्शक या श्रोता समूह के आधार पर इसे तैयार करके जिस क्षेत्र में चाहे वहाँ के सिनेमाघर में उसे दिखाने की व्यवस्था कर सकता है।

किन्तु यह तो मानना ही पड़ेगा कि इस विज्ञापन के निर्माण में धन काफी व्यय होता है दूसरे सिनेमा में विज्ञापनों को उपेक्षा की दृष्टि से देखा जाता है और दर्शक या तो देर से सिनेमाघर में प्रवेश करते हैं या मध्यान्तर में विज्ञापन के समय उठकर बाहर चले जाते हैं।

बाह्य माध्यम : विज्ञापन का सबसे प्राचीन माध्यम यही है, जब आरम्भ में दुकान के बाहर उपलब्ध वस्तुओं के चित्र दीवार पर बना दिए जाते थे। आजकल सड़कों पर, मकानों की छतों पर, बिजली के खंभों पर, बसों, रेलगाड़ियों, प्लेटफार्मों पर पोस्टर, बड़े-बड़े होर्डिंग, रंगीन डिस्पले व बिजली से चलने वाले न्योन साइन आदि विज्ञापन के प्रमुख बाह्य माध्यम हैं। बाहरी माध्यमों में इस बात का विशेष ध्यान रखा जाता है कि उपभोक्ता चलते-चलते उस विज्ञापन पर दृष्टिपात करेगा अतः विज्ञापन का सन्देश संक्षिप्त और सारगर्भित होना चाहिए। इसमें शीर्षक या चित्र को प्रमुखता दी जाती है, चटकीले रंगों में, मोटे अक्षरों में शीर्षक लिखा जाता है।

इन विज्ञापनों की स्थिति अत्यन्त महत्त्वपूर्ण है। अधिक से अधिक आवागमन वाले भीड़पूर्ण क्षेत्रों में, बाजारों में, चौराहों पर, रेलवे, प्लेटफार्म या पुलों पर अथवा सड़कों के किनारे लगाया जाता है। इसके अतिरिक्त होर्डिंग राजमार्गों, पेट्रोल पम्पों और सड़कों के मोड़ों पर लगाए जाते हैं।

पोस्टर : कागज पर, एक रंग वाले, दो रंगों वाले या अनेक रंगों वाले छपते

हैं। इन्हें बाजारों, चौराहों, दीवारों और भीड़ वाले आवासीय क्षेत्रों में भी लगाया जाता है। पोस्टर में 20 × 30 इंच का कागज सबसे अधिक प्रयोग में लाया जाता है। इसके अतिरिक्त 15 × 20, 23 × 36 इंच कागज काम में लाया जाता है। 12, 24 और 30 शीटों वाले पोस्टर भी तैयार किए जाते हैं। इनमें 24 शीट वाले पोस्टर का आकार 19 फीट 6 इंच × 8 फीट 30 शीट वाले पोस्टर का आकार 21 फीट 8 इंच × 10 फीट 5 इंच आदि ब्लीड साइज के पोस्टर का 22 फीट 8 इंच × 10 फीट, 5 इंच होता है। अधिक संख्या के पोस्टर छपवाना किफायती रहता है। पोस्टरों को चिपकाने वाले लोग प्रति सैकड़ा या प्रति हजार के हिसाब से अपने श्रम का मूल्य तय करते हैं। कहीं-कहीं स्थानीय अधिकारियों की अनुमति की आवश्यकता होती है। पोस्टरों की कुछ विशेषताएँ इस प्रकार हैं :

(1) कच्चे कागज पर ही पोस्टर ठीक छपते हैं।

(2) लीथो या ऑफसेट प्रेस पर ही अधिकांश पोस्टर छपते हैं।

(3) प्रभावोत्पादकता के लिए लाइट रंग का प्रयोग किया जाता है।

(4) संख्या लोचपूर्ण है किन्तु अधिक संख्या में छपवाने पर मूल्य कम पड़ता है।

(5) सभी आय वर्गों के लोग पोस्टर छपवा सकते हैं।

(6) वस्तु विशेप के बारे में अनेक स्थानों पर लगा एक ही पोस्टर बार-बार उपभोक्ता को याद दिलाता रहता है। यद्यपि पोस्टर का जीवन काल कम है फिर भी यह एक प्रभावी विज्ञापन माध्यम है।

होर्डिंग : धातु की चादरों पर रंगबिरंगे चित्रों व सन्देशों से युक्त चौकोर या आयताकार ये विज्ञापनों लोहे के खंभों पर मजबूती से बाँध कर विशेष ऊँचाई पर सड़क के पास या मकानों के ऊपर दूर से दिखाई पड़ने वाले होते हैं। इनका आकार निश्चित तो नहीं है फिर भी सामान्यतः 4 × 5 फीट, 8 × 16 फीट, 12 × 18 फीट, 24 × 48, 40 × 72 फीट के हो सकते हैं। कुछ नगरों में इनके आकार स्थानीय निकायों द्वारा निर्धारित किए जाते हैं। इन्हें लगाने के लिए नगरपालिका आदि की अनुमति लेना अनिवार्य होता है। होर्डिंग मजबूत, सुन्दर, टिकाऊ और आकर्षक हो उसका सन्देश संक्षिप्त हो। इसके लगने का स्थान सोच-समझकर चुना जाना चाहिए जहाँ अधिक से अधिक लोगों का ध्यान आकर्षित हो सके।

विद्युत डिस्पले न्योन साइन : ये रात्रि के समय बिजली की मदद से चमकते हैं, जलते-बुझते हैं, प्रकाश कम या अधिक होता है, विभिन्न प्रकार के रंगों में सन्देश के कुछ अंश बारी-बारी प्रकाशित होते रहते हैं। ये खर्चीली अवश्य हैं किन्तु प्रभावी हैं। विद्युत डिस्पले का कार्यकाल सबसे अधिक होता है बशर्ते कि उसकी बीच-बीच में देखभाल की जाती रहे।

यातायात माध्यम : सामान्यतः चलते-फिरते उपभोक्ताओं यानी यात्रा कर रहे

लोगों के लिए प्रयुक्त होने वाले विज्ञापन माध्यम हैं जो रेलगाड़ी, बस, कार, टैक्सी, ऑटो आदि में यात्रा करते समय देखने को मिलते हैं।

बस या ट्राम में लगे छोटे आकार के कागज या धातु के बने ये पोस्टर निर्धारित स्थानों पर लगा दिए जाते हैं। कार-कार्ड विभिन्न आकारों के होते हैं। सामान्यतः यात्री के सामने पड़ते हैं। बस के अन्दर छोटे-कार्ड, बस के पीछे बड़े बोर्ड, बस के बाहर प्रवेश द्वार पर पोस्टर लगे होते हैं। रेल के डिब्बों के अन्दर धातु की प्लेटों पर विज्ञापन बने होते हैं। इसके टिकटों के पीछे भी विज्ञापन छाप दिए जाते हैं। इसके अतिरिक्त अन्य बाह्य माध्यमों को विज्ञापनों के लिए खूब प्रयोग किया जाता है जैसे कपड़े के बैनर, बड़े-बड़े गुब्बारों पर कुछ लिख कर हवा में छोड़ दिया जाता है। छोटे-छोटे स्टिकर्स, साइकिल या रिक्शा के पीछे लगी प्लेटें, कट आउट, बूथ आदि को भी विज्ञापन के लिए प्रयोग किया जाता है।

विक्रय केन्द्र माध्यम : इस माध्यम का प्रयोग विक्रय केन्द्र के भीतर या बाहर अथवा आस-पास छोटे व्यापारियों, खुदरा विक्रेताओं और दुकानदारों द्वारा किया जाता है। दुकान के बाहर झंडियाँ, चित्र, पैनल और साइनबोर्डों के माध्यम से ग्राहकों को खरीद के लिए आकर्षित करते हैं। शोरूम, शोविंडो, पैनल, शेल्फ और काउंटरों पर, दुकान में, छत में, दीवारों पर बाहर ऐसे ढंग से चीजें सजा दी जाती हैं कि ग्राहक की उत्सुकता बढ़ती है। विज्ञापन माध्यम के रूप में दीवार पोस्टर, विज्ञापनों के रीप्रिंट, पैनल और पट्टियाँ, खाली डिब्बे, छत से लटके प्लाइवुड, गत्ते, चित्र आदि का प्रयोग किया जाता है। विज्ञापनकर्ता कई बार दुकानों पर लगे नाम पट्ट स्वयं बनवाकर दुकानदारों को दे देते हैं जिनमें उनके उत्पाद का नाम भी साथ रहता है। आभूषणों और वस्त्रों के शोरूम आदि के सामने शीशे के पीछे नारी या पुरुष के आदमकद चित्र बना देते हैं जिन्हें अपने आभूषण या वस्त्र पहना कर सजा देते हैं उससे भी काफी ग्राहक आकर्षित होते हैं। दुकान के अन्दर वस्तुओं को ऐसे ढंग से सजा दिया जाता है जिससे न केवल ग्राहक आकर्षित हो वरन् उन्हें दुकान में घूम-फिर कर देखने-परखने की भी सुविधा रहे। ग्राहकों के लिए वातानुकूलित शोरूम अतिरिक्त आकर्षण है जिसका दुकानदार जमकर प्रचार करते हैं।

डाक विज्ञापन : विज्ञापन के इस अप्रत्यक्ष माध्यम का शुभारम्भ जौन होबी राइट ने किया था। इसके दो रूप हैं :

(1) डाक द्वारा सम्प्रेषण—प्रत्यक्ष डाक विज्ञापन।

(2) डाक सामग्री पर मुद्रित विज्ञापन।

पहली स्थिति में डाक व्यय देकर मुद्रित सामग्री जब अपने ग्राहकों, व्यापारियों और उपभोक्ताओं तक भेजी जाती है, इसे प्रत्यक्ष डाक विज्ञापन कहा जाता है। इसमें दूर बैठे पाठक उपभोक्ता या व्यापारियों तक विज्ञापन, पर्चे, ब्राशर, पैम्फलेट

या बड़े पत्र के माध्यम से वस्तु के बारे में समूची जानकारी, उपयोगिता, मूल्य व प्रोत्साहन योजना यदि कोई हो तो उसके बारे में जानकारी दी जाती है। इसके अतिरिक्त मेल आर्डर, परिपत्र, निरखपत्र, केटलाग आदि के रूप में विज्ञापन उपभोक्ता एवं पाठक वर्ग तक पहुँचते हैं। डाक द्वारा सही उपभोक्ता के पास उचित समय पर मुद्रित, लिखित या चित्रित सामग्री पहुँचा कर अपने स्थायी ग्राहकों के अतिरिक्त नवीन ग्राहकों की खोज का भी कार्य सम्पन्न करता है।

डाक के माध्यम से ही अंशधारियों और कार्मिकों के अतिरिक्त वितरकों, डीलरों, राजकीय अधिकारियों, छात्रों, युवाओं, पत्रकारों व सामान्य पाठकों से सम्पर्क स्थापित कर ग्राहक सेवाएँ उपलब्ध कराई जाती हैं।

दूसरी स्थिति में डाक सामग्री मनीआर्डर, पोस्टकार्ड, अन्तर्देशीय पत्रों पर विज्ञापन पंक्तियाँ संक्षेप में छाप कर वस्तुओं का विज्ञापन भेजा जाता है।

इन उपभोक्ताओं की संख्या सीमित होती है और उपभोक्ता सामान्यतः परिचित होते हैं, डाक विज्ञापन में अपव्यय की संभावना बहुत कम होती है। इन माध्यमों का सावधानी से प्रयोग किया जाए तो यह बड़ा व्यक्तिगत माध्यम है क्योंकि ये पत्र ही सेल्समैन का काम करते हैं। निम्न बातों का ध्यान रखा जाना चाहिए :

(1) सामग्री की छपाई सुन्दर और आकर्षक हो।
(2) पत्रों पर लिखे पते साफ हों।
(3) वांछित डाक टिकट अवश्य लगाएँ।

आजकल भी डाक द्वारा विज्ञापन का बहुत कार्य सिद्ध हो रहा है।

4

गवेषणा और विज्ञापन अभियान

अनेक विज्ञापन एजेंसियों के बाजार में आने से यह आवश्यक हो गया है वि विज्ञापन संस्थान को भी अन्य प्रबन्ध संस्थानों की भाँति अपने लक्ष्यों में स्पष्ट होना पड़ेगा तभी वह सही दिशा में निर्देश दे सकता है, निर्णय ले सकता है और अपनी गतिविधियों को नियन्त्रित भी कर सकता है। विज्ञापन एजेंसी का मुख्य लक्ष्य यद्यपि अन्ततः विज्ञापन के उत्पाद की अधिक से अधिक बिक्री करना है, जिसके लिए प्रतियोगितापूर्ण प्रयासों से वस्तु की उत्कृष्टता, वितरण की व्यवस्था, मूल्य तथा बिक्री के बाद देखभाल की व्यवस्था व गारंटी आदि अनेक बातें ग्राहक को प्रभावित करती हैं।

सफल विज्ञापन अभियान के लिए यह आवश्यक है कि वह अपना कार्यक्रम तैयार, करने से पहले बाजार, वस्तु, उपभोक्ता, माध्यम आदि की जानकारी एकत्र करे उसकी जाँच और विश्लेषण करे। बड़े स्तर का उत्पादक जिस प्रकार से बाजार में अपनी वस्तु लाने से पहले उसकी माँग, भाव, कच्चे माल की उपलब्धि, उसके उतार-चढ़ाव और अन्ततः उसकी सम्भावनाओं का जायजा लेता है उसी प्रकार एक विज्ञापन संस्थान को भी विज्ञापन जारी करने से पहले इस प्रकार की गवेषणा और विश्लेषण की आवश्यकता है।

बाजार गवेषणा : अमरीकी मार्केटिंग एसोसिएशन के अनुसार–बाजार गवेषणा, वस्तुओं एवं सेवाओं के विपणन में सम्बन्धित समस्याओं के बारे में तथ्यों एवं आंकड़ों को इकट्ठा करने और उनका विश्लेषण करने की कार्यवाही है। अनेक विद्वान् इस परिभाषा से सन्तुष्ट नहीं हैं जैसे प्रोफेसर फिलिप काटलर, उनका मानना है कि बाजार गवेषणा वस्तुओं और सेवाओं के विपणन में नियन्त्रण और उत्तम निर्णय लेने के उद्देश्य से एकत्र और विश्लेषित किए गए तथ्यों का नाम है। यह

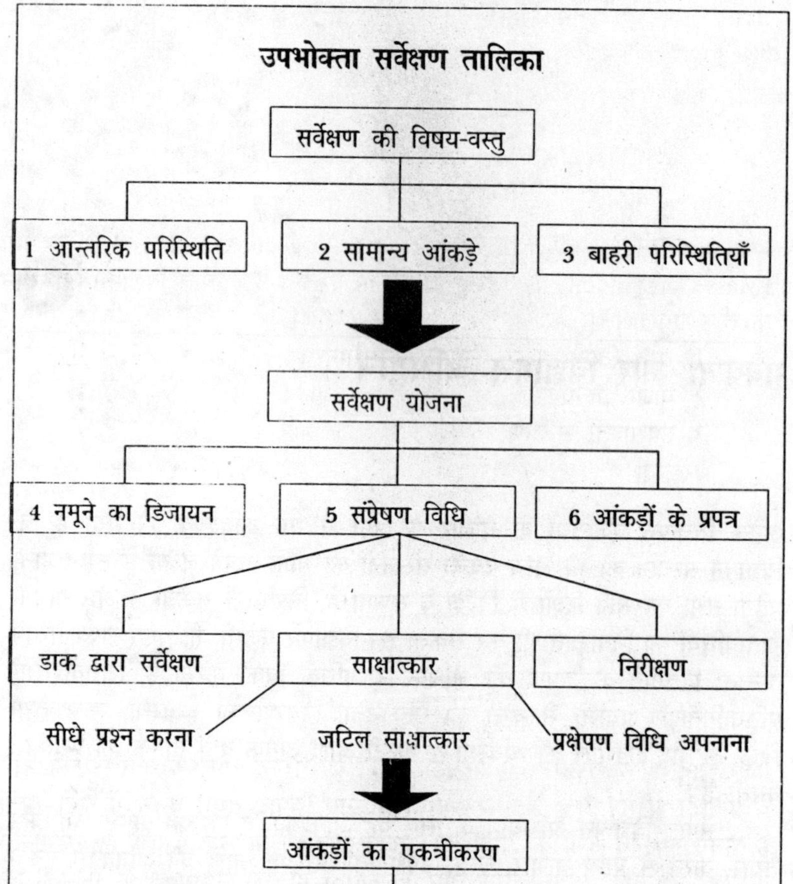
उपभोक्ता सर्वेक्षण तालिका
सर्वेक्षण की विषय-वस्तु
1 आन्तरिक परिस्थिति
2 सामान्य आंकड़े
3 बाहरी परिस्थितियाँ
सर्वेक्षण योजना
4 नमूने का डिजायन
5 संप्रेषण विधि
6 आंकड़ों के प्रपत्र
डाक द्वारा सर्वेक्षण
साक्षात्कार
निरीक्षण
सीधे प्रश्न करना
जटिल साक्षात्कार
प्रक्षेपण विधि अपनाना
आंकड़ों का एकत्रीकरण
7 क्षेत्र-कार्य
8 सम्पादन करना व संहिता बनाना
9 श्रेणी विभाजन
विश्लेषण एवं प्रस्तुतीकरण
10 सांख्यिकीय विश्लेषण
11 निष्कर्ष
12 संस्तुति

बात तो निर्विवाद है कि बाजार गवेषणा, बाजार से सम्बन्धित सभी वर्गों–निर्माता, विक्रेता कम्पनियों, वितरकों, विज्ञापनकर्ताओं और विपणन की योजना बनानेवाले आदि के लिए महत्त्वपूर्ण गतिविधि है। बाजार अध्ययन का क्षेत्र व्यापक है और इसमें बिक्री-व्यवस्था सम्बन्धी सभी तत्त्वों एवं सिद्धान्तों का समावेश होता है। इसमें बाजार विश्लेषण, ग्राहकविषयक गवेषणा, उत्पाद या वस्तुविषयक जानकारी और विज्ञापन अन्वेषण सभी कुछ शामिल है। वस्तुतः एक सफल और प्रभावोत्पादक विज्ञापन अभियान विपुल उत्पादन (Mass Production) और विपुल उपभोग (Mass Consumtion) को परस्पर जोड़ने वाला तत्त्व है। सफल विज्ञापन अभियान के तीन प्रमुख स्तंभ हैं :

1. वस्तु विश्लेषण या उत्पाद अनुसंधान
2. बाजार गवेषणा
3. उपभोक्ता सर्वेक्षण

वस्तु या उत्पाद विश्लेषण : विज्ञापन और विपणन की सारी कार्यवाही वस्तु या उत्पाद के चारों ओर घूमती है। ज्यों-ज्यों वस्तुओं का उत्पादन बढ़ेगा त्यों-त्यों उत्पादक विज्ञापन के माध्यम से उपभोक्ताओं तक पहुँचने का प्रयास करेगा और उसके लिए ही बाजार की भी आवश्यकता पड़ती है। यों तो उत्पाद को बाजार में लाने से पूर्व उत्पादक बाजार और भावी उपभोक्ताओं के बारे में पहले ही जानकारी प्राप्त करने के लिए गवेषणा व सर्वे आदि करवाते हैं। उत्पाद अनुसंधान को दो स्तरों पर देखा जा सकता है– एक तैयार करते समय प्रयोगशाला में उसकी जाँच परख करना और उसे मनोवांछित गुणकारी तत्त्वों से युक्त करना। दूसरे स्तर पर उत्पाद के तैयार होने के बाद उपभोक्ता की पसन्द-नापसन्द और उसकी छवि व प्रतिष्ठा से है। अतः बड़ी कम्पनियाँ नए-नए उत्पाद तैयार करने में जुटी रहती हैं, उनमें नए-नए गुणों के अतिरिक्त उनका डिजाइन या लुक प्रभावी है, उपभोक्ता के लिए उपयोगी, सुविधाजनक और किफायती हो, जो उपभोक्ताओं को अधिक से अधिक संख्या में आकर्षित कर सकें, आश्वस्त कर सकें। नए उत्पाद को बाजार में लाने से पहले बाजार में उपलब्ध वस्तुओं की प्रतिस्पर्द्धा में उसे श्रेष्ठतर रूप में प्रस्तुत करने के लिए उसके रूप, रंग, आकार, प्रयोग की दृष्टि से सुन्दर, सस्ता और टिकाऊ बनाने के लिए उसकी कड़ी जाँच व परीक्षण किया जाता है।

आज के युग में मजमून के अतिरिक्त लिफाफा भी बहुत महत्त्वपूर्ण हो गया है यानी वस्तु की श्रेष्ठता के साथ-साथ उसकी पैकिंग भी उपभोक्ताओं पर भरपूर प्रभाव डालती है। इसीलिए विज्ञापनों में देखने-सुनने को मिलता है : नए आकार में, नए रूप-रंग में, नई पैकिंग में–यानी उपलब्ध है पुराना उत्पाद। बाह्याकार पैकिंग का डिजाइन सौन्दर्य और आकर्षकता का महत्त्व बढ़ने के साथ ही एक नया व्यवसाय आरंभ हो गया–पैकेजिंग अनुसंधान का। इसी अनुसन्धान का परिणाम

है कि दैनिक जीवन में नए उत्पादों के साथ नई पैकिंग के क्षेत्र में भी प्रतिस्पर्द्धा बढ़ गयी है। आजकल ऐसे डिब्बे, थैले, लिफाफे, बोतलें आदि बनाए जाते हैं जो न केवल वस्तु के रख-रखाव व सुरक्षा के लिए जरूरी हैं वरन् उसको लाने-ले जाने व घर में रखने में सुविधा हो। कम स्थान घेरे, रखी हुई अच्छी लगे, उनमें सामान खराब न हो, लीक न करे, सीलन आदि से प्रभावित होकर सड़ न जाए। फिर वह पैकेजिंग किफायती भी हो, दुबारा भी प्रयोग में आ सके। बाजार में उपलब्ध पैकिंग से एकदम भिन्न और विशिष्ट दिखाई पड़े जैसे, साबुन, तेल, क्रीम, पाउडर के डिब्बे और बोतलें ही ग्राहकों को आकर्षित कर लेते हैं। मिठाई से महत्त्वपूर्ण उसका डिब्बा और पैकिंग हो गए हैं, क्योंकि खाने में स्वादिष्ट होने के साथ-साथ डिब्बा आकर्षक हो जो उपहार स्वरूप देने में सम्मानजनक लगता हो।

दूसरा महत्त्वपूर्ण तत्त्व उत्पाद का ब्रांड या नाम और उसका ट्रेड मार्क है। इनमें ब्रांड नाम का निर्णय लेते समय यह देखा जाता है कि इसी नाम का इससे मिलता-जुलता कोई ब्रांड नाम तो बाजार में पहले से प्रचलित तो नहीं है क्योंकि ब्रांड नाम एकदम नया होना चाहिए। अस्पष्ट, लम्बे और उच्चारण में कठिन नाम किसी के भी हित में नहीं हैं चाहे वह उपभोक्ता हो या निर्माता हो। निर्माता की हानि अवश्य हो सकती है क्योंकि बिक्री पर इसका सीधा प्रतिकूल प्रभाव पड़ सकता है। कोई उत्पाद एक ब्रांड नाम से जब बाजार में अपनी छवि सम्मानजनक बना लेता है उसके बाद वह ब्रांड नाम ही उसे अनेक रूपों में लाभ प्राप्त कराता रहता है जैसे—दिल्ली में 'अग्रवाल' ब्रांड से अनेक मिठाई की दुकानें चल रही हैं, 'हल्दी राम भुजियावाला' ब्रांड भी प्रचलित हो चला है। अतः ब्रांड नाम का निर्णय बहुत सोच-समझकर अध्ययन, अनुसंधान और विश्लेषण के बाद लिया जाता है।

बाजार गवेषणा : बाजार गवेषणा में उत्पाद या वस्तु की बिक्री, वितरण, विपणन और उपभोक्ता तक पहुँचने की सारी विपत्तियों, समस्याओं का अध्ययन विश्लेषण किया जाता है, उनका समाधान ढूँढ़ा जाता है। बिक्री में उसका क्षेत्र, विशिष्टता, कोटा बाजार का वर्गीकरण और विक्रय संसाधनों के बारे में जाँच-पड़ताल की जाती है। बिक्री का कुल क्षेत्र में या विशिष्ट क्षेत्रों में कम होना चिन्ता का विषय होता है अतः उसका अध्ययन विश्लेषण कर उसे ठीक करना होता है। वस्तु को एक स्थान से दूसरे स्थान तक पहुँचाने में यातायात व मानव संसाधनों का चयन करने से लेकर उपभोक्ता को सुगमता से मिल जाने तक की पूरी एक शृंखला है जो बिक्री को सीधा प्रभावित करती है। वस्तु का उपभोक्ता तक ठीक समय पर सही स्थिति में पहुँचना, उसकी जानकारी देना सेल्समैन आदि का उपभोक्ता को जानकारी देकर आश्वस्त करना आदि महत्त्वपूर्ण बातें हैं। बाजार गवेषणा वस्तु के उत्पादन से पहले आरंभ होती है और अंत तक चलती रहती है। इसी के आधार पर विज्ञापन एजेंसी यह तय करती है कि विज्ञापन कैसा है, कहाँ

दिया जाए, किस माध्यम को अपनाया जाए, कब प्रसारित किया जाए और किफायती ढंग से उपभोक्ताओं/पाठकों या श्रोताओं को कैसे प्रभावित किया जा सकता है।

बाजार गवेषणा की प्रक्रिया : बाजार अध्ययन की प्रक्रिया वैज्ञानिक और तर्कसंगत होनी चाहिए। बाजार सम्बन्धी वस्तुपरक जानकारी प्राप्त की जाए, उसका विश्लेषण करके समझा जाए और उसके लिए एक निश्चित प्रक्रिया को अपनाया जाए। सबसे पहले समझना होगा कि समस्या क्या है ? जिस प्रकार से डाक्टर मरीज के रोग को जानने के लिए रोगी से पूछताछ करता ही है परन्तु वह अनेक प्रकार की जाँच—खून, पेशाब, मूत्र, एक्स-रे आदि की जाँच के बाद रिपोर्टों के आधार पर रोग की पहचान करता है और फिर वह उपचार आरम्भ करता है। इसी प्रकार विज्ञापन की प्रक्रिया भी गवेषणा के बाद आरंभ होती है। रोगी का गिरता स्वास्थ्य और वस्तु की गिरती हुई बिक्री चिन्ता के कारण हैं। गिरती हुई बिक्री की जाँच करना गवेषणा का काम है। उसे पुनः बढ़ाने के सुझाव भी इन जाँचों के आधार पर ही दिए जाते हैं। समस्या के आदि से लेकर अन्त तक गवेषणा की चार स्थितियाँ हैं जिनसे इसे गुजरना पड़ता है :

(1) गवेषणा डिजाइन तैयार करना
(2) तथ्यों और आँकड़ों को इकट्ठा करना
(3) आँकड़ों का विश्लेषण
(4) निष्कर्ष व सुझाव देना।

गवेषणा की योजना और रूपरेखा ही उसका डिजाइन है। अतः गवेषणा का उद्देश्य क्या है ? स्थान या क्षेत्र कौन-सा चुना जाए, कितने समय में काम पूरा किया जा सकता है, कितने कर्मचारियों की आवश्यकता पड़ेगी, कितना धन व्यय होगा और कौन-से तरीके प्रयोग किए जाएँ, इन सब बातों पर पहले विचार कर ही गवेषणा की रूपरेखा तैयार की जा सकती है।

समस्या की सही जाँच पड़ताल के लिए तथ्य, आँकड़े, सूचनाएँ व जानकारी आदि प्रामाणिक होगी तो गवेषणा भी सफल हो सकती है अतः इन आँकड़ों के लिए सरकारी प्रकाशनों, मंत्रालयों, विभागों की रिपोर्टें, व्यावसायिक पत्र-पत्रिकाएँ, व्यावसायिक संगठनों के प्रकाशनों की मदद ली जा सकती है। दिल्ली में जैसे ऑपरेशनल रिसर्च ग्रुप, इण्डियन इन्वेस्टमेंट सेंटर, चेम्बर ऑफ कॉमर्स एण्ड इण्डस्ट्री, फिक्की, ऑल इंडिया मैन्यूफैक्चर्स एसोसिएशन आदि द्वारा संकलित और प्रकाशित आँकड़ों का प्रयोग किया जा सकता है। विश्व बैंक, रिजर्व बैंक ऑफ इंडिया, सरकार के सांख्यिकी विभागों के प्रकाशन कम्पनी के अपने पुराने आँकड़े और रिकार्ड सही जानकारी के स्रोत हो सकते हैं।

सर्वेक्षण के लिए एक प्रश्नावली तैयार करके क्षेत्र विशेष को, उपभोक्ताओं

के वर्ग विशेष या वर्गों को आधार बनाकर कुछ लोगों से सैम्पल एकत्रित किए जा सकते हैं। इन प्रतिनिधि सैम्पल या नमूनों को व्यक्तिगत रूप से साक्षात्कार द्वारा प्रश्नों का उत्तर लिया जा सकता है, फोन पर सूचनाएँ एकत्र की जा सकती हैं या प्रश्नावली डाक द्वारा भी भेजी जा सकती है। यद्यपि स्वयं मिलकर उपभोक्ताओं से प्रश्नावली भरवाना सबसे अच्छा तरीका है किन्तु डाक द्वारा प्रश्नावली भेजकर उत्तर मँगवाए जा सकते हैं, इसे आवश्यकता पड़ने पर गुप्त भी रखा जा सकता है किन्तु समय बहुत लगता है, काफी लोग सक्रियता से उत्तर न भेजकर उदासीन हो जाते हैं अतः लापरवाही की जा सकती है। इसी प्रश्नावली के आधार पर टेलीफोन पर भी सूचना एकत्र की जा सकती है। यद्यपि समय तो इसमें कम लगता है किन्तु इसकी प्रामाणिकता कम है।

गवेषणा का एक अन्य तरीका पर्यवेक्षण है जिसमें व्यक्ति या मशीन किसी का भी प्रयोग किया जा सकता है। इसमें उपभोक्ताओं द्वारा खरीदी जाने वाली वस्तुओं के आधार पर उनकी रुचि या पसन्द का अनुमान लगाया जाता है। जूतों या कपड़ों का फैशन, घड़ी, धूप के चश्मे आदि का विवरण तैयार कर लिया जाता है जिससे उपभोक्ताओं के बदलते हुए रुझान को आँका जा सकता है। इसके लिए वैज्ञानिक उपकरणों की भी सहायता ली जा सकती है—स्वचालित रिकार्डर, कैमरे, श्रवण यंत्र आदि, इसके अतिरिक्त नए उत्पाद की बिक्री को प्रोत्साहित करने के लिए 'टेस्ट मार्किटिंग' का प्रयोग किया जा रहा है, जैसे, खाने की वस्तुओं को चखकर देखा जा सकता है वैसे ही पहनने-ओढ़ने के वस्त्रों, सौन्दर्य प्रसाधनों और यहाँ तक कि दूर-संचार के माध्यमों को आजमाइश के तौर पर प्रयोग करके देखा जाता है। उदाहरण के लिए हाल ही में सेल्यूलर टेलीफोन जब बाजार में आने लगे तो एक कम्पनी ने कुछ सेल्यूलर फोन उपहार स्वरूप कुछ लोगों को दिए थे।

उपभोक्ता गवेषणा : उपभोक्ताओं के बारे में अधिक से अधिक जानकारी रखने वाले विज्ञापक ही प्रभावी विज्ञापन दे सकते हैं। क्योंकि हर विज्ञापन का मूल उद्देश्य तो उपभोक्ताओं के दिलो-दिमाग पर छा जाना है, उन्हें अपनी इच्छानुसार वस्तुएँ खरीदने के लिए मानसिक दृष्टि से तैयार करना है। यानी निर्माता या विक्रेता की मर्जी से उपभोक्ता का आचरण व क्रय रुचि बने इसीलिए विज्ञापन पर इतना धन व्यय किया जाता है। इनका लक्ष्य होता है ग्राहकों की सन्तुष्टि क्योंकि उपभोक्ताओं को प्राप्त होने वाली संतुष्टि ही तो उन्हें बार-बार खरीदने की प्रेरणा देती है। यानी उपभोक्ता अपनी सन्तुष्टि या उपयोगिता का मूल्य देता है। जैसे एक ही वस्तु विभिन्न उपभोक्ताओं को समान रूप से सुख, सन्तुष्टि या उपयोगिता प्रदान नहीं करती अतः उनकी खरीद की प्राथमिकताओं में भी अन्तर आ जाएगा। यही तृप्ति या उपयोगिता विज्ञापन विशेषज्ञों की शोध का विषय बन गया है।

वस्तुओं का उत्पादन और बिक्री बड़े स्तर पर होने के परिणामस्वरूप यह

आवश्यक हो गया है कि उपभोक्ताओं के बारे में अधिक से अधिक जानकारी प्राप्त की जाए क्योंकि अन्ततः खरीद तो उसे ही करनी है।

उपभोक्ता की रुचि व दृष्टिकोण का अध्ययन करना कठिन कार्य है अतः विशेषज्ञों ने इनका अध्ययन विश्लेषण करने के लिए कुछ मॉडल सुझाए हैं—लेवित्र स्टेनर मॉडल के अनुसार ग्राहकों को पहले वस्तु की जानकारी दी जाए फिर उनमें रुचि पैदा की जाए इसके बाद ही पहले तो वह एक बार ही वस्तु को आजमाइश के तौर पर खरीदते हैं और फिर उसके ग्राहक बन जाते हैं। एक अन्य मॉडल में ध्यान आकर्षित करना > रुचि जगाना > इच्छा पैदा करना > खरीद के लिए प्रोत्साहित करना होता है।

उपभोक्ताओं के प्रेरक तत्त्वों का अनुसंधान करनेवाले विद्वानों ने मनोवैज्ञानिक अध्ययन विश्लेषण के बाद उपभोक्ताओं के उन मनोवैज्ञानिक तत्त्वों की खोज की है जो प्रेरणा, अभिरुचि, इच्छा, भावना, प्रवृत्ति या विचार के रूप में उपभोक्ता को खरीद के लिए तैयार करते हैं। इन प्रेरणाओं का विभाजन इस प्रकार से किया जा सकता है :

(1) प्राथमिक एवं गौण

(2) भावनात्मक एवं तार्किक

(3) उत्पादन संरक्षण

(4) सकारात्मक एवं नकारात्मक

(1) प्राथमिक क्रय प्रेरणाएँ—मनुष्य की मूलभूत आवश्यकताएँ होती हैं जैसे—भोजन, वस्त्र और घर।

गौण प्रेरणाएँ मनुष्य को मनोवैज्ञानिक सन्तुष्टि प्रदान करती हैं जैसे—नए फैशन के वस्त्र।

(2) भावनात्मक प्रेरणाएँ—गर्व, सामाजिक सम्मान, प्रेम, रोमांस।

(3) तार्किक प्रेरणाएँ—अधिक लाभ, सुविधा, बचत, कीटनाशक दवाएँ खरीदना।

(4) इसी प्रकार से अधिकांश प्रेरणाएँ तो सकारात्मक हैं किन्तु, चोरी का डर, असुरक्षा, दुर्घटना की आशंका आदि नकारात्मक प्रेरणाएँ हैं।

उपभोक्ता कौन है, कहाँ है, उसकी आयु क्या है, आर्थिक स्थिति या क्रय क्षमता क्या है। कौन-सी आर्थिक, सामाजिक, मनोवैज्ञानिक, घरेलू परिस्थितियाँ या सांस्कृतिक परिवेश उसे क्रय करने के लिए प्रेरित या विवश कर सकती हैं। क्योंकि सभी विज्ञापन समाज के सभी लोगों के लिए नहीं होते। अतः यह विश्लेषण पहले ही करना होगा कि विज्ञापन का लक्ष्य कौन-सा उपभोक्ता वर्ग है—अर्थात् वह स्त्री है या पुरुष, बालक, किशोर है या युवा वर्ग अथवा प्रौढ़ व वृद्ध लोग, वह ग्रामीण क्षेत्र का निवासी है अथवा शहरी क्षेत्र का, कई बार जाति और धर्म का जानना

भी आवश्यक होता है। शिक्षा का स्तर, अधिक क्षमता अर्थात् क्रय क्षमता क्योंकि कोई भी विज्ञापन साधु सन्तों व वैरागियों के लिए नहीं और खासतौर पर खाली जेब वाले उपभोक्ताओं के लिए विज्ञापन नहीं बनाए जाते।

आर्थिक, शैक्षिक, लिंग व आयु आदि के विभिन्न आधारों पर उपभोक्ताओं का वर्गीकरण इस प्रकार से किया जा सकता है :

1. आर्थिक वर्गीकरण

(क) उच्च आय वर्ग

(ख) मध्यम आय वर्ग

1. उच्च मध्यम आयवर्ग
2. निम्न मध्यम आयवर्ग

(ग) निम्न आय वर्ग

1. उच्च निम्न आय वर्ग
2. निम्न आय वर्ग
3. सीमित आय वर्ग

2. शैक्षिक वर्गीकरण

(क) उच्च शिक्षित

1. उच्च अधिकारी
2. मध्यम श्रेणी अधिकारी
3. सामान्य जन
4. उच्च बौद्धिक जन

(ख) सामान्य शिक्षित

(ग) अशिक्षित

1. कृषक
2. मजदूर
   (i) वैतनिक
   (ii) अवैतनिक या रोज की दैनिक मजदूरी

3. लिंग के आधार पर वर्गीकरण

(क) स्त्री

(ख) पुरुष

4. आयु के आधार पर वर्गीकरण

(क) शिशु

(ख) बालक
(ग) युवक/युवती
(घ) अधेड़
(ङ) वृद्ध

विज्ञापनकर्ता इन बातों का ध्यान रख सकते हैं :

- जन समुदाय के जिस वर्ग विशेष को सम्बोधित कर रहे हैं, उसकी पूर्ण जानकारी होना आवश्यक है।
- महिलाओं के उपयोग की वस्तुओं का विज्ञापन सामान्य माध्यमों के अतिरिक्त महिलाओं की पत्रिकाओं में अवश्य प्रकाशित किया जाए।
- शिक्षित या अशिक्षित वर्ग के किन उपभोक्ताओं तक पहुँचना चाहते हैं वैसे ही माध्यमों का प्रयोग करें।
- ग्रामीण क्षेत्रों की आवश्यकताओं व सीमाओं के अनुरूप ही विज्ञापन दिए जाएँ।
- विज्ञापित वस्तु मूलभूत आवश्यकताओं में—जैसे, साबुन तेल, आटा चीनी, मिर्च मसाले, शामिल हैं या ऐशो आराम की जैसे, कार, कालीन, एयर कंडीशनर आदि।
- उपभोक्ताओं के धर्म जाति व राष्ट्रीयता का भी ध्यान रखा जाना चाहिए जैसे, पर्व आदि के आधार पर हिन्दू होली, दीवाली पर, मुसलमान ईद के मौके पर, ईसाई क्रिसमस पर और सिख गुरु पर्वों पर अधिक खरीदारी करते हैं।
- पारिवारिक स्तर अर्थात् संयुक्त व बड़ा परिवार है या छोटा परिवार है, पति-पत्नी दोनों कार्यरत हैं या एक। इससे उनकी आवश्यकताओं में अन्तर पड़ता है।
- उपभोक्ताओं का आयुवर्ग भी महत्त्वपूर्ण है—शिशु, बालक, वयस्क व वृद्ध की आवश्यकताओं में अन्तर है। इसके अतिरिक्त शिशु खरीद नहीं पाते, वृद्ध खरीदना नहीं चाहते अतः युवा और वयस्क ही अधिकांश उपभोक्ता होते हैं।
- उपभोक्ता की सामाजिक, सांस्कृतिक पृष्ठभूमि भी उसकी आवश्यकताओं का निर्धारण करती है जैसे शैम्पू के स्थान पर साबुन का प्रयोग, टूथपेस्ट के स्थान पर दातुन या दंत मंजन का प्रयोग, नए से नए केश तेलों के स्थान पर सरसों के तेल का प्रयोग ग्रामीण क्षेत्रों में आज भी बरकरार है।

5

विज्ञापन की भाषा और हिन्दी

विज्ञापन एक सामान्य परिचय : आधुनिक उपभोक्तावादी संस्कृति जिस तरह से नए-नए उत्पादों की ओर आकृष्ट हो रही है, उनका उपभोग कर रही है, इसके पीछे बहुत हद तक विज्ञापनों का हाथ है। विज्ञापन के अभाव में किसी भी प्रसिद्ध उत्पादक का माल धरा का धरा रह जाता है। उसको कोई नहीं पूछता। विज्ञापन ही वह कला है जो किसी खराब और निम्न श्रेणी के उत्पाद को भी रातों-रात प्रतिष्ठित कर देता है। यद्यपि भाषा मानव समुदाय के परस्पर सम्प्रेषण का प्रमुख साधन है। लेकिन विज्ञापन के क्षेत्र में यह केवल सम्प्रेषण का कार्य ही नहीं करती है वरन् उपभोक्ता को आकर्षित करने और रिझाने में भी महत्त्वपूर्ण भूमिका निभाती है। यहीं आकर विज्ञापन की भाषा अपने अन्य भाषा रूपों से भिन्न हो जाती है। अपने स्वरूप में विशिष्ट हो जाती है।

विज्ञापन के एक लम्बे ऐतिहासिक चरण से गुजरने के पश्चात्; आधुनिक युग तक पहुँचते-पहुँचते इसके स्वरूप एवं भाषिक संरचना में बहुत अधिक परिवर्तन आ चुका है। वर्तमान युग में पूँजीवादी प्रतिस्पर्धा ने किसी भी उत्पादक के अस्तित्व को सुरक्षित नहीं रखा है। अपने अस्तित्व को सुरक्षित बनाने और उसे निरन्तर सुदृढ़ करने का एक ही उपाय उसके सामने रहता है। वह है विज्ञापन। प्राचीन समय में विज्ञापन का यह काम ढिंढोरची आदि व्यक्तियों के द्वारा होता था। ये ढिंढोरची ढोल पीट-पीट कर लोगों को इकट्ठा करते थे और तब उन्हें वह सूचना देते थे जिसके लिए वे व्यक्ति इकट्ठे किए गए थे। आधुनिक तकनीक ने सूचना प्रदान करने की इस कला को लगभग मिटा डाला है। नई उन्नत तकनीकें अब घर बैठे ही सम्पूर्ण जानकारी उपलब्ध करा देती हैं।

वैज्ञानिक दृष्टि से देश में हिन्दी में विज्ञापन 1900 ई. शताब्दी से शुरू हुआ।

इस सदी तक खड़ी बोली हिन्दी अपने स्थापित होने के लिए संघर्षरत थी। उसके अनेक शब्दों, रूपों में ब्रज छायी हुई थी। व्याकरण की दृष्टि से भी अभी हिन्दी अनगढ़ थी। उसे एकरूपता, शुद्धता एवं व्यवस्था प्रदान करने का कार्य आरम्भ ही हुआ था। 1875 ई. के 'भारत मित्र' में प्रकाशित एक विज्ञापन से तत्कालीन विज्ञापन का स्वरूप उभर कर सामने आ जाएगा "...पुराने बुखार की दवाई बहोत बढ़िया, बुखार वाले के बिगर खिलाए मालूम नहीं होगा, बहोत जल्दी निरोग होगा।" विज्ञापन की यह हिन्दी देशज शब्दों से भरपूर है। इसमें अपेक्षित कोमलता, माधुर्य का भी अभाव है। व्याकरणिक व्यवस्था का भी ध्यान नहीं दिया गया। इसका एक महत्त्वपूर्ण दोष इसका संक्षिप्त न होना भी है।

विज्ञापन उत्पादक और उपभोक्ता के बीच की कड़ी है। आधुनिक उपभोक्तावादी संस्कृति में यह कड़ी निरन्तर मजबूत हुई है। वर्तमान में इसका उद्देश्य एकदम व्यावसायिक है। जो विभिन्न संचार माध्यमों द्वारा वस्तु का प्रचार करता है। इसकी भाषा भी व्यावसायिक पुट लिए रहती है। उसमें उत्पादक ऐसी भाषा को प्रस्तुत करता है जो उपभोक्ता को सहज आकर्षित कर सके और उसके उत्पाद को खरीदने के लिए उपभोक्ता को बाध्य कर दे। उत्पादक (विज्ञापनकर्ता) जब अपने किसी उत्पाद का विज्ञापन तैयार करता है तो सर्वप्रथम उसके सामने प्रश्न रहता है कि प्रस्तुत उत्पाद के उपभोक्ता कौन-कौन से वर्ग हैं। इन वर्गों का सामाजिक स्तर एवं भाषिक संरचना कैसी है। विज्ञापन के निर्माण के पीछे ये तत्त्व कार्य करते हैं। उपभोक्ता की सामाजिक पृष्ठभूमि को सामने रखकर ही विज्ञापन की भाषा निर्मित की जाती है। उदाहरण के लिए दिग्जाम शूटिंग शर्टिंग के उत्पाद की भाषा अंग्रेजी है क्योंकि यह उत्पाद आम जन जीवन की पहुँच से बाहर है। दूसरी ओर एक बहुराष्ट्रीय शीतल पेय कम्पनी का विज्ञापन है 'यही है राइट च्वाइस बेबी।' इस विज्ञापन में एक खास विशेषता यह है कि हिन्दी वाक्य में अंग्रेजी शब्द सहज ही खप गए हैं। इसी कारण इसे व्यापक लोकप्रियता मिली। दूसरे इस विज्ञापन ने समाज के प्रत्येक आयु, वर्ग के लोगों का ध्यान अपनी ओर खींचा।

विज्ञापन के माध्यम : आधुनिक युग में इलैक्ट्रानिक और प्रिंट मीडिया की नई-नई तकनीकें आने से विज्ञापन के माध्यमों में अपूर्व वृद्धि हुई है। अखबार से लेकर दीवार तक विज्ञापन का व्यापक क्षेत्र है। पुस्तकें, मैगजीन, फिल्में, गीत-संगीत के रिकॉर्ड, दूरदर्शन, वीडियो, टेप, रेडियो, ऑडियो विजुअल कैसेट, जहाज, बस, ट्रेन,-ट्रक, कार आदि के अलावा मनुष्य का शरीर भी विज्ञापन का माध्यम बन गया है। कभी वह पैंट-बुशर्ट पर किसी उत्पाद का विज्ञापन लगाकर उसका प्रचार करता है तो कभी-कभी बिल्कुल नग्न होकर अपने शरीर पर चित्रकारी करवा कर विज्ञापन का प्रसार करता है। इस व्यावसायिक प्रतिस्पर्धा की दौड़ में विज्ञापन ने मनुष्य-शरीर को भी सुरक्षित नहीं छोड़ा है। इससे विज्ञापन के महत्त्व का पता

लगाया जा सकता है।

सुविधा की दृष्टि से विज्ञापन को कई भागों में बाँट सकते हैं—दृश्य, श्रव्य, दृश्य-श्रव्य आदि। दृश्य का सीधा सम्बन्ध जो दिखाई देता है। दीवारों, बोर्डों, अखबारों, पुस्तकों, पत्रिकाओं, बसों, ट्रकों आदि पर लिखे व छपे हुए विज्ञापन दृश्य विज्ञापन के अन्तर्गत आते हैं। श्रव्य रेडियो, रिकार्ड से आने वाले विज्ञापन श्रव्य विज्ञापन होते हैं। ये विज्ञापन केवल सुने जा सकते हैं। दृश्य-श्रव्य माध्यम में दूरदर्शन, फिल्में, वीडियो आदि हैं। इन विज्ञापनों में दोहरा लाभ होता है। प्रथम इसमें आवाज सुनाई देती है दूसरे विज्ञापन का चित्र भी साथ-साथ चलता रहता है।

विज्ञापन का उद्देश्य : व्यवसाय में उत्पादक और उपभोक्ता का सीधा सम्बन्ध नहीं होता है। इनका आपस में सम्बन्ध विज्ञापन के माध्यम से ही सम्पन्न होता है। वैसे तो विज्ञापन के अभाव में प्रत्येक संस्था पंगु हो जाती है लेकिन जहाँ तक व्यवसाय की बात है—विज्ञापन के अभाव में उसका सुचारु रूप से चलना असंभव है। एक अच्छे स्थापित व्यापार/उद्योग में विज्ञापन महत्त्वपूर्ण भूमिका निभाता है। सबसे बड़ी बात है सूचना (जानकारी)। जब किसी उत्पादक के किसी उत्पाद की कोई जानकारी उपभोक्ता को नहीं है, उत्पाद के गुणों का पता नहीं है तो ऐसी चीज को वह क्यों खरीदेगा। अतः यह विज्ञापन ही है, जो उत्पादक, उत्पाद और उपभोक्ता को निकट लाता है। उपभोक्ता को उत्प्रेरित करता है उत्पाद खरीदने के लिए। वह उसकी अनचाही माँग उत्पन्न करा देता है। अर्थात् उपभोक्ता को लगता है कि यह उत्पाद उसके कार्य का नहीं है लेकिन विज्ञापन उत्पादन की क्वालिटी से उपभोक्ता के लिए एक अनावश्यक डिमांड उत्पन्न कर देता है। ऐसे में उपभोक्ता उस उत्पाद को न चाहते हुए भी लेने को विवश हो जाता है। मान लीजिए श्री 'क' के पास पहले से ही दो बनियान हैं और उसने ये विज्ञापन पढ़कर एक और खरीदने का मन बना लिया—

हवा की सिहरन यूँ सहलाए
असंख्य छिद्रों से
हवा प्रसारित होकर
आपकी त्वचा को तरो-ताजा रखता है।
डोरा यही है
क्लासिक लेटेस्ट ट्रेंड
अन्तर्राष्ट्रीय डिजायनर बनियान।

'यही है राइट च्वाइस बेबी' की तर्ज पर 'यही है लेटेस्ट ट्रेंड'। प्रस्तुत दोनों उदाहरण एक-दूसरे से बहुत भिन्न नहीं हैं, लेकिन दोनों में एक खास बात है—अंग्रेजी शब्दों का बेरोक-टोक प्रयोग। परम्परागत हिन्दी वाक्यों में नए दूसरी भाषाओं के शब्द

जोड़कर वाक्य को जीवंतता प्रदान की गई है। दूसरे ये विज्ञापन मध्यवर्ग की मानसिकता के अनुकूल भी हैं।

विज्ञापन की भाषा हिन्दी : अपसंस्कृति ने एक ओर जहाँ समाज-संस्कृति, साहित्य, कलाओं आदि को दूषित किया है वहीं भाषा को भी नहीं छोड़ा है। आज जो हिन्दी मीडिया द्वारा इस्तेमाल की जा रही है वह अपने मूल रूप से बहुत दूर है। उसका रूप दिन-प्रतिदिन विकृत हो रहा है। विज्ञापनों में भी यह अपसंस्कृति घुस आई है। जो भाषा के साथ निरन्तर खिलवाड़ करती रहती है। 'यही है लेटेस्ट ट्रेंड' इसका उदाहरण है। अपसंस्कृति अपने चरित्र में विशिष्ट होती है लेकिन इसका प्रभाव सामान्य वर्ग पर शीघ्र ही पड़ता है। इसलिए तथाकथित उच्च वर्ग की यह अपभाषा निम्न वर्ग में सहज प्रचलित हो जाती है। क्योंकि निम्न वर्ग, मध्यम वर्ग भाषा की दृष्टि से स्वयं को हीन समझता है। इसलिए भाषीय हीनता की स्थिति में वह शीघ्र ही अपसंस्कृति से प्रभावित हो जाता है।

विज्ञापन की भाषा के विविध रूप : विज्ञापन की भाषा लिखित, मौखिक, मौखिक-लिखित किसी भी प्रकार की हो सकती है। अधिकांश रूप में लिखित भाषा का ही प्रयोग किया जाता है। भाषा के लिखित रूप में होने के कारण उसे पढ़ा जा सकता है, याद किया जा सकता है। उसमें अत्यन्त आकर्षक बिक्री बढ़ाने वाली प्रभावशाली अपील की जा सकती है।

भाषा का दूसरा रूप वाचिक होता है। वाचिक रूप लिखित न होकर मुखारबिन्द द्वारा रेडियो, दूरदर्शन आदि से उच्चारित होता है ! वाचिक भाषा में विज्ञापन करते समय यह ध्यान रखना अत्यन्त अनिवार्य हो जाता है कि कहीं शब्दों की ध्वनि का उतार-चढ़ाव न हो, संगीत का तालमेल कहीं गड़बड़ाये नहीं।

दृश्य-श्रव्य रूप में भी विज्ञापन होता है। दृश्य-श्रव्य रूप में प्रसारित होने वाले विज्ञापन की भाषा के वाचिक और लिखित दो रूप मिलते हैं। दृश्य-श्रव्य माध्यमों में प्रसारित विज्ञापनों की भाषा अधिकतर सरल-सहज होती है। उसमें आलंकारिता, संगीतात्मकता, लयबद्धता का पूरा ध्यान रखा जाता है। क्योंकि वह किसी विशिष्ट-भाव या विचार-विशिष्ट को अभिव्यक्त करती है।

शैली : विज्ञापन की भाषा-शैली से तात्पर्य है कि विज्ञापन जिस वर्ग के लिए प्रसारित-प्रचारित किया जा रहा है उस वर्ग की भाषा-शैली विज्ञापन में विद्यमान हो। सभी उपभोक्ताओं का भाषिक स्तर समान नहीं होता अतः विभिन्न स्तर के उपभोक्ताओं के लिए अलग-अलग भाषा शैली विज्ञापन में प्रयुक्त करनी पड़ती है। सामान्यतः अभिधार्थ, लक्षणार्थ और व्यंजनार्थ तीन प्रकार की शब्द-शक्तियों में ही किसी भाषा-शैली का अस्तित्व सिमट जाता है।

अभिधा से अभिप्राय है सीधी-सपाट और सरल शैली। यह शैली अपने स्वरूप में वस्तुगत होती है और पढ़ते/सुनते ही समझ में आ जाती है।

उदाहरणार्थ–

सफाई के लिए
हरीराम गुलाबराय
की फूल झाड़ू
इस्तेमाल करें।
यह मजबूत होती है।
X X X
सफाई है वहाँ
हरीराम गुलाबराय
की सूरज ब्रांड
झाड़ू है जहाँ

प्रस्तुत उद्धृत विज्ञापन की भाषा एकदम सीधी-सरल एवं सपाट है। इसमें संगीतात्मकता तथा लयबद्धता लाने का प्रयास भी किया गया है।

लक्षणा में विज्ञापन की भाषा में लाक्षणिक चमत्कार होता है। वह अभिधा की तरह सीधी सपाट नहीं होती वरन् उसमें भाषा-प्रयोग का चयन बहुत हद तक विज्ञापन की जो वस्तु होती है उसके अनुरूप होता है। उस वस्तु के गुणों को बढ़ा-चढ़ा कर प्रस्तुत किया जाता है।

यथा–(1) शेर की शक्ति
कॅस्ट्राल
जी पी
मोटर आयल
इंजनों का बयान कॅस्ट्राल जी पी हमारी जान
विश्वविजेता लुब्रिकेन्टस कॅस्ट्राल।

(2) बिजली बचत का
अर्थ है
बिजली का उत्पादन।

व्यंजनार्थ : इसमें न तो भाषा का अभिधापरक अर्थ अभीष्ट होता है और न ही लक्षणापरक। इसके विपरीत इसमें विज्ञापन की भाषा व्यंजना सम्मत है। अर्थात् जो बात कही जा रही है उसका वही अर्थ न निकल कर कोई अन्य अर्थगर्भित अर्थ निकले।

यथा–(1) मर्जी है आपकी
आखिर
सिर है आपका।
सुरक्षा के लिए हैलमेट आवश्यक।

(2) सावधान आदमी काम पर हैं

(3) धीरे चलिए आगे स्कूल है

उपरोक्त तीनों उद्धरणों के कम से कम दो-तीन अन्य अर्थ व्यंजना के माध्यम से खोजे जा सकते हैं।

विज्ञापन की भाषागत विशेषताएँ : विज्ञापन की भाषा अन्य विधाओं की भाषा से विशिष्ट होती है क्योंकि यह उत्पादन प्रक्रिया के वितरण से जुड़ी हुई है। यह जितनी आकर्षक, जीवन्त, पठनीय, प्रभावकारी व सहज होगी उतना ही उत्पाद-वृद्धि में सहायक होगी। सामान्य रूप से विज्ञापन की भाषा में निम्न विशेषताएँ उभर कर आती हैं।

(1) सहजता-सरलता-बोधगम्यता : विज्ञापन का समय बहुत ही कम होता है अगर वह टी. वी. या रेडियो पर प्रसारित हो रहा है तो, ऐसे में जब विज्ञापन केवल दस सेकंड का हो तो उसकी भाषा जटिल-दुरूह होने से उस विज्ञापन की सार्थकता नष्ट हो जाएगी। अतः प्रिंट और इलैक्ट्रोनिक मीडिया—दोनों में ही विज्ञापन की भाषा में कठिन शब्दों का प्रयोग न हो। वाक्य छोटे-छोटे हों। जो आम बोलचाल में प्रचलन में हों। मौखिक विज्ञापन की भाषा भी सहज समझने योग्य होनी चाहिए।

(2) **आकर्षित करने की क्षमता :** 'खा ले नालायक' एक नमकीन का विज्ञापन कुछ इस तरह की भाषा से आरम्भ होता है। इस पर सहज ही ध्यान आकृष्ट होता है कि क्या खाने के लिए कहा जा रहा है। उपभोक्ता सबसे पहले विज्ञापन की भाषा को ही पढ़ता है। उसके बाद वह उस वस्तु की ओर ध्यान देता है। अगर विज्ञापन की भाषा उसे आकर्षित नहीं कर पाती तो वस्तु की ओर तो उसका ध्यान जाएगा ही नहीं। विज्ञापन की भाषा को लोकप्रिय बनाने के लिए लोकप्रिय मुहावरे, कहावतें, लोकोक्तियाँ, समाज में प्रचलित प्रसिद्ध उपमा, रूपक आदि अलंकारों का आश्रय लेकर आकर्षक बनाया जा सकता है। इधर के विज्ञापनों में यह खूब जोर-शोर से हो रहा है।

कोई भी पुराना 2-व्हीलर लाइए

नया बजाज शान से
ले जाइए
बजाज
शानदार कीमत
बेमिसाल ऑफर

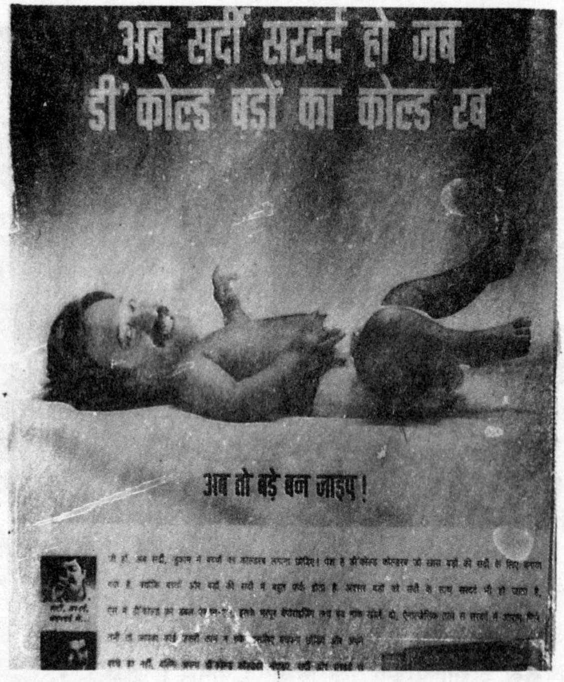

(3) अविस्मरणीय भाषा : किसी उत्पादन की भाषा की सफलता एक अन्य चीज पर भी निर्भर करती है। वह है उपभोक्ता को उस विज्ञापन की भाषा का स्मरण होना। भाषा ऐसी चुस्त, संक्षिप्त, सूत्रात्मक एवं प्रभावशाली हो कि वह उपभोक्ता के मन-मस्तिष्क पर एक अमिट प्रभाव छोड़ दे। उपभोक्ता के समक्ष अक्सर कठिनाई रहती है और ठीक भी है कि वह सैकड़ों विज्ञापनों की भीड़ में किस-किस की भाषा को ध्यान में रखे। ऐसी प्रतिस्पर्धा में वही विज्ञापन बाजी मार जाता है जिसकी भाषा सहज ग्राह्य एवं प्रभावशाली होगी। उदाहरणार्थ :

सण्डे हो या मण्डे
रोज खाएँ अण्डे।

इस प्रकार की भाषा उपेभाक्ता की जिह्वा पर तुरन्त चढ़ जाती है।

(4) पठन-पाठन में सुविधा : पठन-पाठन की सुविधा अर्थात् पठनीयता से तात्पर्य है कि विज्ञापन की भाषा को प्रत्येक आयु एवं वर्ग का व्यक्ति पढ़ सके। इसके लिए विज्ञापनदाता को यह कोशिश करनी चाहिए कि विज्ञापन की भाषा जन-सामान्य द्वारा व्यवहार में प्रयुक्त जनभाषा हो। उसमें प्रत्येक वर्ग और समुदाय के प्रचलित शब्द समाहित हों। शब्द चयन उपभोक्ता के आर्थिक-सामाजिक जीवन स्तर के अनुरूप हों। यथा : अपने शिशु को दीजिए सेरेलॅक का अनूठा लाभ··· ठोस आधार की आदर्श शुरुआत।

(5) प्रभावपरकता : विज्ञापन की भाषा में प्रभावोत्पादकता का विशिष्ट गुण होना अनिवार्य है। कई बार ऐसा होता है कि उपभोक्ता एक बार विज्ञापन को

पढ़-सुनकर दोबारा उस पर ध्यान नहीं देता। विज्ञापन की भाषा में ऐसी क्षमता का होना अनिवार्य है कि वह पुनः उपभोक्ता का ध्यानाकर्षित कर ले। दोबारा ध्यान आकर्षित होने वाली यही प्रवृत्ति उसे उत्पाद के क्रय की ओर ले जाती है। उसमें वह उत्पाद प्राप्त करने की लालसा पैदा करती है। विज्ञापन में प्रभाव उत्पन्न करने के लिए विज्ञापनकर्ता समाज में प्रचलित मुहावरों, कहावतों के अतिरिक्त

प्रसिद्ध फिल्मों के महत्त्वपूर्ण संवादों का भी आश्रय लेता है। कई बार फिल्मी गीत जो अत्यन्त प्रसिद्ध हो जाते हैं की तर्ज पर भी विज्ञापन बना दिया जाता है।

(1) नए जमाने के संग, नए रंग
विपुल की नव-शक्ति साड़ियों के संग।

(2) ओके साबुन से नहाए
कमल सा खिल जाए।

(6) विक्रय प्रेरणा : विज्ञापन का एक महत्त्वपूर्ण कार्य उपभोक्ता को उत्पाद क्रय करने के लिए प्रेरित करना भी है। किसी वस्तु के विज्ञापन की भाषा पर ही यह निर्भर करता है कि वह बाजार में प्रस्तुत अपने जैसे अन्य उत्पादों से कैसे अधिक बिक्री करवा सकती है। क्योंकि बाजार का चरित्र अपने आप अत्यन्त जटिल होता है और उसका व्यवहार प्रतिस्पर्धात्मक होता है। ऐसी स्थिति में विज्ञापनदाता के समक्ष विज्ञापन देकर अपने उत्पाद की बिक्री बढ़ाना निश्चय ही चुनौती का कार्य होता है। ऐसी स्थिति में वह बिक्री बढ़ाने के लिए तरह-तरह के उपकरणों का आश्रय लेता है। विज्ञापन की विषय-वस्तु, भाषा- शैली में परिवर्तन

भी इन्हीं में से एक है। शब्द - चयन, पद - रचना, वाक्य-विन्यास नए ढंग से प्रस्तुत करता है ! आज्ञार्थक, विस्मयबोधक, प्रश्ना- त्मक गुणवत्ताबोधक वाक्यावली, आदि के माध्यम से वह उपभोक्ता को वस्तु क्रय करने की ओर प्रेरित करता है ! यथा :

(1) सन्देहास्पद सौदा
क्या आप करना चाहेंगे ?

(2) फिल्मी सितारों का सौन्दर्य साबुन।

(3) कौन देगा मुझे नौकरी''मेरी कमीज भी साफ नहीं।

(4) बच्चों को इण्टेलीजेण्ट बनाने वाला अद्भुत नॉलिज बैंक।

(7) नाटकीयता : विज्ञापन की भाषा एक अत्यन्त लघु फिल्म की भाँति होती है। उसमें कई दृश्य होते हैं। इन दृश्यों में विज्ञापित वस्तु को लेकर कुछ स्थितियाँ गढ़ी जाती हैं। जिससे इसमें

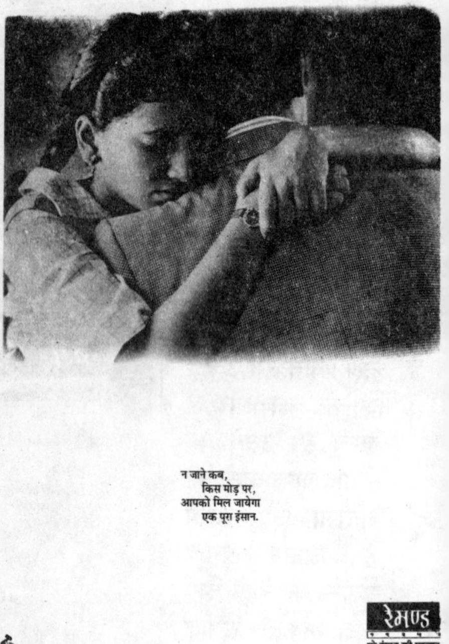

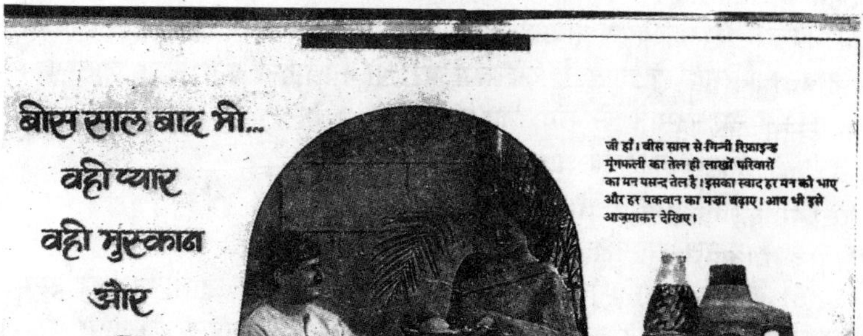

अभिनेयता की अनिवार्यता होती है। अभिनेयता में शब्दों के उच्चारण में उतार-चढ़ाव, लटके-झटके आदि से विज्ञापन की भाषा सटीक प्रभाव उत्पन्न कर पाने में सफल होती है। संवादों में विज्ञापित वस्तु पर विशेष जोर दिया जाता है। नाटकीयता का यह पुट इलैक्ट्रॉनिक मीडिया पर दिखाए जाने वाले विज्ञापनों में अधिक रहता है। लिखित विज्ञापनों में नाटकीयता की सम्भावना कम होती है।

(8) विश्वसनीयता : विज्ञापनकर्ता की यह पूरी कोशिश रहती है कि विज्ञापन की भाषा पूरी तरह पाठक / उपभोक्ता वर्ग को विश्वसनीय लगे। उपभोक्ता को यह नहीं महसूस हो कि यह अतिशयोक्ति की बात है और ऐसा नहीं होता है। विज्ञापनकर्ता को

अपने उत्पाद के वास्तविक गुणों का वर्णन ही विज्ञापन की भाषा में देना चाहिए। विज्ञापनदाता को भाषा के सामान्य प्रयोग की अपेक्षा भाषा के विशिष्ट प्रयोग पर बल देना चाहिए। विज्ञापन की भाषा में काल्पनिकता
और अतिरंजना से बचना चाहिए। इससे उपभोक्ता का विश्वास उत्पाद पर नहीं जम पाता यथा :

(1) इतना लाजवाब रंगीन टी. वी.
है बचाना मुश्किल बुरी नजर से।

(2) स्वाद का खजाना
कर दे सबको दीवाना

(3) रिश्ते ही रिश्ते
एक बार मिल
तो लें।

(9) उन्मुक्तता : विज्ञापन के गुणों की व्याख्या करने में मुद्रणलिपिकर्ता प्रायः स्वतन्त्र होता है। भाषा के व्याकरण व नियमों की बहुत अधिक चिन्ता नहीं करता। उसके समक्ष अपना उद्देश्य रहता है उत्पाद की बिक्री का। इसके लिए वह शब्द, पद, पदबंध, वाक्य, व्याकरण आदि किसी भी प्रकार की व्यवस्था को नकार कर अपने विज्ञापन की भाषा के लिए सर्वाधिक अनुकूल व लोकप्रिय भाषा-शैली का सहारा ले सकता है। वह एक वाक्य में अनेकों अंग्रेजी शब्द रख सकता है ! वाक्य का आरम्भ अटपटे, व्याकरण विरुद्ध ढंग से कर सकता है। वस्तुतः मुद्रण लिपिकर्ता वाक्य-विन्यास और रूप-विन्यास में पूर्णतः स्वतन्त्र होता है ! यथा :

सुपर लहर
लहर-दर-लहर
एक सेहतमंद
आदत

व्याकरण और नियमबद्ध भाषा विज्ञापन में अधिक प्रभाव उत्पन्न नहीं कर पाती। विज्ञापन को अधिक प्रभावशाली बनाने के लिए ही व्याकरण एवं नियमों के साथ छेड़छाड़ की जाती है। यथा :

सिर्फ स्पर्श में ही आप पाते हैं
विश्वास का अहसास

(10) काव्यात्मकता : विज्ञापन की भाषा काफी हद तक संगीत, लय, तुक से सम्बद्ध होती है। यहीं से उसमें कविता के गुण समाविष्ट होने लगते हैं। विज्ञापन की इस काव्यात्मक भाषा का रूप गेय होता है इसी कारण यह अधिक प्रभाव उत्पन्न करने वाली होती है। और शीघ्र लोकप्रिय भी। यथा :

(1) रंगों का संसार
खुशियों की बहार

(2) कम खर्च
ज्यादा धुलाई
मोदी स्पेशल
से है आई।

(11) जीवन्तता : जीवन्तता से तात्पर्य है—कुछ नयापन जो आकर्षक हो। विज्ञापन की भाषा में इसका विशेष महत्त्व है। क्योंकि परम्पराबद्ध, यांत्रिक और व्याकरण सम्मत भाषा विज्ञापन की भाषा को उतना रोचक, आकर्षक नहीं बना पाती जितनी कि भाषा के साथ प्रयोग करने की प्रवृत्ति। विज्ञापन की भाषा में

भाषा के प्रति सृजनात्मक दृष्टिकोण अपनाना चाहिए और प्रयोग की प्रवृत्ति को बढ़ावा देना चाहिए। क्योंकि आधुनिक पीढ़ी पुराने शब्दों के नए चमत्कारी प्रयोग में अधिक खुश रहती है। अतः व्याकरण संरचना में पुराने शब्दों में चमत्कार उत्पन्न करने का प्रयास विज्ञापनदाता को करना चाहिए। विज्ञापन की जीवन्त-भाषा ही उपभोक्ता को उत्पाद खरीदने को प्रेरित करती है। यथा :

(1) ओसवाल की रंगीन गरमाहट में
खिल उठेंगे आप

(2) ठण्डक के लिए चहेतों की
गर्मागर्म पेशकश।

दिन-प्रतिदिन बाजार में नए-नए उत्पाद प्रविष्टि पाते हैं। इन नए-नए उत्पादों के लिए भाषा को समय एवं अवसरानुकूल नया मुहावरा तलाश करना अनिवार्य हो जाता है। परम्परागत शब्दों में नए उत्पाद को अभिव्यक्ति देने की सामर्थ्य कम ही होती है। इसलिए नए-नए उत्पाद की भाषा के तेवर परम्परागत भाषा से अलग होते हैं। उसमें नए-नए अर्थों को अभिव्यक्त करने की क्षमता निहित होती है। उसका नया मुहावरा होता है ! जो समय की नब्ज को पहचानता है। इन्हीं विशेषताओं के समावेश से विज्ञापन की भाषा सजीव एवं जीवंत बन जाती है और अपेक्षित प्रभाव छोड़ने में सफल रहती है।

(12) लक्ष्योन्मुखता : विज्ञापन की भाषा में लम्बे-चौड़े व्याख्यान के लिए अवकाश

नहीं रहता। न ही वहाँ लम्बे-लम्बे विवरण अपेक्षित होते हैं। समय, श्रम, धन और प्रभाव आदि सभी दृष्टियों से विज्ञापन की विस्तृत भाषा हानिकारक होती है। विज्ञापन की भाषा आरम्भ से लक्ष्योन्मुखी होनी चाहिए। अपने आकार में वह संक्षिप्त एवं सटीक होनी चाहिए। शब्द-चयन ऐसा हो कि कम से कम स्थान में अधिक से अधिक भाव की प्रभावशाली व्यंजना कर सके।

विज्ञापन की भाषा की उपरोक्त सामान्य विशेषताओं के अतिरिक्त कुछ अन्य बातें भी हैं, जिनका विवरण अनिवार्य है।

विज्ञापन की भाषा का सम्बन्ध अनुवाद से भी है सरकारी क्षेत्र में तो इसकी विशेष आवश्यकता पड़ती है। स्रोत भाषा से लक्ष्य भाषा में जब किसी विज्ञापन का रूपान्तर किया जाता है। अंग्रेजी से हिन्दी में अनुवाद करते समय प्रायः अनुवाद की भाषा वही नहीं रह जाती जो मूल अंग्रेजी में थी क्योंकि अंग्रेजी और हिन्दी की प्रकृति अलग-अलग है। विज्ञापन की भाषा के अनुवाद में अक्सर यह समस्या आती है और अनूदित भाषा में विज्ञापन की भाषा (अंग्रेजी से हिन्दी) प्रायः दुरूह, अनगढ़ और अनाकर्षक हो जाती है। अनूदित विज्ञापन की यह हिन्दी, हिन्दी भाषा की प्रकृति को क्षतिग्रस्त करती है। वस्तुतः अनुवाद हिन्दी की मूल प्रकृति के अनुकूल ही करना चाहिए और इसमें बोलचाल की हिन्दी का प्रयोग ही अधिकतर होना चाहिए। अंग्रेजी के एक विज्ञापन का हिन्दी अनुवाद यहाँ प्रस्तुत है जो हिन्दी की प्रकृति

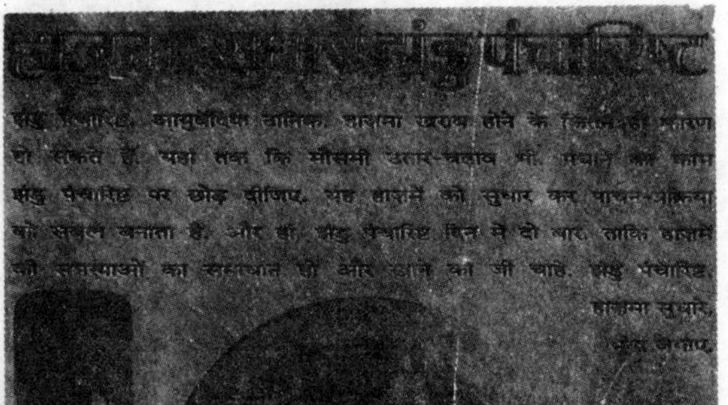

के अनुकूल नहीं है।

"हम स्वीकार करते हैं
हमारे
उच्च कार्य निष्पादन ऑयल
सर्वश्रेष्ठ हैं
हर मामले में...
सिर्फ एक के सिवाय
वो है दाम।"

अलंकार प्रयोग से किसी भी भाषा की छटा में निखार आ जाता है! विज्ञापन की हिन्दी भी आलंकारिक प्रयोग से अछूती नहीं है। अलंकार प्रयोग में संगीत और लय में वृद्धि होती है जिससे विज्ञापन और भी प्रभावशाली बन जाता है। यथा : दूध-सी सफेदी निरमा से आये।

विज्ञापन की भाषा में 'असली', 'शुद्ध' और 'टिकाऊ' नामक शब्दों पर बड़ा जोर दिया जाता है। बहुराष्ट्रीय कम्पनियाँ इसे विशेष तौर पर इस्तेमाल करती हैं जिससे लगता है कि हिन्दुस्तान में सब कुछ नकली, अशुद्ध और जीर्ण-शीर्ण है! किन्तु वास्तव में ऐसा नहीं है। यह केवल बहुराष्ट्रीय कम्पनियों का दुष्प्रचार है। यथा :

"टाइटन
क्वार्ट्ज
अन्तर्राष्ट्रीय शान की पहचान"

उपरोक्त विवेचन के आधार पर कह सकते हैं कि विज्ञापन की भाषा स्वयं

में विशिष्ट होती है। चूंकि विज्ञापन से सम्बन्धित उत्पादों का सीधा सम्बन्ध बहुसंख्यक जनता से होता है इसलिए आमतौर पर विज्ञापन की भाषा में उसी की बोलचाल वाली भाषा-शैली अपनाई जाती है। कई बार विज्ञापन की भाषा को प्रभावशाली रूप देने के लिए अलग-अलग ढंग से प्रयोग होते रहते हैं। जैसे 'यही है राइट च्वाइस बेबी' लेकिन कुल मिलाकर हिन्दी विज्ञापन की भाषा अभी परम्परागत स्वरूप लिए हुए है। लेकिन इसका मतलब यह नहीं है वह एकदम रूढ़िवादी है। हिन्दी वस्तुतः ऐसी भाषा है जो बहुत कुछ पचाने की क्षमता रखती है। उसका भविष्य उज्ज्वल एवं हृदय उदार है। उसमें समय-समय पर आवश्यकतानुसार परिवर्तन होते रहे हैं और होते रहेंगे।

6

विज्ञापन एजेंसी

आधुनिक उपभोक्तावादी समाज में विज्ञापन की भूमिका निर्णायक है। विज्ञापनी मिथक ने समूचे समाज-वातावरण को तेजी से प्रभावित किया है। परिणाम हमारे सामने है—हम क्या खाएँगे, क्या पहनेंगे, कैसे उठेंगे-बैठेंगे, यहाँ तक कि हम क्या सोचें अथवा क्या करें, इन सबका निर्धारण विज्ञापनों के माध्यम से हो रहा है। कहना अतिशयोक्ति नहीं होगा कि वर्तमान युग का संचालन विज्ञापन कर रहे हैं। विज्ञापन की महत्ता से स्पष्ट है कि विज्ञापन-कार्य को अंजाम देने के लिए विशेषज्ञों एवं पर्याप्त अनुभवी व्यक्तियों का होना अनिवार्य है। विज्ञापन एजेंसी इन्हीं विशेषज्ञों एवं अनुभवी व्यक्तियों के सामूहिक परिणाम हैं। चूँकि अन्य व्यवसायों की भाँति विज्ञापन भी एक व्यवसाय है इसलिए इस व्यवसाय में एजेंसी के माध्यम से व्यवस्था एवं गुणवत्ता प्रदान करने की कोशिश की जाती है।

सरकारी एवं गैर-सरकारी सभी क्षेत्रों के विज्ञापन एजेंसियों के माध्यम से तैयार किए जाते हैं। तथा सुविधा अथवा आवश्यकतानुसार इन्हें तमाम जनसंचार माध्यमों के जरिए विज्ञापित किया जाता है। सभी बड़े अथवा प्रमुख विज्ञापनकर्ता अपने 'उत्पाद' के प्रचार-प्रसार का दायित्व विज्ञापन एजेंसियों को सौंपते हैं तथा उनके प्रचार-प्रसार के लिए सही माध्यम के बारे में राय भी उन्हीं विशेषज्ञों से लेते हैं। इन विज्ञापन विशेषज्ञों को अपने क्षेत्र का पर्याप्त अनुभव होता है जिसका लाभ विज्ञापनकर्ता कम खर्च पर उठा लेते हैं क्योंकि सभी कम्पनियों के लिए यह सम्भव नहीं है कि वह अपने लिए अलग से विज्ञापन-विशेषज्ञ को नियुक्त कर सकें। किसी भी वस्तु के प्रति उपभोक्ता को किस प्रकार ललचाया जा सकता है, तथा उसे खरीदने के लिए मजबूर किया जा सकता है इसकी समझ विज्ञापन एजेंसियों को रहती है। विज्ञापन विशेषज्ञ एक प्रकार से समाज की 'दुखती रग' अथवा उसके

स्वभाव को अच्छी तरह समझते हैं। इसलिए 'वस्तु' के प्रति उपभोक्ता को तैयार करना अथवा 'वस्तु' के लिए बेहतर 'माँग' या मार्किट बनाना विज्ञापन एजेंसियों को बखूबी आता है। बहरहाल, विज्ञापन एजेंसी किसी भी कम्पनी के लिए विज्ञापन के तौर-तरीके पर विचार कर उसे तैयार करती हैं जिसके बदले में वे कम्पनियों से अथवा विज्ञापनकर्ता से बतौर पारिश्रमिक अच्छी-खासी रकम लेती हैं।

प्रायः विज्ञापन एजेंसी बतौर एक कम्पनी स्वतंत्र रूप से चलाई जाती है। लेकिन सरकारी अथवा गैर-सरकारी स्तर पर भी विज्ञापन एजेंसियाँ व्यवहार में देखने को मिलती हैं जो किसी संचार माध्यम के अंग के रूप में कार्यरत होती हैं। उदाहरण के लिए पत्र-पत्रिकाओं के संगठन में विज्ञापन प्रभाग अथवा आकाशवाणी, दूरदर्शन में विज्ञापन प्रभाग कार्यरूप में देखे जा सकते हैं। सरकारी स्तर पर 'डी ए वी पी' जैसा संगठन सरकारी कार्यनीतियों के प्रचार-प्रसार की दिशा में सक्रिय है।

समय के साथ-साथ विज्ञापन के स्वरूप में परिवर्तन आया है। आधुनिक विज्ञापन एजेंसियों के अस्तित्व के पीछे विज्ञापन के स्वरूप में बदलाव और आधुनिक उपभोक्तावादी समाज की भूमिका महत्त्वपूर्ण रही है। सन् 1905 ई. में 'बी दत्ताराम एण्ड कम्पनी' नाम से भारत में पहली आधुनिक विज्ञापन एजेंसी स्थापित हुई। औद्योगिकी के विकास के साथ-साथ विज्ञापन की आवश्यकता में बेतहाशा वृद्धि हुई। परिणामस्वरूप नित नई-नई विज्ञापन एजेंसियों की स्थापना होने लगी। सन् 1939-40 में आई. एन. एस. से मान्यता प्राप्त विज्ञापन एजेंसियों की संख्या 14 थी जो 1947 में बढ़कर 45 हो गई। वर्तमान में लिंटास, एच. टी. ए., कान्ट्रेक्ट, सिस्टा, जैसी सैकड़ों ऐसी विज्ञापन एजेंसियाँ कार्यरत हैं जो करोड़ों रुपए का वार्षिक व्यापार कर रही हैं। वर्तमान में भारतीय विज्ञापन एजेंसियाँ पूरी तरह से व्यावसायिकता की दौड़ में शामिल हो चुकी हैं। अपनी कार्यकुशलता एवं उपयोगिता के कारण विज्ञापन एजेंसियाँ आज किसी भी व्यवसाय अथवा 'मार्केटिंग' में अपनी महत्त्वपूर्ण भूमिका अदा कर रही हैं।

सन् 1905 में आधुनिक विज्ञापन की पहली एजेंसी भारत में बी. दत्ता राम एण्ड कं. थी। विशेषकर दूसरे महायुद्ध के बाद जब औद्योगीकरण भारत में आरम्भ होने लगा और व्यापार को भी आधुनिक तरीकों से चलाया जाने लगा तो विज्ञापन एजेंसियों की संख्या में भी वृद्धि हुई है। 1995 के आँकड़ों के अनुसार कई बड़ी विज्ञापन एजेंसियाँ हैं जिनमें से अनेक का व्यापार सैकड़ों करोड़ प्रतिवर्ष चल रहा है, उदाहरण के लिए 1988 में 10 ऐसी एजेंसियाँ थीं जिनका वार्षिक व्यापार 400 करोड़ रुपए से अधिक था–

लिंटास (61.3 करोड़), एच. टी. ए. (66 करोड़), मुद्रा (40 करोड़), ओ. बी. एम. (34.4 करोड़), क्लेरियन (32.2), एवरेस्ट (27) आर. के. स्वामी (25), कान्ट्रेक्ट (20), सिस्टा (18), और चैत्रा (16.5)। (स्रोत : इकोनॉमिक टाइम्स 15 दिसम्बर, 1988)

पहले की एजेंसियाँ छोटी होती थीं उनमें एक-दो या दो-चार लोग काम करते थे और उनका मुख्य काम पत्र-पत्रिकाओं में स्थान खरीदकर विज्ञापनदाताओं को बेचना था। इससे जो कमीशन उन्हें मिलता था वही उनकी आय का प्रमुख स्रोत था। दूसरे दौर तक आते-आते इन्होंने कलाकारों, पेन्टरों को सेवारत करके चित्रमय विज्ञापन आरम्भ कर दिए और विज्ञापन तैयार करके समाचार-पत्रों को भेजना आरम्भ किया। फिर कॉपी राइटिंग (प्रतिलेखन) का उत्तरदायित्व सँभाल लिया और इस प्रकार विज्ञापन एजेंसियों के कार्य का विस्तार होता चला गया। उनकी आर्थिक क्षमता, आय, निवेश, मानव संसाधन के साथ-साथ व्यावसायिक स्तरों का विकास होता गया।

भारत में वर्तमान में विज्ञापन एजेंसियाँ जिस आधुनिक और वैज्ञानिक तरीके से काम कर रही हैं उनकी तुलना किसी भी विकसित देश की विज्ञापन एजेंसी से की जा सकती है। उनकी कल्पना, सृजन और प्रस्तुति उच्च स्तर की है। दैनिक जीवन में काम आने वाली छोटी से छोटी वस्तु से लेकर बड़ी से बड़ी औद्योगिक वस्तुओं के विज्ञापन बड़े बेमिसाल तरीके से दिए जा रहे हैं। बाजार, उद्योग, व्यापार जैसे विज्ञापन के बिना सम्भव ही नहीं है ऐसी स्थिति पैदा हो गई है।

विज्ञापन उद्योग के तीन महत्त्वपूर्ण अवयव हैं जो एक-दूसरे पर निर्भर हैं :

(क) विज्ञापनदाता

(ख) माध्यम मीडिया

(ग) विज्ञापन एजेंसियाँ

विज्ञापन एजेंसियाँ दो प्रकार की हैं—एक तो वे जो स्वतंत्र व्यवसाय के रूप में स्थापित हैं और किसी भी विज्ञापनदाता या ग्राहक को धन के बदले अपनी विज्ञापन कला बेच सकती हैं और ग्राहक की बिक्री बढ़ाकर उसे भी संतुष्ट करती हैं।

दूसरी एजेंसी वह है जो केवल अपनी स्वामी कम्पनी की ही सेवा करती है। अर्थात् बड़ी कम्पनियाँ अपने व्यापार-विकास के लिए अपना ही एक विज्ञापन विभाग खोल लेती हैं जो 'अपनी एजेंसी' के तौर पर काम करता रहता है।

विज्ञापन एजेंसी के कार्य

कोई भी विज्ञापन एजेंसी अपने आकार, कार्यक्षमता और वित्तीय स्थिति के अनुरूप ही अपना कार्य विस्तार करती है। छोटी एजेंसी के पास, विशेषज्ञों का और धन का अभाव रहे तो वह अधिक व्यापार नहीं कर सकती। जबकि बड़ी-बड़ी विज्ञापन कम्पनियाँ अपने कामों को अनेक विभागों में बाँट देती हैं, उनके पास हर प्रकार के विशेषज्ञ उपलब्ध रहते हैं, धन-निवेश की क्षमता होने के कारण विज्ञापनकर्ता

से अनुबंध होते ही काम आरम्भ कर देती हैं। इसके अतिरिक्त हर प्रकार के विज्ञापनों का उत्तरदायित्व सँभाल लेती हैं। इसके ठीक विपरीत छोटी एजेंसियाँ ग्राहकों से काम लेकर माध्यमों में प्रकाशित या प्रसारित करवा पाती हैं। इनमें से कुछ केवल बाह्य विज्ञापनों का काम करती हैं, कुछ रेडियो या टी. वी. के विज्ञापनों का काम करती हैं, इसी प्रकार कुछ पत्र-पत्रिकाओं में स्थान लेकर प्रकाशित करवाने तक सीमित रहती हैं।

विज्ञापन एजेंसियों के निम्नलिखित कार्य हो सकते हैं :

1. विपणन सेवा
2. नए विज्ञापनदाता खोजना और पुरानों को बनाए रखना
3. विज्ञापन सृजन
4. माध्यमों का चयन
5. ट्रैफिक कंट्रोल
6. बिक्री संवर्धन एवं जन सम्पर्क में सहायता
7. प्रिंट उत्पादन
8. अन्य गतिविधियाँ

1. विपणन सेवा : विज्ञापन एजेंसी को बाजार के रुख तथा उसकी अद्यतन स्थिति की पूर्ण जानकारी होनी चाहिए। क्षेत्रीय, राष्ट्रीय और अन्तर्राष्ट्रीय बाजारों में क्या चल रहा है यह सब लेखा-जोखा उसके पास रहना चाहिए। इस काम में किसी मार्केट मैनेजर की मदद ली जा सकती है, इसके बाद एक अच्छी विपणन योजना तैयार की जा सकती है। बाजार के विशेषज्ञ यह जानते हैं कि उपभोक्ता की सामाजिक, आर्थिक, राजनैतिक और सांस्कृतिक पृष्ठभूमि कैसी है और उसके परिणामस्वरूप उसकी माँग किस स्तर की हो सकती है।

2. नए विज्ञापनदाता खोजना : इस दिशा में हर विज्ञापन एजेंसी दो काम करती है। एक तो बाजार से नित्य नए विज्ञापनदाता ग्राहक खोजती रहती है। ऐसी विज्ञापनदाता कम्पनियाँ जिनकी आर्थिक स्थिति सुदृढ़ हो, सुसंचालित हो, जिनके उत्पाद उत्तमकोटि के हों, जिनका व्यवहार खरा व ईमानदारीपूर्ण हो। कंपनियाँ ऐसी होनी चाहिए जो विज्ञापन, विपणन, एजेंसी-विज्ञापनदाता सम्बन्धी मूल नीतियों और मानकों के बारे में व्यावसायिक (प्रोफेशनल) नजरिया रखती हों, विकासशील हों और आधुनिकतम तकनीक अपना रही हों। कुछ विज्ञापन एजेंसियाँ जो सुस्थापित व प्रसिद्ध हैं, यह भी शर्त लगा देती हैं कि अमुक कम्पनी से कम से कम अमुक धनराशि का वार्षिक विज्ञापन व्यापार मिलना चाहिए। एक विज्ञापन एजेंसी एक उत्पाद के दो निर्माताओं–जो व्यवसाय में प्रतिस्पर्धी हों, से व्यापार नहीं करना चाहेगी क्योंकि एक-दूसरे के विरोधी/प्रतिस्पर्धी उत्पादों का विज्ञापन देना उसके लिए न तो व्यावहारिक है और न ही नैतिक दृष्टि से उचित है।

एक एजेंसी अपने विज्ञापनदाताओं की खोज के लिए भी विज्ञापन दे सकती है, जिस विज्ञापन में अपनी एजेंसी के बारे में विस्तार से बताया जाए, उपलब्धियों व व्यापारिक क्षमताओं के बारे में जानकारी दी जाए। किन्तु अधिकतर एजेंसियाँ अपने ग्राहक व्यक्तिगत सम्पर्क से पैदा करती हैं। यही तरीका प्रभावी और अच्छा व्यापार दिलाने वाला सिद्ध हुआ है। इसमें लाभ यह है कि ग्राहक कम्पनी के स्वामी, प्रबंधक अथवा इस उद्देश्य के लिए नियुक्त अधिकारी से आमने-सामने बैठकर बात हो जाती है, एजेंसी अपने बारे में, अपनी आर्थिक व सृजनात्मक क्षमता के बारे में, अपने द्वारा किए गए पूर्व व्यापार का सन्दर्भ देकर यह आश्वासन दिला सकती है कि हमारी एजेंसी अन्य एजेंसियों की अपेक्षा उनकी कम्पनी को अच्छी व आधुनिकतम सेवाएँ प्रदान करके अधिक से अधिक लाभ पहुँचा सकती है। आवश्यकता पड़ने पर थोड़ा धन कम्पनी से लेकर एजेंसी अपने काम की रूपरेखा अथवा परिकल्पित प्रस्तुति (Speculative Presentation) बना कर दे सकती है जिसके द्वारा एजेंसी अपने सृजनात्मक कौशल का प्रदर्शन कर अपनी ग्राहक कम्पनी को आश्वस्त कर सकती है। इस प्रकार का व्यक्तिगत सम्पर्क करने का उत्तरदायित्व एजेंसी एक व्यक्ति को सौंप देती है जिसे कान्टेक्ट मैन (Contact man) या सम्पर्क कर्ता अथवा अकाउंट एक्जीक्यूटिव (Account Executive) कहते हैं।

एजेंसी का दूसरा महत्त्वपूर्ण कार्य अपने पुराने और नए ग्राहकों से विज्ञापन प्राप्त करते रहना है। क्योंकि नए ग्राहकों से काम लेने मात्र से एजेंसी नहीं चलती अपितु पुराने ग्राहकों से अपने सम्बन्ध सम्पर्क बनाए रखना पड़ता है उनसे भी बराबर व्यापार लेना पड़ता है।

3. विज्ञापन सृजन : एजेंसी के कर्मचारी किसी भी व्यवसाय के लिए एक रचनात्मक पृष्ठभूमि अवश्य तैयार करते हैं जिसके लिए ऐसे कलाकार इनके पास होते हैं जो सामान्य से सामान्य सूचना या विषय को इतना चटपटा और आकर्षक बनाकर अपने सन्देश को एक नया और विशिष्ट आयाम प्रदान कर देते हैं जिससे आम बात भी खास लगने लगती है। इस काम के लिए एजेंसी एक कार्यप्रणाली अपनाती है जिसमें आधुनिक तकनीकों के प्रयोग से विभिन्न स्तरों से गुजरती है।

(क) कला : अपनी प्रस्तुति को सुन्दर, आकर्षक व कलात्मक बनाने के लिए विज्ञापन एजेंसी सुन्दर छाया-चित्रों की खोज करती है जिनके द्वारा पाठकों/उपभोक्ताओं के मन को मोह लिया जाए। मनुष्य स्वभावतः सौन्दर्य प्रेमी है अतः सुन्दर विज्ञापन उसके ध्यान को बरबस आकर्षित कर लेता है। इस कार्य के लिए अलग से एक कला विभाग होता है, जो कच्चे खाके तैयार करने से लेकर विज्ञापनों को अन्तिम रूप देने के लिए दिन-रात परिश्रम करते हैं। विज्ञापन सृजन के लिए बाजार से कोई सामग्री, फोटो, चित्र आदि खरीदने हों या किसी Model आदि की मदद लेनी हो तो यह काम भी कला विभाग की देख-रेख में होता है। इसके

अतिरिक्त टाइप सैटिंग करवाना, ब्रोमाइड आर्ट पुल निकलवाना, इन्ग्रेविंग करवाना, ब्लाक/स्टीरियो/प्लेटें बनवाना, मुद्रण आदि भी कला विभाग की जिम्मेदारी है।

(ख) कॉपी : एजेंसी में विज्ञापन में प्रयुक्त पाठ्य सामग्री, शब्दावली, शीर्षक, उपशीर्षक या कोई नारा, आदि को तैयार करने के लिए एक कॉपी विभाग होता है, जो कॉपी निदेशक या मुख्य कॉपी राइटर के अधीन काम करता है। कॉपी को विज्ञापन का प्राण कहा जाता है क्योंकि शीर्ष पंक्ति, उपशीर्षक, बॉडी कॉपी, कम्पनी का नाम, पता, मुख्य नारा आदि पाठ्य सामग्री शामिल रहती है। इसमें मौलिकता और नवीनता अनिवार्य है। ताकि पाठकों/उपभोक्ताओं का ध्यान आकर्षित कर सके। अच्छी कॉपी तैयार करने वाला व्यक्ति भाषा का समुचित ज्ञान रखने के साथ-साथ बाजार, उत्पादों व उपभोक्ताओं की रुचि का अच्छा ज्ञाता रखता है। कॉपी की भाषा सरल व चुस्त होनी चाहिए। कॉपी बिक्री की ओर ले जाने वाली, ग्राहक को प्रोत्साहित करने वाली होनी चाहिए। एजेंसी का अनुसंधान विभाग भी इस कार्य में मार्गदर्शक का काम करता है।

(ग) शोध : विज्ञापन एजेंसी बाजार पर निरंतर नजर रखने, उसकी अद्यतन जानकारी रखने के लिए उपभोक्ता सर्वेक्षण (Consumer Research) और बाजार सर्वेक्षण (Market Survey) की सहायता लेती है और उपभोक्ताओं की रुचियों, रुझान, पसन्द, आवश्यकता आदि का ज्ञान रखती है। विज्ञापन का उपभोक्ताओं पर कितना प्रभाव पड़ा है, कोई विशेष विज्ञापन किसी विशेष मीडिया/माध्यम से कितने लोगों तक पहुँचा, यह जानकारी भी एजेंसी को रखनी पड़ती है।

4. माध्यम चयन : विज्ञापन एजेंसी में एक ऐसा विभाग रहता है जो माध्यमों के बारे में ताजा जानकारी रखता है, उसका अध्ययन विश्लेषण करता है, इस विभाग का नाम माध्यम योजना (मीडिया प्लानिंग) विभाग है। कौन-कौन से माध्यम उपलब्ध हैं, उनकी प्रसार संख्या क्या है, उनके पाठकों का वर्गीकरण क्या है, उनकी विज्ञापन दरें क्या हैं और वे किस प्रकार की विज्ञापन सामग्री की अपेक्षा रखते हैं, पाठक या दर्शकों की बदलती हुई रुचि का भी ध्यान रखा जाता है। पाठकों/दर्शकों की रुचियों में विभिन्नता को ध्यान में रखते हुए अलग-अलग विज्ञापनों के डिजाइन तैयार किए जाते हैं। एक ही वस्तु के लिए कई विज्ञापन माध्यमों का चयन किया जाता है जिसे 'मीडिया मिक्स' कहते हैं।

तैयार किए गए विज्ञापनों को कब, कहाँ, कैसे, कितने स्थान या कितने समय के लिए जारी (रिलीज) किया जाए इसकी सारी समय सारणी और विवरण मीडिया प्लानिंग विभाग के पास रहती है। इस विभाग का एक कर्मचारी/अधिकारी समय या स्थान की अग्रिम बुकिंग करवा लेता है। उधर ग्राहक की अनुमति के बाद उस विज्ञापन को माध्यम तक पहुँचा कर यह देखना कि वे समय पर प्रकाशित/प्रसारित हुए या नहीं यह भी इसी विभाग का कर्तव्य है। यही विभाग माध्यमों से प्राप्त

बिलों की जाँच करके भुगतान के लिए प्रेषित करते हैं। कुछ एजेंसियों में इस विभाग के कार्य को सुचारु रूप से चलाने के लिए एक अधिकारी अलग से नियुक्त कर लिया जाता है जिसे मीडिया प्लानिंग डायरेक्टर कहते हैं।

5. ट्रैफिक कंट्रोल : कुछ बड़ी विज्ञापन एजेंसियों में अलग से एक ट्रैफिक कंट्रोल विभाग रहता है जिसका काम पूरी एजेंसी के सभी विभागों में विज्ञापन लेने से प्रसारित करने तक की प्रक्रिया यानी पूरे अभियान को एक समयबद्ध योजना के रूप में तैयार करना है। यह सभी विभागों द्वारा किए गए कामों की जानकारी रखता है। किसी विभाग द्वारा समय पर अपना काम पूरा न किए जाने पर उन्हें शैड्यूल यानी समय सारणी में दी गई समय-सीमा का स्मरण करवाता है। यह विभाग यदि किसी एजेंसी में है तो विज्ञापन को माध्यम तक पहुँचाने का काम भी करता है, जहाँ यह विभाग नहीं है, वहाँ माध्यम विभाग इस कार्य को सम्पन्न करता है जैसा कि पहले बताया जा चुका है।

6. बिक्री संवर्धन व जनसंपर्क : अनेक एजेंसियों ने अपने कार्य को कुशलता से पूरा करने के लिए एक विभाग बनाया हुआ है जो ग्राहक उत्पादक कम्पनी को बाजार सर्वेक्षण, बिक्री संवर्धन और जनसम्पर्क जैसी सेवाएँ भी प्रदान करता है। यह विभाग उपभोक्ता को जागरूक व शिक्षित करने से लेकर, प्रदर्शनियाँ लगाने, बिक्री बैठकें करने, डीलरों से बैठकें करने, प्रेस सम्मेलन करने, प्रेस विज्ञप्तियाँ तैयार करने, पत्र-पत्रिकाओं, ब्रोशरों, पैम्फलेटों के प्रकाशन करने तक का सारा काम करता है। बिक्री संवर्धन में सहायक होने वाले अन्य काम भी विज्ञापन एजेंसियों के इन विभागों द्वारा किए जाते हैं—जैसे नए पैकेजिंग का सुझाव, ब्रांड नाम का चयन करने की कम्पनी को सलाह देना, उत्पादों के वितरण के तरीके बताना, फैशन शो आयोजित करना, सेल्ज कर्मचारियों का चयन करने में दिशा-निर्देश करना आदि।

7. प्रिंट उत्पादन : कई एजेंसियों में इस कार्य को सम्पन्न करने के लिए अलग एक छोटा-सा विभाग बना दिया जाता है जो छपाई विशेषज्ञों द्वारा संचालित होता है। ये लोग किसी भी विज्ञापन की छपाई के तौर-तरीके, आकार, डिजाइन और प्रिंटों के पुनरुत्पादन (Reproduction) आदि के प्रति उत्तरदायी होते हैं।

8. अन्य गतिविधियाँ : एजेंसी में एक लेखा विभाग आवश्यक है जो आय-व्यय का विवरण तैयार करता है, मीडिया से या अन्य विशेषज्ञों से जो बिल प्राप्त होते हैं उन्हें पास करके भुगतान करता है। ग्राहक कम्पनियों को बिल भेजना, उनसे भुगतान मँगवाना, रिकार्ड रखना, करों आदि का भुगतान करना, आडिट करवाना इसी विभाग की जिम्मेदारी है। इसके अतिरिक्त कार्यालय के रखरखाव, बिजली, पानी, फर्नीचर व छोटी-मोटी दैनिक आवश्यकताओं की पूर्ति के लिए एक केयर टेकर या एस्टेट अधिकारी रख लिया जाता है जो कार्यालय की सुरक्षा की भी जिम्मेदारी वहन करता है।

विज्ञापन एजेंसी की कार्यप्रणाली

किसी विज्ञापन एजेंसी की कार्यप्रणाली वहाँ से आरम्भ होती है जब एकाउंट एक्जीक्यूटिव, जिसे पहले कटैक्ट मैन यानी सम्पर्क करने वाला व्यक्ति कहा जाता था, ग्राहक कंपनी या विज्ञापनदाता के अधिकारी के साथ बैठकर विज्ञापन की माँग करता है। ग्राहक विज्ञापन एजेंसी के इस प्रतिनिधि की बात और एजेंसी की कार्यक्षमता आदि से प्रभावित होकर काम का आदेश दे देता है तो विज्ञापन-कार्य का शुभारम्भ होता है। इसी बातचीत में जहाँ ग्राहक एजेंसी के बारे में जानकारी हासिल करता है, वहाँ एकाउंट एक्जीक्यूटिव भी कम्पनी के बारे में, उसके उत्पाद, उसकी आर्थिक स्थिति, उसके उद्देश्य, उसके भावी उपभोक्ताओं आदि के बारे में पूर्ण जानकारी प्राप्त कर लेता है। एजेंसी में वापस लौटकर यह अधिकारी एजेंसी के विभिन्न विभागों के अधिकारियों के साथ बैठकें करके काम को समझने-समझाने की प्रक्रिया चलाता है। ग्राहक की आशाओं-आकांक्षाओं के बारे में जानकारी देता है, जिसके आधार पर, कापी, कला, मीडिया, प्लानिंग आदि विभागों में समन्वय स्थापित करके विज्ञापन तैयार करने से जारी करने तक की पूरी प्रक्रिया चलती है। विज्ञापन की इस प्रक्रिया को विभिन्न स्तरों पर विभिन्न विभागों से कैसे गुजरना पड़ता है इसे इस प्रकार देखा जा सकता है :

एजेंसी की आय

एजेंसी की आय का सबसे बड़ा साधन तो पत्र-पत्रिकाओं के प्रकाशकों से प्राप्त होने वाला कमीशन है। एजेंसी जिन कम्पनियों के विज्ञापन रेडियो, टी. वी., पत्र-पत्रिकाओं में प्रसारित/प्रकाशित करती है, उसके भुगतान का 15% कमीशन एजेंसी को प्राप्त होता है। यह 15% कमीशन उन्हीं एजेंसियों को प्राप्त होता है जिनको इंडियन न्यूजपेपर सोसायटी से मान्यता प्राप्त है। मान्यता प्राप्त करने के लिए अन्य शर्तों के अतिरिक्त एजेंसी की वार्षिक आय कम से कम सोसायटी द्वारा निर्धारित–जैसे कम से कम 6 लाख रुपए होनी चाहिए, इसकी वित्तीय स्थिति अच्छी हो, कम से कम पाँच-सात राष्ट्रीय स्तर की कम्पनियाँ इसकी ग्राहक हों। मान्यता प्राप्त एजेंसी को 60 दिन के उधार की सुविधा भी उपलब्ध है। इसके अतिरिक्त जो एजेंसियाँ इस काम में लगी हैं किन्तु उन्हें मान्यता प्राप्त नहीं है, 10 प्रतिशत कमीशन प्राप्त कर सकती हैं।

एजेंसी की आय का दूसरा साधन इनके द्वारा दी गई सेवाओं के बदले प्राप्त होने वाला पारिश्रमिक जैसे–कला फोटोग्राफी, मॉडलिंग, ब्लाक, मेट, प्लेट आदि बनाने का काम।

विज्ञापनों के व्यावसायिक स्तर को सुधारने व विकसित करने का काम

विज्ञापन एजेंसियाँ ही करती हैं। एजेंसी द्वारा दिए गए विज्ञापनों का भुगतान अवश्य होता है अतः भुगतान न होने का खतरा लगभग नहीं रहता है।

विज्ञापन एजेंसी की उपयोगिता

निर्माता विज्ञापन एजेंसियों की सेवाएँ क्यों लेते हैं? अधिकांश बड़ी निर्माता कम्पनियाँ अपने उत्पादों के विज्ञापन हेतु किसी विज्ञापन एजेंसी की सेवाएँ लेती हैं। क्योंकि एजेंसियों के पास अपने ग्राहक की इच्छा के अनुरूप विज्ञापन तैयार करके प्रसारित करवाने की पूरी व्यवस्था है, अनेक स्तरों के अलग-अलग विशेषज्ञ इनके पास उपलब्ध हैं। इन्हें बाजार की, उपभोक्ता की, मीडिया की अच्छी जानकारी रहती है। यह कम्पनियों को मालूम है कि एजेंसी कितनी अच्छी तरह से इस काम को कम व्यय पर कर सकती है उनका अपना विज्ञापन विभाग यदि करेगा तो उस पर व्यय तो अधिक आएगा ही और हो सकता है उतनी प्रोफेशनल कुशलता इन्हें प्राप्त न हो, अतः एजेंसी के माध्यम से कम्पनियाँ विज्ञापन देना पसन्द करती हैं।

कम्पनियाँ एजेंसियों से सलाह लेती रहती हैं। ग्राहकों तक अपने उत्पाद के सन्देश को कैसे पहुँचाएँ, विज्ञापनों की अपील कैसी हो, किस आकार व डिजाइन के विज्ञापन हों। विज्ञापनों के लिए मीडिया क्या हो, समय क्या हो, मीडिया मिक्स किस अनुपात में किया जाए आदि मामलों में भी विज्ञापन एजेंसी ही अच्छी सलाह दे सकती है।

एजेंसी क्योंकि अनेक कम्पनियों के लिए विभिन्न प्रकार के विज्ञापन तैयार करके प्रसारित करती है इसलिए उनका अनुभव बहुत अधिक हो जाता है और अनेक नई बातें तो वे अपने ग्राहकों से ही सीख लेते हैं जो भावी ग्राहकों के लिए होने वाले विज्ञापनों में जोड़ ली जाती हैं। अतः इनकी विज्ञापन कला दिन-प्रतिदिन निखरती और विकसित होती रहती है। विज्ञापनों की प्रतिस्पर्धी कम्पनियों की जानकारी भी एजेंसी को रहती है। यदि कोई कम्पनी माध्यम के पास सीधे जाए तो उसे विज्ञापन की परिकल्पना, तैयारी, प्रस्तुतीकरण से लेकर प्रसारित करवाने तक का काम स्वयं करना पड़ेगा जिससे उसका व्यय तो बढ़ेगा ही उसका समय भी अधिक नष्ट होगा। इन सब झंझटों से बचने के लिए, कम खर्च और सही समय पर काम करवाने के लिए निर्माता कम्पनी अपने विज्ञापन एजेंसियों के द्वारा ही माध्यम तक पहुँचाकर प्रकाशित/प्रसारित करवाती है।

विज्ञापन एजेंसी का प्रशासन

एजेंसी के काम-काज को सुव्यवस्थित ढंग से चलाने के लिए काम को अनेक विभागों में बाँट दिया जाता है और ये विभाग भी अपने अधीन इकाइयों को काम

सौंप देते हैं। सभी विभागों व इकाइयों के काम-काज की देखभाल करने के लिए अनेक अधिकारियों की नियुक्ति की जाती है जो अपने विभाग के लिए पूर्णतः उत्तरदायी होते हैं।

मैनेजर : एजेंसी के सारे कार्यों को प्रबन्धित करने वाला एक व्याक्ति—वह एजेंसी का स्वामी भी हो सकता है और नियुक्त किया गया अधिकारी भी हो सकता है, प्रबंधक या मैनेजर कहलाता है। सभी विभागों के काम को देखना, समन्वय स्थापित करना, एजेंसी के आय-व्यय पर नजर रखना, व्यावसायिक विकास, कर्मचारियों के कल्याण, ग्राहक कम्पनियों की सद्भावना आदि का ध्यान रखता है।

एकाउंट एक्जीक्यूटिव : एजेंसी का वह कर्मचारी जो ग्राहक कम्पनी से सम्पर्क स्थापित करके विज्ञापन के रूप में व्यापार प्राप्त करता है उसे कन्टैक्ट मैन या एकाउंट एक्जीक्यूटिव (Contact Man or Account Executive) कहा ज़ाता है। लेखा (Account) से इस व्यक्ति का कोई सरोकार नहीं है। अपितुं ग्राहक कम्पनी से काम लेने वाला यह व्यक्ति सम्पर्क करने, अपनी एजेंसी के बारे में जानकारी देने, ग्राहक कम्पनी के बारे में पूरी जानकारी प्राप्त करने, ग्राहक की आवश्यकता को समझने और ग्राहक से विज्ञापन आदेश लेने का महत्त्वपूर्ण कार्य करता है। दरअसल एजेंसी और ग्राहक कम्पनी के बारे में मुख्य कड़ी के रूप में काम करने वाला यह कर्मचारी जहाँ एक ओर एजेंसी के बारे में सबसे अधिक जानता है वहाँ दूसरी ओर ग्राहक कम्पनी के बारे में सबसे अधिक और सही जानकारी भी उसी को रहती है। कम्पनी किस स्तर की है, किस आकार की है, उसकी वित्तीय स्थिति कैसी है, उसकी समस्याएँ क्या हैं, उसका उत्पाद किस क्षेत्र का है, किस प्रकार का विज्ञापन उन्हें चाहिए, किस क्षेत्र में, किस माध्यम से विज्ञापन प्रसारित करवाना चाहते हैं, यह सारी जानकारी प्राप्त करने के बाद ही एजेंसी को विज्ञापन तैयार करने के लिए निर्देश दिया जाता है। छोटी एजेंसियों में स्वामी या प्रबन्धक स्वयं हीं यह उत्तरदायित्व निभाता है।

एक अच्छा एकाउंट एक्जीक्यूटिव विज्ञापन कला का अच्छा ज्ञाता होने के साथ, व्यवहार कुशल हो, वार्ता में निपुण हो, ग्राहक कम्पनी के अधिकारियों को प्रसन्न रख सकता हो। मधुर स्वभाव वाले इस व्यक्ति में अच्छे सेल्जमैन के सारे गुण होने चाहिए।

मार्केट मैनेजर : एजेंसी में बाजार सर्वेक्षण, अध्ययन विश्लेषण करने वाला यह अधिकारी बाजार अनुसंधान प्रबन्धक (Market Research Manager) का काम भी करता है। इसका काम नए बाजारों का पता लगाना, उनका अध्ययन करना, बाजारों को विज्ञापन वितरण हेतु स्वीकृत करना, पैकेजिंग, ब्रांड का मूल्यांकन, वस्तु का प्रस्तुतीकरण आदि है। वह सर्वेक्षण कम्पनियों, सांख्यिकी विभागों से सम्बद्ध

अमेरिकन एसोशिएशन ऑफ एडवर-टाइजिंग एजेंसी के मानक के आधार पर एक विज्ञापन संस्था का संगठन

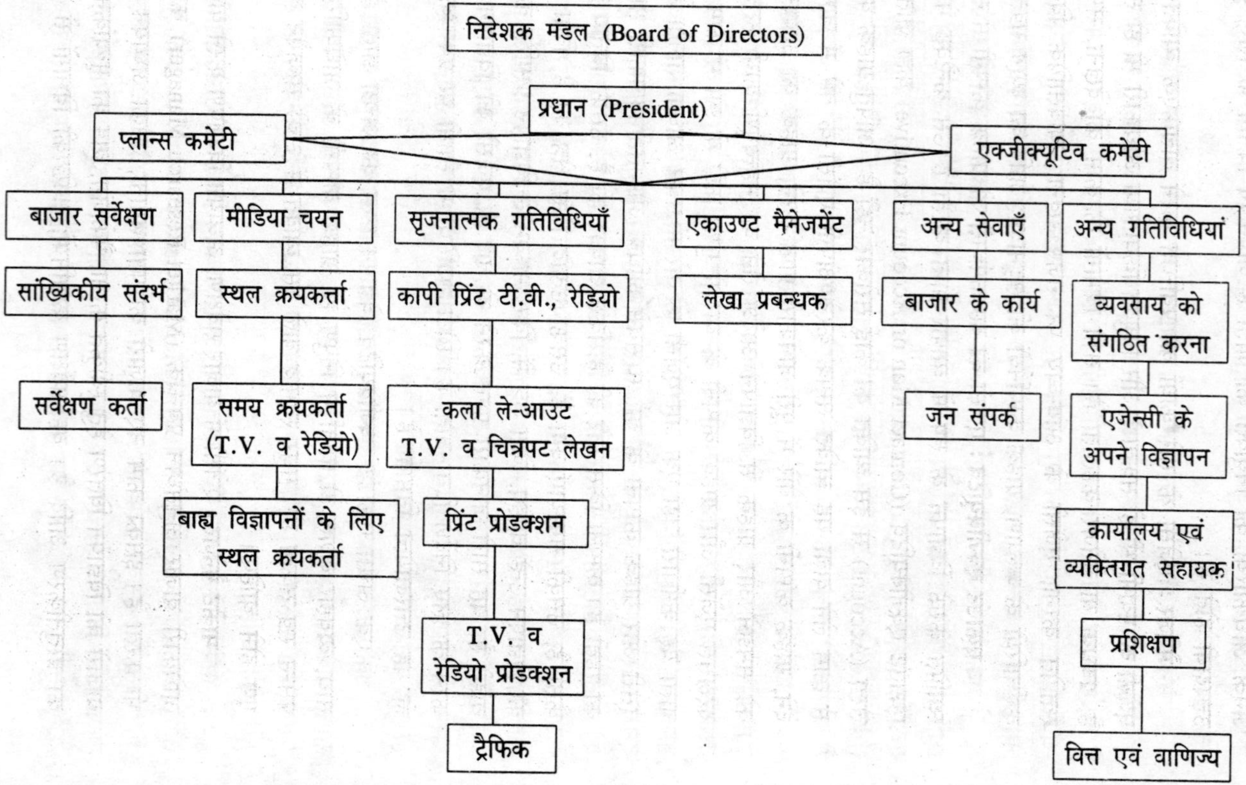

शोध संस्थानों से सम्पर्क बनाए रखता है।

मीडिया क्रयकर्ता : इसे मीडिया संयोजक भी कहा जाता है। छोटी एजेंसियों में कार्यरत इसी कर्मचारी का नाम स्थल क्रेता (Space buyer) होता है, जो माध्यमों का मूल्यांकन करता है, किराए पर स्थान खरीदता है, योजना तैयार करता है, विज्ञापन दरें आदि तय करता है। बड़ी एजेंसियों में तो अलग-अलग मीडिया के लिए अलग-अलग व्यक्ति नियुक्त रहते हैं।

कॉपी लेखक (Copy Writer)

कॉपी लेखक विज्ञापन एजेंसी में कॉपी प्रमुख के अधीन काम करता है, यह मुक्त लेखन करके कमीशन के आधार पर भी काम कर सकता है अथवा एजेंसी की रचनात्मक इकाई का अंग भी हो सकता है। प्रकाशन हेतु पूरी सामग्री को कॉपी कहा जाता है जिसमें वह धातु पत्र जिसके साँचे में विज्ञापन का पूरा ले आउट, टाइप से छपा भाषा-सन्देश, कलात्मक कार्य, चित्र आदि मुद्रक के लिए 'कॉपी' है। किन्तु विज्ञापन में कॉपी लेखक का अर्थ– विज्ञापन में शब्द रचना, नारा, सन्देश तैयार करनेवाले व्यक्ति से है। कॉपी लेखक जितना ही शिक्षित, जागरूक और प्रतिभाशाली होगा, उतना ही उसका सृजन उत्तम होगा। उसे यह ज्ञान होता है कि वह किस माध्यम के लिए लिख रहा है–प्रेस, पोस्टर, पत्रक, रेडियो, टेलीविजन। वह यह भी जानता है कि नारा, शीर्षक, उपशीर्षक, कथोपकथन, नियमावली, गीत, कविता का कहाँ और कैसे प्रयोग किया जाना चाहिए। विज्ञापन की केन्द्रीय विषयवस्तु तैयार करने का उत्तरदायित्व भी कॉपी लेखक का है।

कला निदेशक (Creative Director)

कला निदेशक लेखन एवं कला दोनों में निपुण होता है। सृजनात्मक तत्त्वों को संकलित करने वाला बाहर से मुक्त लेखन चित्रण अथवा स्टूडियो आदि की सेवाओं की व्यवस्था करता है। वह जहाँ एक ओर प्रशासन से तालमेल रखता है दूसरी ओर व्यावसायिक साथियों जैसे मीडिया प्लानर, मीडिया बायर से भी सहयोग करता है। कॉपी लेखन, अभिकल्पना और मुद्रण का निर्देशन वाले सभी कार्य कला निदेशक की देखरेख में होते हैं।

दिग्दर्शक (Visualiser) **:** एक कलाकार जो तुरन्त रेखांकन द्वारा कच्चे खाके तैयार करता है इन कच्चे खाकों को लापरवाह चित्रांकन या दृष्टांकन भी कहते हैं। दिग्दर्शक कॉपी लेखक द्वारा प्रयुक्त शब्दावली के साथ इनका सामंजस्य स्थापित करता है और प्रस्तुतीकरण के कई खाके तैयार करता है।

संयोजनकार (Lay Out Artist) **:** दृष्टांकनों के आधार पर अभिकल्प तैयार

करता है जो मुद्रित विज्ञापन के काफी करीब होते हैं। वह कॉपी और चित्र का संयोजन करता है।

टाइप लेखक (Typographer) : यह कलाकार टाइप शीर्षों की जानकारी रखता है और टाइपों के अनेक प्रकार के मनोवैज्ञानिक प्रभावों की जानकारी रखता है। किस विषय के विज्ञापन में कौन-सा टाइप फेस उपयुक्त रहेगा उनका भार, नाप और अन्तराल क्या होना चाहिए, इस बात का ध्यान रखता है। एक अच्छा टाइपोग्राफर विज्ञापन को सुन्दर एवं मौलिक बनाता है वह इसे पढ़ने में सरल और सुखद बनाता है।

परिष्करण कलाकार (Finishing Artist) : विज्ञापन के समग्र व अन्तिम ले आउट को चित्रित करता है।

नियंत्रक (Traffic Controller) : बड़ी विज्ञापन एजेंसियों में यह अधिकारी एजेंसी के विभिन्न विभागों में चल रही गतिविधियों की जानकारी रखता है, उनमें तालमेल स्थापित करने या करवाने का प्रयास करता है। विज्ञापन तैयार होने की प्रक्रिया में किसी भी स्तर पर कोई बाधा उपस्थित न हो इस बात का भी ध्यान रखता है अतः वह सभी विभागों से निरन्तर सम्पर्क बनाए रखता है। जिस प्रकार से ट्रैफिक पुलिस का काम यातायात को चलायमान रखने का है उसी प्रकार एजेंसी में ट्रैफिक कंट्रोलर का काम समय-सारणी का पालन करवाते हुए काम को चालू रखने का है।

लेखाकार : उसे वित्त निदेशक भी कहा जाता है। यह ग्राहक कम्पनी के विज्ञापन के प्रसारित होने के तुरन्त बाद बिल तैयार करके भुगतान के लिए प्रस्तुत करता है। एजेंसी में आय-व्यय का ब्यौरा रखता है, ग्राहक से भुगतान मँगवाने की व्यवस्था करता है जो एजेंसी को कमीशन के रूप में आय प्रदान करता है।

इनके अतिरिक्त एजेंसी बहुत सारे कार्य बाहर के विशेषज्ञों से करवाती है, इन्हें अनुषंगी सेवाएँ कहा जाता है जो इस प्रकार हैं :

1. टाइप सैटर (Typesetter)
2. उत्कीर्णक (Prosses engraviors)
3. मुद्रणफलक निर्माता (Sterio Typers)
4. कला कक्ष (Art Studio)
5. कला अभिकर्ता (Art agent)
6. अभिकल्प परामर्शदाता (Design consultants)
7. छायाकार (Photographers)
8. अनुशोधक (Retouchers)
9. फिल्म निर्माता (Film producers)
10. मुद्रक (Printers)

11. प्रदर्शक (Display producers)
12. प्रदर्शन स्थल का अभिकल्प एवं निर्माता
(Exhibition stand designers and constructors)
13. सीधी डाक सेवा कर्ता (Direct Mail Producers)
14. मुक्त कॉपी लेखक एवं दिग्दर्शक (Freelance Copy Writers and Visualisers)
15. अनुवादक (Translators)
16. मंडी सर्वेक्षण सेवाएँ (Market research services)
17. बहिरंग विज्ञापन अभिकर्ता (Outdoor Advertising agents)
18. घर घर जाकर वितरण करने वाले (Door to door distributors)
19. जन संपर्क परामर्शदाता (Public relation consultants)
20. तिजारती/विक्रय वृद्धि सेवाएँ (Merchandiser/Sales Promotion Services)

इसी क्रम में कुछ और सेवाएँ भी जोड़ी जा सकती हैं जिनका सीमित उपयोग होता है, जैसे–

शुष्क फोटो प्रतियाँ निकालना (Xerox copying)

सज्जा सेवाएँ (Floral Services)

खानपान प्रबन्धकर्ता (Caterers)

प्रतिरूपों की व्यवस्था करने वाली सस्थाएँ (Girl Agencies Which supply models)

निदर्शक (Demonstrators)

काउण्टर पर बिक्री करने वाली महिलाएँ (Sales Women)

दुकान/प्रदर्शन स्थल को सजाने वाले (Window dressing Services)

दार्ष्टिक विज्ञापन प्रेषक (Visual aids Suppliers)

प्रदर्शन के साधन (Display equipments)

इस प्रकार विज्ञापन एजेंसी विभिन्न तत्त्वों का पोषण करती है तथा विभिन्न अभिकरणों को कार्य देती है।

विज्ञापन एजेंसियों का चुनाव

एक विज्ञापनदाता कम्पनी और एजेंसी के बीच का सम्बन्ध अत्यन्त संवेदनशील होता है। दोनों के बीच के सम्बन्ध की तुलना विवाह से की जाती है। विवाह से पूर्व जिस तरह होने वाली पत्नी के गुणों एवं कार्यों पर ध्यान दिया जाता है ठीक उसी प्रकार विज्ञापनदाता कम्पनी एजेंसी का चुनाव करती है। एजेंसी के चुनाव की

प्रक्रिया में निर्माता कम्पनी, उस एजेंसी के गुणों और उसकी कार्यक्षमताओं का आकलन करती है। विवाहोपरान्त पति-पत्नी परस्पर एक-दूसरे को समझने की कोशिश करते हैं, स्वीकार करते हैं। अपने सम्बन्धों को सुचारु रूप से चलाने तथा स्वयं को एडजस्ट करने के लिए समझौते करने पड़ते हैं। इसी तरह निर्माता कम्पनी और एजेंसी के सम्बन्ध विकसित होते हैं। निर्माता कम्पनी और एजेंसी—दोनों जब आपस में जुड़ जाती हैं, तो एक-दूसरे को गहराई से समझना दोनों के लिए अनिवार्य हो जाता है क्योंकि दोनों को विश्वास और सेवा-भाव से कार्य करना पड़ता है। दोनों को मिल-जुलकर ऐसे कार्य करने होते हैं जो निर्माता कम्पनी और एजेंसी दोनों की प्रतिष्ठा में वृद्धि करने वाले हों।

विज्ञापन एजेंसी का चुनाव करते समय निम्न बातों को ध्यान में रखना चाहिए :

उपयुक्त एजेंसी का चुनाव : विज्ञापन एजेंसी का चुनाव करते समय इस बात पर विशेष ध्यान दिया जाना चाहिए कि उसकी व्यापारिक एवं कार्यनीतियाँ निर्माता कम्पनी के अनुकूल हों, उनसे मेल-जोल खाती हों। वस्तुतः एजेंसियों की प्राथमिकताएँ भी भिन्न-भिन्न होती हैं। कुछ एजेंसियाँ छोटे स्तर के निर्माताओं का काम अपने हाथ में लेना पसन्द नहीं करतीं या फिर कुछ दूसरी एजेंसियाँ केवल कुछ चुनिन्दा निर्माताओं का काम ही करती हैं। वस्तुतः ऐसी एजेंसी के चुनाव का कोई अर्थ नहीं है जो विवश होकर निर्माता को अपनी सेवा दे।

एजेंसी का चुनाव बहुत कुछ इस बात पर भी निर्भर करता है कि उसका आकार क्या है, उसकी स्थिति मार्किट में कितना महत्त्व रखती है। छोटी एजेंसी का चुनाव उस स्थिति में अधिक फायदेमन्द होता है जहाँ निर्माता कम्पनी का बजट भी छोटा होता है। कुछेक लोगों की मान्यता है कि छोटे बजट के विज्ञापन के लिए बड़ी एजेंसियाँ उपयुक्त नहीं रहतीं क्योंकि उनके पास बड़े-बड़े काम होते हैं इसलिए उनके नखरे भी बढ़ जाते हैं। दूसरी ओर यदि विज्ञापन अभियान बड़े बजट का है और उसका महत्त्व राष्ट्रीय या अन्तर्राष्ट्रीय स्तर का है तो ऐसी स्थिति में बड़े बजट वाली, अनुभव सम्पन्न एजेंसी को ही वह विज्ञापन कार्य सौंपा जाना चाहिए।

विज्ञापन एजेंसी प्रायः स्थानीय ही होनी चाहिए। एजेंसी कार्यालय दूर होने से रोजमर्रा के कामकाज में अनावश्यक समय एवं श्रम व्यय होता है। यदि एजेंसी के पास प्रतिस्पर्धी कम्पनी का काम है तो ऐसी स्थिति में उस एजेंसी का चुनाव नहीं करना चाहिए।

सुविधा सम्पन्नता : किसी भी एजेंसी का चुनाव करते समय यह ध्यान में रखना चाहिए कि उसके पास निर्माता कम्पनी के कार्य को सम्पन्न करने हेतु अपेक्षित सुविधाएँ हैं या नहीं। उदाहरण के लिए यदि कोई कम्पनी सुविधा सम्पन्न है, और उसका मुख्य कार्यालय कलकत्ता में है। यदि उसके पास मुम्बई की किसी

निर्माता-कम्पनी का काम आता है तो वह एजेंसी आसानी से अपनी ब्रांच मुम्बई में खोल सकती है।

सृजन क्षमता का होना : किसी भी विज्ञापन एजेंसी का चुनाव करते समय यह बात नोट कर लेनी चाहिए कि उसके कार्य में कितनी मौलिकता है। कहीं वह इधर-उधर से नकल करके दूसरे के विचारों को आधार बनाकर तो विज्ञापन नहीं बना रही है। वस्तुतः एजेंसी की सोच, उसकी चिन्तन-प्रणाली एकदम मौलिक हो। उसमें कल्पना का भी अपेक्षित पुट हो। ऐसी कल्पना की जाए जिसे दूसरे सोच भी नहीं सकें। नारों में इतना दम हो, लोकप्रियता हो कि उपभोक्ता के मन-मस्तिष्क में तुरन्त घर कर ले। संगीत तन-मन को विभोर कर देने वाला हो।

एजेंसी की ख्याति : एजेंसी का चयन करते समय उसकी ख्याति को भी ध्यान में रखना जरूरी होता है। निर्माता कम्पनी को यह देख लेना चाहिए कि मार्किट में उस एजेंसी की कितनी प्रतिष्ठा है। कौन-कौन-सी बड़ी कम्पनियाँ उसकी सेवाएँ ले रही हैं। किस प्रकार के विज्ञापनों में कम्पनी माहिर है। और किन-किन विज्ञापनों से कम्पनी को बहुत प्रचार मिला है। मीडिया से एजेंसी के कितने अच्छे सम्बन्ध हैं। उसकी वित्तीय स्थिति सुदृढ़ हो। उसके द्वारा जारी विज्ञापनों में अश्लीलता, अनैतिकता न हो। यह सब बातें निर्माता कम्पनी को ध्यान में रखनी चाहिए।

एजेंसी का प्रबन्धन : एजेंसी के प्रबन्ध पर बहुत कुछ निर्भर करता है। यदि एजेंसी के प्रबन्ध में प्रोफेशनल लोग हैं तो निश्चय ही प्रबन्ध और संगठन का ढाँचा बढ़िया होगा। एजेंसी के स्टाफ में कौन-कौन लोग हैं। क्षेत्र-विशेष के लिए कौन कितना जानकार है। उनके अपने गुण एवं क्षमताएँ क्या हैं। अनुभव कितना रखते हैं ? एक निर्माता कम्पनी उसी एजेंसी को काम देना पसन्द करती है जिसके कर्मचारी योग्य, क्षमतावान, मेहनती और मौलिक सूझबूझ वाले हों।

7

विज्ञापन निर्माण

विज्ञापनों के सृजन व प्रसारण से पहले यदि संक्षेप में हम यह देख लें कि इसके उद्देश्य क्या हैं तो हमें लक्ष्य तक पहुँचने में सहायता मिल सकती है। विज्ञापन द्वारा एजेंसी पाठक, दर्शक यानी उपभोक्ता का ध्यान संबंधित वस्तु की ओर आकर्षित करना चाहती है, विज्ञापित वस्तु के नाम, स्वरूप, गुण आदि की ओर उपभोक्ता का ध्यान आकर्षित हो। दूसरे विज्ञापन वस्तु की जानकारी अथवा सूचना उपभोक्ताओं तक पहुँचाता है। तीसरे विज्ञापन एजेंसी ऐसे तौर तरीके अपनाती है ताकि विज्ञापित वस्तु या उत्पाद के प्रति उपभोक्ता आश्वस्त हो सकें। इसके लिए लोक प्रसिद्ध खिलाड़ियों, अभिनेता-अभिनेत्रियों आदि के माध्यम से विज्ञापन में अपना संदेश भेजते हैं। चौथे, उपभोक्ताओं को नवीन वस्तुओं, उनके नए डिजाइनों, आविष्कारों, परिवर्तनों की जानकारी देकर वस्तु के प्रति इच्छा जाग्रत करना। पाँचवें बाजार में एक वस्तु के अनेक ब्रांडों के होने की स्थिति में विज्ञापित ब्रांड को अन्यों की तुलना में श्रेष्ठ, सस्ता एवं लाभदायक सिद्ध करना होता है। छठा और अन्तिम महत्त्वपूर्ण पक्ष है कि विज्ञापन ऐसा हो जो कि अपने ग्राहक को विज्ञापित वस्तु को खरीदने का निर्णय लेने में सहायक हो, उसकी सभी शंकाओं का निवारण करके क्रय के निर्णय तक पहुँचा दे ताकि वह वस्तु को खरीद ले।

ले-आउट (lay out)

किसी वस्तु के विज्ञापन के लिए प्रेस माध्यम को अपनाया जाना है अर्थात् समाचार-पत्र-पत्रिकाओं में विज्ञापन को प्रकाशित करवाना है तो विज्ञापन एक ले-आउट (संयोजन) के रूप में प्रकाशित किया जाएगा अर्थात् उसकी रूपरेखा,

स्थिति व प्रस्तुतीकरण एक निश्चित प्रकार का होगा। ले-आउट एक योजना, रूपरेखा, चित्र या नक्शा है। इस स्थिति तक पहुँचने से पहले यह विचार कर लिया जाता है कि विज्ञापन कैसा हो ? किस उपभोक्ता वर्ग के लिए है, किस क्षेत्र-विशेष के लिए है? फिर सोचा और तय किया जाता है कि वस्तु या व्यक्ति को दर्शाना है, रंगीन या सादा फोटो चित्र दिए जाएँ या हाथ से बने कला-डिजाइन, ट्रेड मार्क कहाँ रखें, ब्रांड नाम या लोगों को कहाँ प्रकाशित किया जाए, कॉपी का स्थान कहाँ होगा, शीर्षक या उपशीर्षक कहाँ होगा ? इन सभी प्रश्नों को दिग्दर्शक (Visualiser) ध्यान में रखकर उनके उत्तर अपने मस्तिष्क में बिठा लेता है फिर उन्हें वह पेंसिल से कागज पर उतार लेता है। भावी विज्ञापन की यही रूपरेखा ले-आउट की आधार-भूमि है।

ले-आउट तैयार करते समय निम्नलिखित बातों का ध्यान रखने से विज्ञापन रुचिकर और ग्राह्य बन सकता है :

1. **ध्यानाकर्षण :** ले-आउट उपभोक्ता का ध्यान आकर्षित करने की क्षमता रखता हो, उसका रंग, स्थिति, प्रस्तुतीकरण, शीर्षक और मुद्रण आकर्षक हो।

2. **मौलिकता :** इसका अभिकल्प किसी दूसरे विज्ञापन की नकल न लगता हो अपितु वह मौलिकता व अनूठापन लिए हो अर्थात् अन्य विज्ञापनों से एकदम भिन्न लगता हो।

3. **केन्द्रबिंदु :** ले-आउट में यह ध्यान रखना चाहिए कि पूरे विज्ञापन में सबसे पहले उपभोक्ता/पाठक की निगाह कहाँ जानी चाहिए अर्थात् विज्ञापित वस्तु पर ही पाठक का ध्यान केन्द्रित रहना चाहिए।

4. **सही सूचना :** विज्ञापन सही तथ्यों पर आधारित होना चाहिए ताकि विज्ञापित वस्तु की साख बाजार में बनी रहे और किसी भी स्थिति में उपभोक्ता की भावनाओं को ठेस नहीं लगनी चाहिए।

5. **तार्किक :** ले-आउट ही विज्ञापन को तर्कपूर्ण बना सकता है उदाहरणों व सहायक चित्रों के माध्यम से अपने सन्देश की पुष्टि करनी चाहिए।

6. **गति :** पाठक संदेश को ग्रहण करने से लेकर धीरे-धीरे वस्तु को खरीदने तक पहुँच जाए ऐसी गतिशीलता विज्ञापन के ले-आउट में हो।

7. **समेकित करना :** ले-आउट में सभी तत्त्वों में एकरूपता नजर आनी चाहिए ताकि पाठक पर समग्रता का प्रभाव पड़े, वह इसके एक तत्त्व में ही उलझ कर न रह जाए।

प्रेस विज्ञापन के ले-आउट में जिन तत्त्वों का चयन और समावेश किया जाता है वे इस प्रकार हैं :

1. कॉपी (Body text)
2. शीर्ष पंक्ति (Head line)

3. उपशीर्ष पंक्ति (Sub head line)
4. चित्र (Illustration)
5. व्यापारिक चिह्न (Trade mark)
6. हस्ताक्षर (Logo type or signature)
7. सफेद जगह (White space)
8. सीमा रेखाएँ (Border)
9. विज्ञापन कथ्य
10. टाइप विन्यास

कॉपी (Copy)

कॉपी को विज्ञापन की आत्मा कहा गया है। किसी विज्ञापन में प्रयुक्त सारी लिखित सामग्री जिसे बोला या पढ़ा जा सके कॉपी ही कही जाती है। अर्थात् ब्रांड नाम, नारा, शीर्षक, उपशीर्षक आदि कॉपी के हिस्से हैं। कुल मिलाकर, शब्द, वाक्य, शीर्षक, उपशीर्षक पंक्तियाँ आदि ही कॉपी हैं।

सामान्यतः कॉपी के माध्यम से विज्ञापनदाता अपना सन्देश पाठकों तक पहुँचाते हैं। समाचार-पत्रों में प्रकाशित विज्ञापन भी पाठकों या ग्राहकों को दो प्रकार से प्रेरित या प्रोत्साहित करता है एक तो सीधी या प्रत्यक्ष कार्यवाही के लिए और दूसरे अप्रत्यक्ष कार्यवाही के लिए। अतः कॉपी दो प्रकार की मानी जा सकती है– सीधी कार्यवाही वाली कॉपी (direct action copy) जो ग्राहकों की जिज्ञासा को तुरन्त बढ़ाकर वस्तु को खरीदने के लिए प्रेरित करती है। इस प्रकार के विज्ञापनों में 'तुरंत' 'आज ही' 'अभी खरीदिए' 'आज अन्तिम दिन' आदि नारे देकर ग्राहकों को खरीद के लिए प्रेरित करते हैं।

इसके विपरीत अप्रत्यक्ष कार्यवाही वाली कॉपी (indirect action copy) का उद्देश्य ग्राहकों के साथ स्थायी संपर्क व सम्बन्ध स्थापित करना, कंपनी की वस्तुओं/सेवाओं के प्रति ग्राहकों का भरोसा या विश्वास पैदा करना होता है। यहाँ उत्पाद और उत्पादक की छवि-निर्माण का काम अधिक महत्त्वपूर्ण रहता है। छोटे और खुदरा व्यापारी तुरंत कार्यवाही वाले विज्ञापनों का प्रयोग करने में रुचि दिखाते हैं जबकि राष्ट्रीय स्तर की बड़ी कम्पनियाँ लंबी अवधि की अप्रत्यक्ष कार्यवाही वाले विज्ञापनों का ही प्रयोग करती हैं।

कॉपी लेखन कार्य एक जटिल और संश्लिष्ट जिम्मेदारी है क्योंकि केवल भाषाविद्, केवल कलाकार या केवल बहुज्ञानी व्यक्ति इस काम को सुचारु रूप से पूरा नहीं कर सकता। कॉपी लेखक को भाषा की समझ के अतिरिक्त तीन बातों की विस्तृत और अद्यतन जानकारी होनी आवश्यक है : 1. उपभोक्ताओं के बारे

में 2. वस्तु या उत्पाद के बारे में और 3. विपणन या बाजार के बारे में।

विज्ञापन को ग्राह्य और प्रभावी बनाने के लिए केवल शब्दों, वाक्यांशों, शीर्षकों व नारों का समुचित चयन और प्रयोग ही पर्याप्त नहीं है। कॉपी लेखक को पूरी योजना और तैयारी के बाद ही कॉपी लेखन का कार्य आरंभ करना चाहिए। सबसे पहले तो उसे जानकारी होनी चाहिए कि जिन उपभोक्ताओं के लिए यह विज्ञापन तैयार किया जा रहा है उनकी कैफियत क्या है ? उनकी शिक्षा का स्तर, लिंग, आयु, वर्ग, आर्थिक स्थिति, सामाजिक स्थिति कैसी है। क्या ये उपभोक्ता पहले से उपलब्ध किसी और ब्रांड की वस्तु खरीद रहे हैं, कहाँ रहते हैं, कहाँ से खरीदारी करते हैं। यह सब जानकारी प्राप्त करने के बाद कॉपी लेखन में एक दिशा प्राप्त होती है।

दूसरे, जिस वस्तु या उत्पाद के विज्ञापन के लिए कॉपी तैयार की जा रही है वह किस कोटि का है, घरेलू उत्पाद है, औद्योगिक उत्पाद है, कृषि सम्बन्धी उत्पाद है या किसी अन्य वर्ग के उपभोक्ता विशेष के लिए तैयार किया उत्पाद है। अन्य ब्रांडों के कितने और कौन से उत्पाद और बाजार में उपलब्ध हैं, उनके मुकाबले विज्ञापित वस्तु की गुणवत्ता कैसी है, उसका रंग, आकार क्या है, उसकी पैकिंग कैसी है या होनी चाहिए, आदि सभी जानकारी कॉपी लेखक के पास होनी चाहिए।

तीसरे बाजार का रुख, उसकी स्थिति, उसका रुझान भी कॉपी लेखक को पता होना चाहिए। अधिक से अधिक बिक्री विज्ञापित उत्पाद की किस बाजार में हो सकती है। उसके लिए कौन-सा माध्यम उपयुक्त रहेगा। इसके अतिरिक्त कॉपी लेखन व विज्ञापन संबंधी कानूनों व नियमों की उपयुक्त जानकारी भी होनी चाहिए।

अच्छी कॉपी का संक्षिप्त होना उसका गुण माना जाता है। कॉपी में जितने कम शब्द हों उतना ही अच्छा रहता है। कॉपी में स्पष्टता की विशेष आवश्यकता होती है क्योंकि स्पष्ट होने से उसका मतलब पाठक की समझ में आसानी से आ जाता है। कॉपी में खरेपन और सचाई की अपेक्षा रहती है। जहाँ तक हो कॉपी में निजी पुट का होना भी अनिवार्य है।

ग्राहकों की जरूरतों और इच्छाओं से मेल खाने वाली कॉपी अधिक सफल कॉपी कहलाती है। एक बढ़िया कॉपी लेखक वही माना जाता है जिसको मानवीय प्रकृति और उपभोक्ता के अन्तर्मन का गहरा ज्ञान हो, उनका पर्याप्त अध्ययन किया हो। कॉपी का उद्देश्य उपभोक्ता को प्रभावित करना होता है। प्रत्येक कॉपी लेखक जानता है कि स्वयं के सुख या आनंद के लिए कॉपी नहीं लिखी जाती। इसलिए कॉपी में क्या और कैसे लिखना चाहिए—यह सब निश्चित होता है। यह प्रत्येक कॉपी लेखक को पता होता है कि कोई खरीदार जरूरत पड़ने पर ही माल खरीदता

है, अन्यथा नहीं। कॉपी लेखक खरीदार को उसकी आवश्यकता/जरूरत का बोध कराता है।

कॉपी अपील (Copy Appeals)

कॉपी अपील से तात्पर्य कॉपी में निहित केन्द्रीय विचार और भाव-सार से है। इसे 'थीम' भी कहा गया है। जब कोई ग्राहक बाजार में खरीदारी के लिए जाता है या कोई माल खरीदता है तो उसके पीछे कोई न कोई कारण या प्रेरणा अवश्य विद्यमान रहती है। यह कारण किसी भी प्रकार का हो सकता है—सामाजिक, आर्थिक, शारीरिक या फिर मनोवैज्ञानिक। सभी विज्ञापनों, अपीलों का आधार ग्राहक की प्राथमिक या माध्यमिक आवश्यकता ही होती है। प्राथमिक आवश्यकता में जहाँ रोटी, कपड़ा और मकान आते हैं तो माध्यमिक आवश्यकताओं में शारीरिक आराम से जुड़ी चीजें, सेक्स, प्यार, सामाजिक प्रतिष्ठा, स्वास्थ्य तथा आर्थिक लाभ आदि आते हैं। सम्भावित ग्राहक को ध्यान में रखकर ही ऐसी कॉपी अपीलें ली जाती हैं जो उसे माल खरीदने के लिए प्रेरित कर सकें। आमतौर पर विज्ञापनों में यूनीक सैलिंग प्रोपोजीशन (Unique Selling Proposition) का सिद्धान्त प्रयोग में लाया जाता है। इस सिद्धान्त के अनुसार प्रत्येक विज्ञापनदाता इस बात पर विशेष जोर देता है कि उसका माल औरों से अच्छा है। वह जो बेचता है, वह दूसरों के पास नहीं है। उसके माल में वे तमाम खूबियाँ हैं जो किसी दूसरे के माल में नहीं हैं। यूनिक सैलिंग प्रोपोजीशन का प्रयोग होने वाले विज्ञापनों के कुछ उदाहरण नीचे दिए जा रहे हैं :

1. एकमात्र सम्पूर्ण मासिक पत्रिका—कादम्बिनी

2. लाखों वर्ग फुट जो रंगे प्रतिदिन वही लाखों का मनपसन्द जाना-माना स्नोसेम। सर्वाधिक बिक्री वाला वाटर प्रूफ सीमेण्ट पेण्ट।

3. आई. एफ. सी. आई. में जमा पूँजी की वृद्धि दिन और रात, नई गति, नये आयाम, भारत का न. 1

4. फोर्ड, विश्व के हम सफर, विश्व विजेता।

5. अहसास रेशम का, आराम कॉटन का/सॅटिन फॅन्टसी शुद्ध कॉटन चादर सेट।

6. यूनाइटेड प्रेशर कुकर
प्रेशर पॅन
और सर्वोत्तम
ट्रिपल-कोटेड नान-स्टिक कुकवेयर

'एडवरटाइजिंग' नामक पुस्तक में अमेरिकी लेखक विलियम एम. वेलबेचर

ने विज्ञापन अपीलों को तीन वर्गों में विभाजित किया है :

1. उत्पाद से जुड़ी अपील :

(क) वे अपीलें जिसमें उत्पाद के गुणों का उल्लेख किया जाता है।

(ख) वे अपीलें जिसमें उत्पाद/सेवा के प्रतिस्पर्धात्मक लाभ पर विशेष जोर देकर, उसका बखान किया जाता है।

(ग) वे अपीलें जिनमें उत्पाद/सेवा के मूल्य को आधार बनाया जाता है।

(घ) वे अपीलें जो उत्पाद/सेवा की लोकप्रियता का बखान करती हैं।

(ङ) वे अपीलें जिनमें उत्पाद/सेवा के सम्बन्ध में कोई नयी सूचना या जानकारी शामिल होती है।

(च) ऐसी अपीलें जो सम्पूर्ण उत्पाद वर्ग की संवृद्धि के लिए की जाती हैं।

2. उपभोक्ता सम्बन्धी अपीलें :

(क) उपभोक्ता सेवा पर जोर देने वाली अपीलें

(ख) बचत और आर्थिक लाभ पर जोर देने वाली अपीलें।

(ग) उपभोक्ता के वैयक्तिक उत्थान से जुड़ी अपीलें।

(घ) भय सम्बन्धी अपीलें।

3. अन्य अपीलें :

(क) सभ्य नागरिक बनाने से सम्बन्धित अपील।

(ख) विनियोजकों से सम्बन्धित अपील।

उत्पाद/सेवा से जुड़ी अपीलें : इस प्रकार की अपीलों में उत्पाद/सेवा के गुण-विशेष पर अत्यधिक जोर दिया जाता है। उदाहरण के लिए बिरला यामहा के जेनरेटर के विज्ञापन में उसकी विशेषताओं का उल्लेख इस प्रकार किया गया है।

जेनरेटर की रस्सी (कॉर्ड) खींचने का झंझट नहीं।
चाबी से स्टार्ट होने वाला पोर्टेबल जेनरेटर
अंतर्राष्ट्रीय स्ट्रोक टैक्नॉलाजी
ईंधन किफायती
पर्यावरण सुरक्षित
लाने ले जाने के लिए स्मूथ व्हील

इतनी सारी विशेषताओं को देख उपभोक्ता सहज ही आकर्षित हो सकता है।

विज्ञापनों में वस्तु के प्रतिस्पर्धात्मक लाभों का विवरण भी होता है। यह

विवरण प्रत्यक्ष भी हो सकता है और परोक्ष रूप में भी। वैद्यनाथ दंत मंजन के विज्ञापन में बताया गया है पुरानी कीमत पर 15% दन्त मंजन अधिक लीजिए। यथा :

15% मंजन ज्यादा
दाम वही
वैद्यनाथ दंत मंजन लाल (नया)
लाल का कमाल...दाँतों का रखे खयाल

जब विज्ञापन में कोई नयी सूचनात्मक अपील का इस्तेमाल किया जाता है तो उसमें औरों से कुछ भिन्नता होती है। इस भिन्न सूचना को विज्ञापन में जोर देकर कहा जाता है। उदाहरण के तौर पर मोबाइल फोन का यह विज्ञापन लिया जा सकता है। वैसे तो मोबाइल फोन की कीमत बहुत अधिक है। लेकिन एक कम्पनी उसे किश्तों पर उपलब्ध कराने का विज्ञापन देकर अपील करती है :

अब लीजिए विश्व श्रेणी का
मोबाइल फोन सिर्फ
रु. 667/- प्रति महीने (12 महीनों के लिए)

हर नये सब्सक्राइबर को मिलेगा एक अनोखा उपहार !

किसी उत्पाद वर्ग की संवृद्धि के लिए भी अपील की जाती है। प्लाइवुड, बादाम, अण्डे आदि ऐसी चीजें हैं जिनके लिए सामूहिक उत्पाद अपील इस्तेमाल की जा सकती है।

उपभोक्ताओं से सम्बन्धित अपील : प्रत्येक विज्ञापक इस तरह की अपील का इस्तेमाल करता है जिसमें उपभोक्ता को कोई उत्पाद-विशेष लेने से कोई न कोई प्रत्यक्ष या परोक्ष लाभ मिलता हो। ऐसे आधुनिक उपकरणों की माँग अधिक रहती है जो जल्दी कार्य करते हैं। जैसे प्रेशर कुकर, वाशिंग मशीन, मिक्सी, हीटर आदि। इससे उपभोक्ता को दो फायदे होते हैं—एक तो समय की बचत, दूसरे काम करने में मेहनत अधिक नहीं करनी पड़ती।

लाभ और बचत कमाने की अपीलें : यह एक अत्यन्त आकर्षक एवं प्रभावशाली अपील है। काफी बड़े पैमाने पर इसका इस्तेमाल होता है। प्रत्येक व्यक्ति बचत चाहता है। लाभ कमाना चाहता है। इस बात को कॉपी लेखक जानते हैं। उपभोक्ता की इसी आकांक्षा को ध्यान में रखकर कॉपी लेखक ऐसी अपीलों का इस्तेमाल करता है ताकि उत्पाद अधिक से अधिक बिके। यू. टी. आई. का एक विज्ञापन जिसमें बचत की जबरदस्त अपील की गयी है :

मेरे पिताजी ने
फ्लैट में पैसा नहीं लगाया
तो क्या हुआ ?

कम कीमत पर सोना नहीं खरीदा...

तो अफसोस नहीं

यू. टी. आई. के इक्विटी अप़ॉरचुनिटी फंड में निवेश कीजिए

और भूल जाइए वो सारे मौके...जिन्हें आप चूक गए !

यू. टी. आई. इक्विटी अपॉरचुनिटी फंड, यू. टी. आई. का एक और ऐसा कदम जो आपका भविष्य बनाएगा।

बेहतर ...कदम-दर-कदम !

तो हो जाइए तैयार

कहीं मौका हाथ से न निकल जाए फिर इस बार !

विभिन्न कम्पनियाँ लाभ की अपील का प्रयोग करती हैं। इनमें साबुन, स्कूटर, टूथपेस्ट, फ्रिज, आदि अनेक प्रकार की कम्पनियाँ होती हैं। टूथपेस्ट का एक विज्ञापन उदाहरण के तौर पर प्रस्तुत है।

पेप्सोडेण्ट

मसूड़ों की सुरक्षा के लिए प्रमाणित फार्मूला

खास आजमाइशी ऑफर

रु. 10/- की छूट 100 ग्राम पर

रु. 6/- की छूट 50 ग्राम पर।

व्यक्ति के निजी उत्थान से सम्बन्धित अपीलें भी कॉपी लेखक विज्ञापन में करते हैं क्योंकि प्रत्येक व्यक्ति की यह इच्छा रहती है कि वह दूसरों को सुन्दर, चुस्त और आकर्षक दिखाई दे। युवा वर्ग का आकर्षण सौन्दर्य-बोधक वस्तुओं के प्रति विशेष रूप से रहता है। शृंगार-प्रसाधन-सामग्री व क्रीम आदि के विज्ञापन में सौन्दर्य का सस्ता इस्तेमाल रोमांस व सेक्स अपील के रूप में किया जाता है। जैसे :

यूँ खिली-खिली यूँ सजी-सजी

ऐ जाने जहाँ तुम चली कहाँ

आपके रंग रूप को निखारे

सौन्दर्य साबुन निरमा।

विज्ञापन में कॉपी लेखक अहं सम्बन्धी अपीलों का इस्तेमाल भी करता है क्योंकि वह जानता है कि प्रत्येक व्यक्ति की दिली इच्छा रहती है कि वह अच्छा खाए, अच्छा पहने, अच्छी तरह रहे। जिससे वह आम जनमानस से भिन्न नजर आए।

भय/असुरक्षा की अपीलें : विज्ञापन में भय व सामाजिक असुरक्षा सम्बन्धी अपीलों का इस्तेमाल भी होता है। ये अपीलें नकारात्मक मानी जाती हैं क्योंकि इन अपीलों में कॉपी लेखक किसी प्रकार की हानि की आशंका दिखाकर ग्राहक को अपनी ओर आकृष्ट करता है। बीमा कम्पनी, औषधि निर्माता कम्पनियों के

विज्ञापनों में प्रायः इस तरह की अपीलें होती हैं। औषधि कम्पनी के विज्ञापन को उदाहरण के रूप में लिया जा सकता है :

दस्त खतरनाक होते हैं।
यह शरीर से पानी और
जरूरी तत्त्व चुरा लेते हैं।
सिर्फ निओट्राल इन्हें तुरन्त
लौटाता है।
देर न करो पहले दस्त से
झट निओट्राल दो !

भय एवं सामाजिक असुरक्षा सम्बन्धी अपीलों का इस्तेमाल कॉपी लेखक को सावधानी से करना चाहिए।

सभ्य नागरिक बनाने सम्बन्धी अपील : विज्ञापनों का प्रयोग केवल उत्पाद विक्रय करने के लिए ही नहीं होता वरन् कॉपी लेखक उसके माध्यम से लोगों को सभ्य व अच्छा नागरिक बनाने की अपीलें भी करते हैं। राष्ट्रीय कम्पनियों के विज्ञापनों की अपीलों में नागरिक को बुराइयों से बचाने की सलाह दी जाती है। सरकारी विभागों की ओर से जारी विज्ञापन-अपीलों में नागरिक का ध्यान सामाजिक जिम्मेदारी की ओर दिलाया जाता है।

विनियोजकों को सम्बोधित अपीलें : विनियोजकों को आकर्षित करने के लिए बैंक, विनियोजक कम्पनियाँ और राष्ट्रीय बचत संगठन उनके नाम अपील करते हैं। ये अपीलें विनियोजकों को लाभ का प्रलोभन देती हैं। इनमें ऊँची ब्याज दर का प्रलोभन दिया जाता है। इन विज्ञापनों में अपील करने वाली कम्पनी की वित्तीय स्थिति, उनका भावी कार्यक्रम, विगत साल का लाभ-हानि तथा विनियोजन प्रस्ताव आदि का पूरा विवरण होता है। शेयर व डिबेंचर वाली कम्पनी ऐसी अपीलें जारी कर धन उगाहती हैं और अपनी कम्पनी के कार्य को आगे बढ़ाती हैं।

अन्य अपीलें—प्रशंसापरक अपील : विज्ञापनों में किसी प्रसिद्ध फिल्म स्टार या खिलाड़ी का इस्तेमाल आज आम बात हो गयी है। ये स्टार या खिलाड़ी विज्ञापन में अपना वक्तव्य जारी करते हैं कि फलां उत्पाद लीजिए। मैं भी इसी का इस्तेमाल कर रहा हूँ। वह विज्ञापन में उस उत्पाद का बढ़ा-चढ़ाकर वर्णन करता है।

पारिवारिक प्रेम सम्बन्धी अपीलें : इस प्रकार की अपीलों में भावुकता का सहारा लिया जाता है। कॉपी लेखक विज्ञापन में मातृ प्रेम, पितृ प्रेम, सन्तान प्रेम का खुलकर इस्तेमाल करते हैं। बच्चों से सम्बन्धित विज्ञापनों में उनके स्वास्थ्य को मुख्यतः केन्द्र में रखकर अपील की जाती है। बच्चों के मानसिक और शारीरिक स्वास्थ्य के लिए तरह-तरह की अपीलें कॉपी लेखक विज्ञापन में इस्तेमाल करता है। बीमा कम्पनियाँ भी इस भावुक-प्रेम की अपील का इस्तेमाल करती हैं।

इश्यू खुल गया
प्लेसमेंट पोर्शन
व्यक्ति (अवयस्कों सहित) भी आवेदन कर सकते हैं।
आई. सी. आई. सी. आई बॉण्ड
आज का बॉण्ड कल के लिए
5200/- की रकम 25 वर्ष में
हो जाएगी रु. 2 लाख।

मौज-मस्ती की अपीलें : ये अपीलें अधिकतर शराब, सिगरेट, शीतल पेय, आइसक्रीम और चॉकलेट आदि से सम्बन्धित विज्ञापनों में इस्तेमाल की जाती हैं। क्योंकि आज आदमी काम के साथ-साथ आराम तथा मौजमस्ती भी करना चाहता है। पेप्सी कोल्ड ड्रिंक्स में यह अपील बहुत चली :

'यही है राइट च्वाइस बेबी'

दूसरी ओर कोका कोला की अपील

दमादम मस्त कलन्दर
तथा
कूल है मन

भौतिक सुख सम्बन्धी अपीलें : इस प्रकार की अपीलें टी. वी., पंखे, फ्रिज, कूलर, फर्नीचर तथा रसोईघर में इस्तेमाल होने वाली चीजों के विज्ञापनों में की जाती हैं। इनमें उपभोक्ता के भौतिक आराम जिसमें दैहिक प्रमुख होता है—पर विशेष जोर देकर अपील की जाती है। जैसे :

आराम का अहसास
आप के पास
प्रिंस कमान्डो जांघिए

या फिर एक टी. वी. विज्ञापन की अपील :

अन्तर्राष्ट्रीय
सुपर-स्टार
आकर्षक दामों पर !
पेनासोनिक
विश्व भर की पसन्द

स्वास्थ्य सम्बन्धी अपीलें : मनुष्य-शरीर से जुड़ी चीजों के विज्ञापनों में स्वास्थ्य अपील का इस्तेमाल होता है। इन चीजों में खाने की चीजें, दूध, दवाइयाँ आदि आते हैं। स्वास्थ्य अपील के कुछ उदाहरण नीचे दिए जा रहे हैं :

हिमानी का उपहार
नवरत्न तेल

नौ गुणों का मेल
आयुर्वेद का चमत्कार
अनोखा ठंडा
अथवा

नमक हो टाटा का
टाटा नमक
आयोडीन युक्त

अथवा
आइए स्कवाशकी दुनिया में
ड्रुक् स्कवाश के अनूठे स्वाद का आनन्द लीजिए
वही बढ़िया क्वालिटी वाला
ड्रुक् अब एक
शानदार नए रंग-रूप में।

परिचय देने वाली शीर्ष पंक्तियाँ : परिचय देने वाली शीर्ष पंक्तियों में विज्ञापनदाता या उत्पाद के ब्रांड का नाम होता है। जैसे टाटा नमक, शक्ति भोग आटा, बजाज चेतक, वाल्स क्वालिटी आदि।

दावा करने वाली शीर्ष पंक्तियाँ : कम से कम एक और अधिक से अधिक दो पंक्तियों में जब किसी विज्ञापन में किसी उत्पाद का बढ़ा-चढ़ा कर वर्णन किया जाता है तो वे दावा करने वाली शीर्ष पंक्तियाँ कहलाती हैं। इन शीर्ष पंक्तियों से ही विज्ञापनदाता के चरित्र का पता चलता है कि वह अपने उत्पाद को किस श्रेणी का मानता है। शीर्ष पंक्तियों के कुछ उदाहरण नीचे दिए जा रहे हैं।

इंजनों का बयान केस्ट्रॉल जी पी हमारी जान विश्व विजेता लुब्रिकेन्ट्स
विको उत्पाद : कुदरती—इसलिए बेहतर भी।
फोर्ड : विश्व के हम सफर, विश्व विजेता।
रेमण्ड सीमेंट : अन्तर्राष्ट्रीय टैक्नोलॉजी—जिसे अपना रही है सारी दुनिया।

सूचना-समाचार सम्बन्धी शीर्ष पंक्तियाँ : इस प्रकार की शीर्ष पंक्तियों में समाचार जैसा नयापन होता है। इसकी आकर्षण शक्ति भी अन्य शीर्ष पंक्तियों की अपेक्षा अधिक होती है। इन शीर्ष पंक्तियों में उत्पाद का मूल्य तथा विज्ञापन कर्ता के सम्बन्ध में नवीन जानकारी भी होती है। उदाहरणार्थ :

'अब नये पैक में'
'पहले की अपेक्षा अधिक खुशबू।'
'सभी मॉडल नए रंगों में उपलब्ध।'

लाभ वाली शीर्ष पंक्तियाँ : ये शीर्ष पंक्तियाँ उपभोक्ता को एकदम आकर्षित करती हैं क्योंकि इसमें उपभोक्ता को किसी न किसी रूप में लाभ प्राप्ति की आशा

रहती है। उदाहरणार्थ :

'3000/- रु. का फ्री एयरटाइम-एस्सार
सेलफोन की ओर से भेंट।'

'एलीट प्रेशर कुकर लेने पर
शुरुआती भेंट, मुफ्त इडली स्टैंड।'

'रु. 5/- की छूट
बेगान पावर मेट्स के हर पैक पर।'

शीर्ष पंक्तियों को उनके स्वरूप के आधार पर कई भागों में बाँटा जा सकता है : प्रश्नवाचक, आदेशात्मक, उत्तेजना-उत्सुकतावर्द्धक।

प्रश्नवाचक किस्म की शीर्ष पंक्तियों में प्रश्न-शैली का इस्तेमाल होता है :

'आप क्या इस्तेमाल करती हैं कि दिन भर चुस्त दिखाई देती हैं ?'

'आप कौन-सा साबुन लगाते हैं ?'

आदेशात्मक किस्म की शीर्ष पंक्तियाँ ही अधिकतर विज्ञापनों में छाई रहती हैं।

'घर ले जाइए अपना वीडियोकॉन।'

'जल्दी कीजिए—ऑफर केवल 20 जून तक।'

उत्सुकता या उत्तेजना उत्पन्न करनेवाली शीर्ष पंक्तियाँ उपभोक्ता को शीघ्र आकर्षित करती हैं जैसे :

'जाग उठेगा रूप सुहाना।'

'निखरा बनाए, यकीनन।'

उपशीर्ष पंक्तियाँ (Sub Headlines) : उपशीर्ष पंक्तियाँ शीर्ष पंक्तियों की सहायक होती हैं। उसकी पूरक होती हैं। इनका आकार भी मुख्य शीर्ष पंक्ति से छोटा होता है किन्तु विज्ञापन की जो विवरणात्मक पाठ्य-सामग्री होती है, उससे बड़ा होता है। उपशीर्ष पंक्ति मुख्य शीर्ष पंक्ति के विस्तार में सहायक होती है। मुख्य शीर्ष पंक्ति और उपशीर्ष पंक्ति से विज्ञापन का बहुत कुछ पता चल जाता है। वस्तुतः उपशीर्ष पंक्ति पाठ्य सामग्री (बॉडी कापी) और शीर्ष पंक्ति के बीच मध्यस्थ की भूमिका निभाती है। दोनों के बीच सम्बन्ध स्थापित करती है।

विज्ञापन पाठ-सामग्री (Body Copy) : विज्ञापन पाठ-सामग्री (Body Copy) में उत्पाद का विस्तृत विवरण होता है जो किसी उपभोक्ता को सन्तुष्ट कर सकता है। शीर्ष पंक्ति और उपशीर्ष पंक्ति उपभोक्ता को आकर्षित तो कर सकती है लेकिन उसे पूर्णतया सन्तुष्टि प्रदान नहीं कर सकती। पाठ-सामग्री किसी उत्पाद के बारे में उपभोक्ता को विस्तार से परिचय देती है उसे समझा-बुझा कर उत्पाद खरीदने के लिए प्रेरित करती है। वस्तु की खरीद के लिए विभिन्न तर्क प्रस्तुत करती है। विज्ञापनकर्ता अपने पक्ष में आर्थिक, मनोवैज्ञानिक तर्क प्रस्तुत करता है। कोई

उत्पाद उपभोक्ता को खरीदना क्यों जरूरी है ? किस प्रकार खरीदारी करनी चाहिए ? इस सम्बन्ध में पूरी जानकारी दी जाती है। और उन दावों के प्रमाण प्रस्तुत किए जाते हैं जो विज्ञापन में किए गए होते हैं।

विज्ञापन-पाठ में भी बिक्री-विचार का समावेश होता है। यह बिक्री-विचार शीर्ष पंक्ति और विज्ञापन में प्रस्तुत चित्र का मूलाधार भी होता है। इनकी अपेक्षा बॉडी कॉपी में भी इसकी भूमिका महत्त्वपूर्ण होती है। एक अच्छे विज्ञापन-पाठ से यह अपेक्षा की जाती है कि वह पाठक/उपभोक्ता को इस तरह से मजबूर कर दे जिसकी अपेक्षा विज्ञापनकर्ता ग्राहक से करता है। वस्तुतः पाठक को दृष्टि में रखकर ही विज्ञापन-पाठ का निर्माण करना चाहिए। विचार क्रमबद्धता से प्रस्तुत करने चाहिए। विज्ञापन-पाठ के प्रस्तुतीकरण में स्पष्टता, प्रवाहमयता और निरन्तरता का होना अनिवार्य है।

विज्ञापन-पाठ को अधिक प्रभावी बनाने के लिए छोटे-छोटे वाक्यों और पैराग्राफों में बाँट देना चाहिए। प्रथम पैराग्राफ का शीर्ष पंक्ति से घनिष्ठ सम्बन्ध होता है क्योंकि ज्यादातर शीर्ष पंक्ति का विस्तार ही प्रथम पैराग्राफ में होता है। इस पैराग्राफ का आकार संक्षिप्त होना चाहिए। प्रथम पैराग्राफ खत्म होने पर उसके आगे के पैराग्राफों में वस्तु-विशेषता, मूल्य, लाभ उसके प्रयोग के समर्थन में दावे और तर्क इत्यादि का विवरण दिया जाता है। वस्तु की प्रामाणिकता, परीक्षणों का उल्लेख किया जा सकता है। प्रदर्शन और प्रयोग की पेशकश की जा सकती है। वस्तु अनुपयोगी होने की स्थिति में उसके वापस लेने का प्रावधान रखा जा सकता है।

इतना सब विवरण देने के पश्चात् विज्ञापन-पाठ को समाप्त करने से पहले उपभोक्ता को अन्तिम पैराग्राफ में वस्तु के खरीदने और प्रयोग करने की सलाह दी जा सकती है, आग्रह किया जा सकता है कि वह एक बार सेवा का मौका दे। अथवा अपने किसी स्थानीय एजेंट या शो रूम का पता देकर उपभोक्ता को वहाँ उत्पाद खरीदने के लिए आमंत्रित किया जा सकता है। उसको कम्पनी से सम्पर्क करने के लिए आग्रह किया जा सकता है। वस्तुतः 'बॉडी कॉपी' में अत्यधिक विस्तार नहीं होना चाहिए वरन् उसमें केवल काम की बातें ही रखनी चाहिए। कई उत्पादों की 'बॉडी कॉपी' संक्षिप्त होती है जबकि कई उत्पादों की लम्बी होती है। वस्तुतः 'बॉडी कॉपी' का लक्ष्य उपभोक्ता को आकर्षित करना, उसकी रुचि को जाग्रत करना, उसकी इच्छा को प्रबल करना और उसे उत्पाद खरीदने के लिए उकसाना होना चाहिए।

चित्र (Illustrations)

विज्ञापनों में चित्रों का बहुत महत्त्व होता है क्योंकि चित्र उपभोक्ता के मन-मस्तिप्क

पर सीधा प्रभाव डालता है। संचार-क्रान्ति के इस युग में विज्ञापनों में चित्रों का महत्त्व और भी बढ़ गया है। प्राचीन काल में भी यद्यपि चित्रांकन होता था लेकिन वर्तमान युग में इसके रूप और शैली में पर्याप्त परिवर्तन आ गया है। आज वही उत्पाद अधिक लोकप्रिय होता है जिसमें आकर्षक और मन लुभाने वाले चित्र होते हैं। एक हद तक चित्र भाषा-सम्बन्धी कमी को भी पूर्ण करते हैं। विज्ञापन का अर्थ बहुत हद तक चित्र से स्पष्ट हो जाता है। विज्ञापन का स्वरूप और चरित्र चित्र द्वारा अधिक समृद्ध बन जाता है। विज्ञापन में चित्र नाटकीयता का समावेश करने में भी महत्त्वपूर्ण भूमिका निभाते हैं।

विज्ञापन में चित्र-प्रयोग का एक अन्य महत्त्व यह है कि उसके द्वारा किसी वस्तु के प्रयोग को समझाया जा सकता है। लगातार किसी चित्र-विशेष का प्रदर्शन करके उत्पाद-विशेष के चित्र की छवि को उपभोक्ता के मस्तिष्क में अंकित किया जा सकता है। चित्र यथार्थ होने के कारण उसमें प्रामाणिकता होती है। दूसरे, चित्र से विज्ञापन का अर्थ निकाला जा सकता है जिससे विज्ञापन को पूरा पढ़ने की जरूरत कम हो जाती है। समयाभाव के कारण भागदौड़ के इस युग में चित्रों की प्रासंगिकता और भी बढ़ गयी है।

विज्ञापन में चित्र का आकार-प्रकार क्या हो ? किसी उत्पाद का एक ही चित्र हो या अनेक। यह इस पर निर्भर करता है कि उत्पादक क्या उद्देश्य लेकर चला है। किसी बड़ी वस्तु कार, बस, ट्रक आदि के चित्रों में उनके अलग-अलग हिस्सों के कई चित्र दिए जा सकते हैं। छोटे उत्पाद का एक ही चित्र देना काफी होता है। उत्पाद के डिब्बे के चित्र भी दिए जा सकते हैं।

विज्ञापनविद् इस सम्बन्ध में एकमत नहीं हैं कि एक चित्र में क्या-क्या हो ? क्योंकि प्रत्येक व्यक्ति की पसन्द अलग-अलग होती है। बच्चों को जीव-जन्तुओं के चित्र अधिक अच्छे लगते हैं। औरतों को अपने काम आने वाली चीजों के चित्र अच्छे लगते हैं तो पुरुष सुन्दर स्त्री के रंगीन, आकर्षक चित्रों को पसन्द करते हैं।

फोटोचित्र और कला-कार्य

फोटोचित्र और कला रेखांकन दोनों अलग-अलग विशेषताएँ रखते हैं। दोनों की अपनी-अपनी सीमाएँ हैं। विज्ञापनकर्ता के पास यदि समय और पैसे हैं तो वह मॉडलिंग और फोटोचित्र पर अच्छा पैसा लगा सकता है। फोटोचित्र, कला-कार्यों और रेखांकनों की अपेक्षा बहुत अच्छे स्तर के होते हैं। क्योंकि उनका रूप यथार्थ होता है। उनमें प्रामाणिकता होती है। इसलिए उस पर पाठक सहज विश्वास कर लेता है लेकिन इसकी कुछ सीमाएँ हैं—एक तो यह कि फोटोचित्र भावी घटनाओं के चित्र नहीं खींच सकता। दूसरे, ये रेखांकनों की अपेक्षा महंगे पड़ते हैं और इनमें

समय भी अधिक लगता है। छोटे विज्ञापन और कम बजट वाले विज्ञापनों के लिए फोटोचित्र अच्छे नहीं रहते क्योंकि ये पैसे की दृष्टि से महँगे पड़ते हैं। फोटोचित्रों का दोषपूर्ण प्रकाशन भी एक समस्या है क्योंकि उपयुक्त मुद्रण तकनीक और सही कागज का इस्तेमाल नहीं होने के कारण ये फोटोचित्र ब्लैक-आउट हो सकते हैं। इस तरह के मामलों में ले-आउट बनाना एक अच्छा समाधान हो सकता है जहाँ कला-कार्य किया जा सकता है। कला और रेखांकन द्वारा कई तरह के दृश्य पैदा किए जा सकते हैं, कई तरह का वातावरण उत्पन्न किया जा सकता है। जिससे कई प्रकार के प्रभाव प्रस्तुत किये जा सकते हैं।

फोटोचित्र की तुलना में कला-कार्य और रेखांकनों में अधिक लचीलापन होता है, उसमें अधिक फेर-बदल की गुंजाइश होती है, तरह-तरह के स्क्रीनों का प्रयोग भी इनमें किया जा सकता है, फोटोचित्रों में इनकी गुंजाइश नहीं होती है।

विज्ञापन में चाहे किसी भी प्रकार के चित्र का प्रयोग किया जाए प्रत्येक प्रकार के चित्र का सम्बन्ध विज्ञापन की शीर्ष पंक्ति से निकट व घनिष्ठ होना चाहिए। चित्र में यथार्थ और सत्यता होनी चाहिए। उसका आकर्षक होना ही काफी नहीं होता। सामूहिक फोटोग्राफ या ऐसे फोटोचित्र जिनमें बहुत लम्बे-चौड़े विवरण हों, लिए जाने से बचना चाहिए क्योंकि इस प्रकार के चित्र पाठक पर प्रतिकूल प्रभाव डालते हैं, उसे दिग्भ्रमित करते हैं। चित्र ऐसा होना चाहिए जो कि एकदम सहज स्वाभाविक लगे उसमें किसी भी प्रकार का बनावटीपन नहीं होना चाहिए।

ट्रेड मार्क (Trade Mark)

ट्रेड मार्क से तात्पर्य उस नाम, शब्द और चिह्न से है जिसका प्रयोग कोई उत्पादक कम्पनी दूसरी कम्पनियों से अपनी अलग पहचान और प्रतिष्ठा बनाने के लिए करती है। ट्रेड मार्कों को रजिस्टर्ड करा लिया जाता है और ये किसी भी कम्पनी की निजी सम्पत्ति माने जाते हैं। (ब्रांड नाम), (ट्रेडनाम) और (लोगो) ये भी ट्रेड मार्क के हिस्से होते हैं। लोगो एक प्रकार की आकृति होती है जिसके अन्दर किसी कम्पनी विशेष का नाम और हस्ताक्षर होते हैं। लोगों का निर्माण इस तरह से किया जाता है कि उसमें कम्पनी-विशेष के चरित्र, गतिविधियों, उद्देश्यों की थोड़ी बहुत झलक दिखाई दे।

कई बार कम्पनी ट्रेड मार्क, ट्रेड नाम और ब्रांड तीनों का एक रूप में प्रयोग कर सकती है। उदाहरण के लिए एच. एम. टी., बाटा आदि। कई बार कम्पनी ट्रेड नाम और ट्रेड मार्क से हटकर अपने उत्पाद के लिए अलग ब्रांड निश्चित करती है। इस ब्रांड का आधार किसी व्यक्ति का नाम हो सकता है, कम्पनी का नाम हो सकता है। जैसे—हीरो साइकिल, पोलर पंखे, ऊषा पंखे। कई बार वस्तु के गुण को आधार बनाकर भी ब्रांड नाम रखा जाता है। ब्रांड नाम अर्थहीन भी हो सकता

है जैसे लक्स, निरमा आदि। विदेशी शब्द भी ब्रांड नाम के लिए प्रयोग में लाए जा सकते हैं। शब्द को तोड़-मरोड़कर या अक्षर को उलट-पलट कर भी ब्रांड नाम निर्धारित किये जाते हैं।

वस्तुतः विज्ञापन का उद्देश्य किसी कम्पनी द्वारा बाजार में अपने ट्रेड मार्क, नाम और ब्रांड की अलग पहचान करना है जिससे कि उपभोक्ता का ध्यान उस ओर खींचा जा सके, उसकी रुचि को जाग्रत किया जा सके। ब्रांड नाम प्रभावशाली होना चाहिए जो कि उपभोक्ता को सहज रूप से याद रह सके।

ब्रांड नाम में एक अन्य महत्त्वपूर्ण विशेषता यह होनी चाहिए कि वह विज्ञापित वस्तु के चरित्र और विशेषताओं का प्रतिनिधित्व करता हो जिससे उपभोक्ता को ब्रांड का नाम सुनते ही पता चल जाए कि यह नाम किस वस्तु से सम्बन्धित है। ब्रांड नाम प्रायः छोटा होना चाहिए क्योंकि छोटे नामों को पढ़ने, लिखने, बोलने में आसानी होती है। छोटे नाम याद भी जल्दी हो जाते हैं और उपभोक्ता पर उनका प्रभाव भी अच्छा पड़ता है। दूसरी ओर, बड़े ब्रांड नाम कठिन होते हैं और प्रायः उपभोक्ता को याद भी नहीं रहते। ब्रांड नाम बाजार में प्रचलित अन्य ब्रांड नामों से मिलता-जुलता नहीं होना चाहिए। ऐसे नाम रखने से भी बचना चाहिए जो उपभोक्ता में किसी प्रकार का भ्रम उत्पन्न करते हों। वस्तुतः आज के समय में नाम से ही अधिकतर उत्पाद की बिक्री होती है इसलिए नाम एक महत्त्वपूर्ण पूँजी है और उसका चुनाव बड़ी सावधानी से करना चाहिए।

सफेद जगह

कॉपी और चित्र के समान विज्ञापन ले-आउट में सफेद जगह का भी विशेष महत्त्व है क्योंकि सफेद जगह ही वह चीज है जो चित्र, कॉपी और ले-आउट में अन्तर करती है। इनको पृथक्-पृथक् दिखाकर उनमें स्पष्टता लाती है। इसीलिए छपी जगह के जितने दाम विज्ञापनकर्ता को देने पड़ते हैं, उतने ही सफेद जगह के भी। विज्ञापन के अन्दर सफेद जगह कितनी मात्रा में होनी चाहिए यह विवाद का विषय है। लेकिन एक बात का विशेष ध्यान रखना चाहिए कि ले-आउट में विशेष तौर पर शीर्षक के ऊपर उचित मात्रा में सफेद जगह होनी चाहिए। जितनी अधिक सफेद जगह विज्ञापन में होगी वह उतना ही आकर्षक व प्रभावशाली होगा। बॉडी कॉपी के पास भी सफेद जगह का होना अनिवार्य होता है। सफेद जगह का उचित अनुपात न होने पर विज्ञापन सार्थक प्रभाव नहीं छोड़ पाएगा।

सफेद जगह का सही उपयोग न होने से ले-आउट कमजोर हो जाता है। जिससे कम्पनी आर्थिक दृष्टि से नुकसान उठा सकती है। इस प्रकार ले-आउट में सफेद जगह का होना अनिवार्य है। इसके अभाव में यदि ले-आउट में शब्दों को ठोंक-ठोंक कर भरा जाता है तो विज्ञापन अनाकर्षक और अपठनीय बन जाता है।

बॉर्डर (Borders)

बॉर्डर किसी भी विज्ञापन में ले-आउट की चारदीवारी होता है। वह ले-आउट के तत्त्वों को एकसूत्रता प्रदान करता है। बॉर्डर के न होने से विज्ञापन एक-दूसरे में घुसपैठ कर सकते हैं। इसलिए विज्ञापन ले-आउट में बॉर्डर का होना बहुत जरूरी होता है। बॉर्डर पूर्णतया मौलिक और आकर्षक होना चाहिए। इससे विज्ञापन प्रभावशाली बन जाता है। बॉर्डर विज्ञापन की पाठ्य सामग्री से मेल खानेवाला होना चाहिए। वह इतना बोल्ड भी न हो कि भीतर की सामग्री कमजोर पड़ जाए। बॉर्डर का डिजाइन कहीं से भी लिया जा सकता है। कम्प्यूटर मशीन का भी इस्तेमाल बॉर्डर बनाने में किया जा सकता है लेकिन सबसे अच्छा बॉर्डर वही होता है जिसे कोई कलाकार या चित्रकार बनाता है। मशीनी बॉर्डर अधिक आकर्षण उत्पन्न नहीं कर पाते।

मुद्रण, टाइपोग्राफी और रंग

मुद्रण से तात्पर्य छपे हुए शब्दों से है। विज्ञापन में मुद्रित शब्द सुन्दर और आकर्षक होने चाहिए क्योंकि घटिया और खराब छपाई वाली सामग्री को कोई पढ़ना पसन्द नहीं करता। मुद्रित शब्द के बीच में पर्याप्त अन्तर होना चाहिए जिससे कि प्रत्येक शब्द अलग-अलग और स्पष्ट दिखाई दे। साफ, स्पष्ट और शुद्ध मुद्रण विज्ञापन में जान डाल देता है। छपे हुए शब्द (मुद्रित शब्द) एक-दूसरे से मिले हुए नहीं होने चाहिए। उनमें किसी प्रकार की भाषा-व्याकरण सम्बन्धी अशुद्धि नहीं होनी चाहिए।

टाइपोग्राफी : मुद्रण कार्य को सुन्दर और आकर्षक बनाने के लिए अनेक प्रकार के छोटे और बड़े प्वाइंट टाइपों का इस्तेमाल किया जाता है। इस प्रकार के टाइपों का चुनाव करते वक्त उनकी क्रमबद्धता और आकार को ध्यान में रखा जाता है।

इस प्रकार की मौलिक टाइप की अपनी एक अलग पहचान होती है जोकि दूसरे टाइपों से भिन्न होती है। अंग्रेजी टाइप फेस के कुछ प्रचलित रूप इस प्रकार हैं—रोमन, राकबैल, यूनीवर्स, स्क्रिप्ट, ग्लिसन आदि। टाइपफेस कई प्रकार के होते हैं। जैसे मोनो टाइप, थिन टाइप, बोल्ड टाइप, इटेलिक टाइप आदि।

टाइप फेस का मापन ऊँचाई में प्वाइंट विधि द्वारा किया जाता है। यह प्वाइंट साइज टाइप फेस की अपेक्षा उस धरातल का होता है जिस पर टाइप फेस रुकता है। टाइप का एक इंच 72 प्वाइंट का होता है। लेटर प्रेस में निम्न प्रकार के टाइप होते हैं—2, 4, 6, 12, 16, 20, 26, 34, 44, 46, 62, 68 और 72 प्वाइंट टाइप की ऊँचाई का मानक प्रायः निश्चित सा है। यह ऊँचाई 0.918 इंच अथवा एक

इंच का 11/12वां भाग होती है। आधुनिक तकनीक सम्पन्न कम्प्यूटराइज्ड फोटो टाइप की कम्पोजिंग मशीन पर विषम आकार– 5, 7, 9, 11 प्वाइंट आदि के आकार में भी कम्पोजिंग सम्भव है।

टाइप फेस का चयन : यह अत्यन्त सावधानी और कौशल का कार्य है। टाइप फेस का चयन किस प्रकार हो, उसका आकार-प्रकार क्या हो, पंक्ति की लम्बाई कितनी हो तथा उसमें कितने शब्द/अक्षर रखे जाएँ, एक पंक्ति की दूसरी पंक्ति से कितनी दूरी हो—इन पर ले-आउट आर्टिस्ट को अत्यन्त सावधानी से कार्य करना पड़ता है। इसमें व्यावहारिकता और सूझबूझ की विशेष आवश्यकता रहती है। एक ले-आउट आर्टिस्ट का ध्यान टाइप-फेस का चयन करते समय निम्न बातों पर विशेष रूप से जाता है :

1. विज्ञापन में पैदा किया जाने वाला प्रभाव
2. अपील जो विज्ञापन में इस्तेमाल की जानी है।
3. किस माध्यम में विज्ञापन प्रकाशित होगा।
4. विज्ञापन का आकार क्या होगा।
5. कॉपी की किस्म एवं मात्रा।
6. कला कार्य का चरित्र क्या होगा।
7. विज्ञापन किसको सम्बोधित होगा।
8. टाइप फेस का पठनीय होना।
9. टाइप फेस घुँघराले और कलात्मक नहीं होने चाहिए इसे पढ़ने में परेशानी उत्पन्न होती है।
10. बॉडी कॉपी के लिए 12 प्वाइंट से छोटा टाइप होना अच्छा नहीं माना जाता।

छोटे टाइप फेस वाली पंक्तियाँ अधिक लम्बी न हों। लम्बी पंक्तियों के लिए छोटा टाइप फेस इस्तेमाल नहीं करना चाहिए। बॉडी कॉपी के उस हिस्से को बड़े टाइप साइज में लिया जाना चाहिए जिस पर पाठक का ध्यान खींचना होता है। विशेष तथ्य की ओर पाठक का ध्यान खींचने के लिए बॉर्डर का उपयोग किया जा सकता है। सफेद जगह छोड़ कर या पूरे मैटर को एक अलग बॉक्स में रखा जा सकता है। इससे पाठक का ध्यान तुरन्त उस ओर आकर्षित होता है। टाइप फेस में पर्याप्त आकर्षण होना चाहिए। उसका स्वरूप ऐसा हो जो उत्पाद से मिलता-जुलता हो। मोटी बोल्ड लाइनों और सीधे दिखने वाले टाइप फेसों का इस्तेमाल औद्योगिक उत्पादों के विज्ञापन में करना चाहिए किन्तु सौन्दर्य सामग्री से सम्बन्धित उत्पाद के विज्ञापन में इस्तेमाल किए जाने वाले टाइफ फेस पतली लाइनों वाले होने चाहिए।

शीर्ष पंक्ति को अन्य विज्ञापनों से अलग दिखाने के लिए ऐसे टाइप का

इस्तेमाल किया जा सकता है जो दूसरों से अलग हो। कई बार स्ट्रेड टाइप फेस पर हैंड लैट्रिन भी प्रयोग में लाई जा सकती है।

विज्ञापन ले-आउट संबंधी सिद्धान्त : ले-आउट का निश्चित नुस्खा या फार्मूला तो हो ही नहीं सकता क्योंकि यह तो कलाकार की कल्पना से उत्पन्न होता है। इसीलिए इसमें लोच और गतिशीलता बहुत रहती है। विज्ञापन एजेंसियाँ नित नए प्रयोग करती हैं। वर्तमान में ले-आउट विज्ञापन की बारम्बारता और अन्य परिस्थितियों पर निर्भर करता है। जैसे—अखबार में पूरे पृष्ठ से लेकर उसके दसवें भाग तक में विज्ञापन दे दिए जाते हैं। कई बार पूरे पृष्ठ में छोटा-सा विज्ञापन देकर शेष स्थान रिक्त छोड़ दिया जाता है। कई बार पत्रिका के पूरे पृष्ठ पर सुन्दर-सा चित्र होता है और नीचे छोटा-सा सन्देश, शीर्षक, नारा या ब्रांड नाम छाप दिया जाता है।

विज्ञापन का ले-आउट तैयार करते समय निम्न सिद्धान्तों को ध्यान में रखा जाना चाहिए :

अनुपात (Proportion), गति (Movement), एकता (Unity), विरोध (Contrast) और सन्तुलन (Balance)

अनुपात (Proportion) **:** विज्ञापन में सौन्दर्य सृष्टि के अतिरिक्त उचित अनुपात, माप (Size) स्वरूप एवं प्रत्येक तत्त्व के रंग आदि महत्त्वपूर्ण बातें हैं। मान लें कि एक असाधारणतः सुन्दर चित्र विज्ञापन में दिया गया है तो उसके भी अनुपात में उपयुक्त अन्तराल, अवस्थिति और विशिष्टता की माँग करता है। विज्ञापन में इस्तेमाल की जाने वाली पूरी जगह में से कितना हिस्सा किस तत्त्व को दिया जाता है, यह महत्त्वपूर्ण बात है। कुल मिलाकर स्थान का विभाजन देखने में सुन्दर लगना चाहिए।

गति (Movement) **:** वे विज्ञापन ही सुन्दर लगते हैं जिनमें गतिशीलता है। इस गतिशीलता को आँखों की भाषा से उँगली के संकेत से या तीर के निशान से दर्शाया जाता है। ले-आउट में विज्ञापन को इस प्रकार से प्रस्तुत किया जाए कि दृष्टि ऊपर से नीचे या बाएँ से दाएँ की ओर गतिशील रहे। जैसे एक व्यक्ति किसी दूसरे व्यक्ति को देख रहा है और दूसरा व्यक्ति किसी वस्तु-विशेष पर दृष्टि गड़ाए है, तो पाठक स्वभावतः सन्दर्भित वस्तु पर अपना ध्यान केन्द्रित कर लेगा।

एकता (Unity) **:** विज्ञापन के ले-आउट में एकता (Unity) या सामंजस्य (Harmony) अत्यन्त महत्त्वपूर्ण सिद्धान्त हैं। ले-आउट में प्रयुक्त ग्राफिक तत्त्व इस प्रकार से संगठित हों कि पाठक का ध्यान विचलित न हो। जैसे—दीवारें, खिड़कियाँ, दरवाजे, छत आदि सब मिलकर एक भवन के स्वरूप को प्राप्त होती हैं। इसी प्रकार पत्रिका विज्ञापन में शीर्षक, उपशीर्षक, चित्र लेखन, निर्माता एवं वस्तु का परिचय आदि एकता के भाव को प्रस्तुत करते हैं। ले-आउट किसी भी स्थिति में अधूरा,

सुस्त या कमजोर-सा नहीं लगना चाहिए। सामंजस्य स्थापित करने में खाली स्थान का उचित प्रयोग मदद कर सकता है।

विरोध (Contrast) : ले-आउट में दिखाए गए रंगों, आकारों, दिशाओं आदि का अन्तर उसे सुन्दर व आकर्षक बनाता है। जिस प्रकार से जीवन में बड़े-छोटे, अमीर-गरीब, अच्छे-बुरे, सुन्दर-असुन्दर का भेद हमारे ध्यान को आकर्षित करता है, ठीक उसी प्रकार ले-आउट में रंगों में, श्वेत-श्याम, हरा-लाल एक-दूसरे के विरोधी हैं। बड़ा चित्र, छोटा चित्र साथ-साथ देकर इस अन्तर को दर्शाने और पाठकों का ध्यान आकर्षित करने के लक्ष्य को प्राप्त किया जा सकता है।

सन्तुलन (Balance) : सन्तुलन सृष्टि और प्रकृति का मूलभूत सिद्धान्त है। किसी वस्तु की अतिवृद्धि को रोककर दूसरी वस्तु के विकास को प्रोत्साहन देकर एक सन्तुलन स्थापित किया जाता है। जिस प्रकार सन्तुलन स्थापित करने के लिए भार का स्थान बदलकर, कम ज्यादा करके सन्तुलित किया जाता है उसी प्रकार ले-आउट में भी वजन वितरण का तत्त्व महत्त्वपूर्ण होता है। ले-आउट में एक चाक्षुण केन्द्र या दृष्टि केन्द्र होता है जो वास्तविक केन्द्र से ऊपरी हिस्से के एक तिहाई ऊपर की दूरी पर होता है या ले-आउट के आधार भाग से दो तिहाई दूरी पर होता है। इसी बिन्दु से ले-आउट के सारे तत्त्व जुड़े हैं। उनका रंग, रूप, आकार व बल आदि इसी बिन्दु से उपयुक्त दूरी या नजदीकी ही महत्त्वपूर्ण बात है।

सन्तुलन के भी दो भेद बताए गए हैं—औपचारिक और अनौपचारिक। विशेषज्ञों का मानना है कि औपचारिक सन्तुलन नीरस होता है। उसकी तुलना में अनौपचारिक सन्तुलन वाले विज्ञापन पाठकों को अधिक आकर्षित करते हैं। मात्र आकर्षित करना ही विज्ञापन का उद्देश्य नहीं है। अपितु वह पाठक को प्रेरित करे कि वह विज्ञापनकर्ता के उत्पाद को खरीदे।

डिस्पले विज्ञापनों का ले-आउट तीन अवस्थाओं से गुजरता है। पहले जल्दी में तेजी से छोटे-छोटे रेखांकन तैयार किए जाते हैं। पेंसिल से बनाई इस कच्ची रूपरेखा में विभिन्न तत्त्वों की स्थिति को दिखाया जाता है। फिर कला विभाग से इस कच्चे रेखांकन पर राय ली जाती है। कला निदेशक अपने दूसरे सहयोगियों से राय ले लेता है। तीसरी अवस्था में विज्ञापन एजेंसी इस रेखांकन को अपनी ग्राहक कम्पनी को दिखाकर उनसे सुझाव माँगती है।

इन छोटे-छोटे रेखांकनों को जरा ठीक करके 'रफ्स' के रूप में विकसित किया जाता है। इस रफ ले-आउट में सभी तत्त्वों के शामिल होने के बावजूद इसे अन्तिम नहीं माना जाता क्योंकि अभी भी इसमें परिवर्तन की गुंजाइश होती है। तस्वीरें वास्तविक न होकर डमी हो सकती हैं। शीर्षक भी डमी हो सकते हैं। वास्तविक कॉपी की जगह सीधी रेखाएँ खींच दी जाती हैं। इसी प्रकार लोगो के स्थान पर कुछ बना दिया जाता है।

विभिन्न स्तरों पर दिए सारे सुझावों को रफ ले-आउट में जोड़कर अन्तिम तौर पर विस्तृत ले-आउट तैयार किए जाते हैं। इसमें वास्तविक फोटो या डिजाइन आदि होते हैं। सीधी खींची गई रेखाओं पर लिखित सामग्री/मुद्रित ब्रोमाइड चिपका दिए जाते हैं। लोगो का भी साफ-सुथरा प्रिंट चिपकाया जाता है। यह ले-आउट परिष्कृत, आकर्षक और अन्तिम होता है जिसकी प्रतियाँ बनाकर समाचार-पत्र या पत्रिकाओं में प्रकाशन हेतु भेजी जाती हैं।

अच्छे ले-आउट की विशेषताएँ : प्रभावशाली ले-आउट आकर्षक होना चाहिए। वह पाठकों के मन को भाने वाला हो। पाठक को ऐसा लगे कि विज्ञापन को वह बार-बार देखना चाहे। विज्ञापन में प्रयुक्त चित्र इतना सजीव और सशक्त हो कि वह उसके आकर्षण का केन्द्र बन जाए। शीर्ष पंक्ति या नारा बड़े अक्षरों में लिखा हो। इसका प्रस्तुतीकरण पाठक के मन को छूने वाला होना चाहिए ताकि वह मूल सन्देश को तुरन्त ग्रहण कर ले।

8

विज्ञापन बजट

विज्ञापन बजट उस अनुमानित अथवा निर्धारित धनराशि को कह सकते हैं जो एक कम्पनी एक वर्ष की अवधि में विज्ञापनों पर व्यय करने के लिए आबंटित कर लेती है। यह प्रक्रिया एकदम फल देने वाली नहीं होने के कारण दीर्घकालीन प्रक्रिया है और यह भी आवश्यक नहीं होता है कि जिस मात्रा में विज्ञापन पर धन व्यय किया जाए उसी अनुपात में विज्ञापनकर्ता को लाभ हो जाए। अतः नियमित बजट बनाने में बहुत कठिनाई रहती है फिर भी राष्ट्रीय स्तर की कम्पनियाँ यह तय कर लेती हैं कि विज्ञापन से सम्बन्धित कार्यवाही पर लगभग कितना धन व्यय करना है, अथवा ऊपरी सीमा तय कर दी जाती है, कि इस सीमा तक व्यय किया जा सकता है। अब यह विज्ञापनकर्ता की सोच, प्रकृति अथवा निर्णय लेने की शक्ति व बाजार-विश्लेषण आदि पर निर्भर करता है कि वह बजट में कम या अधिक धनराशि आबंटित करता है। जैसे दूरदर्शी और जानकर विज्ञापनकर्ता बाजार के रुख का अध्ययन विश्लेषण करके अधिक धन भी विज्ञापन पर खर्च कर देगा क्योंकि उसे बाजार में छा जाने की चाह है। दूसरी ओर एक कंजूस प्रवृत्ति वाला बाजार से कम परिचित व्यक्ति विज्ञापन पर पैसा खर्च करना व्यर्थ समझता है और वह कल के बारे में न सोचकर आज बचत और किफायत से काम लेता है।

विज्ञापन बजट और कम्पनी की बिक्री का सीधा सम्बन्ध है। क्योंकि बिक्री से होने वाली आय का ही कुछ अंश विज्ञापन के लिए आबंटित किया जाता है और दूसरी ओर विज्ञापन पर किया गया व्यय ही तो बिक्री बढ़ाता है। विज्ञापन पर खर्च कितना हो इसका कोई सर्वमान्य सिद्धान्त तो नहीं है किन्तु विज्ञापन का बजट इतना हो कि वह वस्तुओं या सेवाओं की बिक्री को बढ़ाने में मदद करे। किस अनुपात में विज्ञापन पर धन व्यय किया जाए इस बारे में प्रत्येक कम्पनी,

प्रत्येक वस्तु या प्रत्येक बाजार में अलग-अलग फैसला हो सकता है। जैसे नए उत्पाद के मामले में विज्ञापन का व्यय बिक्री के अनुपात में कहीं अधिक हो सकता है। उसी प्रकार कोई कम्पनी पहली बार बाजार में पदार्पण कर रही है तो निश्चय ही उसका विज्ञापन बजट बड़ा होगा ताकि वह अपने उत्पाद या उत्पादों का भरपूर प्रचार कर सके। इसी प्रकार विशिष्ट वर्गों के उपयोग की वस्तुओं पर विज्ञापन बजट कम होगा और उपभोक्ता के दैनिक जीवन में काम आनेवाली उपभोक्ता वस्तुओं की बिक्री में विज्ञापन की अधिक आवश्यकता पड़ती है जैसे—शृंगार सामग्री, साबुन, तेल, क्रीम, फैशनेबल वस्त्र आदि।

बजट के आकार का निर्धारण, उसमें खर्च की जाने वाली धनराशि, विभिन्न मदों पर किया जानेवाला व्यय आदि बातों का निर्णय करते समय यह देखना आवश्यक होगा कि विज्ञापन का लक्ष्य क्या है। जैसे अधिकांश कम्पनियाँ तो अधिक मुनाफा कमाना ही विज्ञापन का लक्ष्य समझती हैं किन्तु कुछ कम्पनियाँ लोक-सेवा के ऐसे कामों पर धनराशि खर्च करती हैं और विज्ञापन पर खर्च करती हैं जिससे समाज में उन्हें यश प्राप्त हो, उनकी छवि और प्रतिष्ठा बढ़े।

विज्ञापन बजट अपनी जरूरत और क्षमता के आधार पर तैयार किया जाना चाहिए। क्योंकि उसी उत्पाद के अन्य ब्राण्डों के साथ प्रतिस्पर्धा तो हो सकती है किन्तु यह तो आवश्यक नहीं कि जितना धन विज्ञापन पर दूसरी कम्पनी खर्च कर रही है उतना आप भी कर पाएँ। हर कम्पनी की परिस्थितियाँ और समस्याएँ अलग-अलग हैं अतः विज्ञापन पर व्यय भी अपनी सीमा के भीतर रहकर ही किया जाना चाहिए।

बजट ऐसी रूपरेखा या पूर्व योजना है जो विज्ञापन पर व्यय होने वाली धन राशि को नियंत्रित करती है, उसे विभिन्न मदों में बाँटती है। बजट विज्ञापनों की कार्यक्षमता या परिणामों को जाँचने का एक मानदण्ड भी है। बजट के आधार पर ही बिक्री में वृद्धि को समय-समय पर जाँचा जाता है कि व्यय के अनुसार बिक्री में वृद्धि हो रही है या नहीं। इसी आधार पर आने वाले वर्षों में विज्ञापन पर होने वाले खर्च को घटाया या बढ़ाया जा सकता है।

विज्ञापन का बजट तैयार करने से पहले बजट से जुड़ी सभी समस्याओं, पहलुओं, सहायक और बाधक तत्त्वों पर विस्तार से विचार कर लेना चाहिए ताकि विज्ञापन पर व्यय किए गए धन से अधिक से अधिक लाभ प्राप्त किया जा सके। केवल करों से छूट लेने की नीयत से विज्ञापन पर व्यर्थ व्यय नहीं होना चाहिए।

बजट तैयार करते समय दूर-दृष्टि से काम लेना चाहिए और उसके दीर्घकालीन परिणामों को भी ध्यान में रखना चाहिए। इसके अतिरिक्त विज्ञापन में वर्ष-दर-वर्ष निरंतरता होनी चाहिए ताकि उत्पाद ग्राहकों को निरन्तर याद रहे। अतः एक वर्ष में विज्ञापन पर खूब खर्च करके यदि हर वर्ष विज्ञापन कम या अधिक

मात्रा में बिल्कुल ही न दिए जाएँ तो सम्भव है ग्राहक कम्पनी या उसके उत्पाद को बिल्कुल भूल जाएँ क्योंकि विज्ञापनों की मात्रा बाजार में इतनी तेजी से बढ़ रही है कि थोड़ा अन्तराल आने से ही ग्राहकों/उपभोक्ताओं से सम्पर्क टूटने का खतरा बना रहता है।

मौसम, विशेष अवसर अथवा पर्वों पर ही दिए जाने वाले विज्ञापन समय विशेष पर ही दिए जाते हैं और उनकी योजना या उनका बजट वार्षिक आधार पर न बनाकर अवसर के अनुकूल ही तैयार किया जाता है।

प्रतिदिन बाजार की स्थिति बदलती है, उपभोक्ता की रुचि व माँग की स्थिति भी गतिशील है, एक ही वस्तु के प्रतिस्पर्धियों में भी परिवर्तन होता रहता है, विज्ञापन माध्यमों का दिन-प्रतिदिन विकास हो रहा है, उनकी दरों में वृद्धि होती रहती है, विज्ञापनदाता की आर्थिक व व्यापारिक स्थिति में परिवर्तन होता रहता है। अतः बजट परिवर्तनशील और लोचयुक्त होना चाहिए। बजट में समय-समय पर समीक्षा करने के बाद संशोधन की गुंजाइश होनी चाहिए।

विज्ञापन बजट में व्यय की मदें : विज्ञापन पर खर्च होने वाले पैसे का उपयोग अलग-अलग कम्पनियाँ अलग-अलग तरीके से करती हैं। कुछ कम्पनियाँ तो सीधे-सीधे विज्ञापन--पत्र-पत्रिका में, रेडियो, टी. वी. में दे देती हैं और कुछ विज्ञापन पर प्रत्यक्ष रूप से खर्च करने के अतिरिक्त, प्रदर्शनियों पर, मुफ्त उपहारों पर, सामाजिक-सांस्कृतिक संस्थाओं को चन्दा देकर व बिक्री सभाओं के आयोजन पर धन व्यय करती हैं। अमरीकी पत्रिका 'प्रिंटर्स इंक' के सम्पादकों ने विज्ञापन बजट की मदों के लिए एक पथप्रदर्शिका तैयार की, जिसमें व्यय की मदों को तीन सूचियों में बाँटा गया है जो इस प्रकार हैं :

(क) श्वेत सूची (White List)

इस सूची में वह सब कुछ शामिल है जिसका प्रत्यक्ष सम्बन्ध विज्ञापनों और विज्ञापन गतिविधियों से है। 'प्रिंटर्स इंक' द्वारा किए गए सर्वेक्षण में शामिल 900 कम्पनियों में से दो-तिहाई से अधिक में विज्ञापन बजट में निम्नलिखित मदों को शामिल किया था :

1. विभिन्न विज्ञापन माध्यमों में जगह और समय की खरीद;
2. विज्ञापनों की तैयारी, कला सामग्री, टाइपोग्राफी, फोटो, डिज़ाइन, विज्ञापन सामग्री, पत्र-पत्रिकाओं आदि की खरीद;
3. कम्पनी के विज्ञापन विभाग में कार्यरत कर्मचारियों का वेतन, उनके कार्यालय, भवन/फर्नीचर, भ्रमण, जलपान आदि पर होने वाला व्यय;
4. विज्ञापन परामर्शदाता, विज्ञापन एजेंसियों, विज्ञापन संघों आदि को होने

वाला भुगतान;

5. संस्थानीय विज्ञापन;
6. स्थानीय सहकारी विज्ञापन;
7. उपभोक्ता को भेजे जाने वाला डायरेक्ट मेल;
8. पाठक या श्रोता अनुसंधान और विज्ञापन परीक्षण सेवाएँ;
9. विज्ञापन सामग्री के श्रेष्ठ रख-रखाव और उसे एक जगह से दूसरी जगह भेजने सम्बन्धी व्यय।

(ख) संदिग्ध सूची (Gray List)

इस सूची में वे सब मदें शामिल हैं जिन्हें विज्ञापन बजट में शामिल भी किया जा सकता है और नहीं भी। ये मदें हैं :

1. उपभोक्ताओं के लिए कैटलॉग;
2. वर्गीकृत टेलीफोन निर्देशिकाएँ;
3. अनियमित प्रकाशनों में जगह;
4. बिक्री में लगे लोगों की सहायता के लिए विज्ञापन गतिविधियाँ/वस्तुएँ;
5. वित्तीय विज्ञापन;
6. डीलरों की सहायता के लिए साहित्य;
7. डीलरों और कार्यकर्ताओं को भेजी जाने वाली चिट्ठी-पत्रियाँ;
8. उद्योग विज्ञापन कोष के लिए चन्दे;
9. कार्यालय में इस्तेमाल की जाने वाली विविध सप्लाई।

(ग) काली सूची (Black List)

प्रिंटर्स इंक द्वारा जो सर्वेक्षण किया गया था, उसमें एक-तिहाई से भी कम कम्पनियों के बजट में निम्नलिखित मदों को अपने विज्ञापन बजटों में शामिल नहीं किया गया था। अतः जहाँ तक हो सके इन मदों पर होने वाला खर्च विज्ञापन बजट में शामिल नहीं करना चाहिए। ये मदें हैं :

1. प्वाइंट आफ सेल सामग्री;
2. विन्डो डिस्प्ले पर होने वाला खर्च;
3. कम्पनी के अन्य विभागों द्वारा की जाने वाली सेवाओं पर व्यय;
4. डीलरों के लिए कैटलॉग;
5. बाजार परीक्षण कार्यक्रम;
6. उपभोक्ताओं व अन्य लोगों को भेजी जाने वाली वस्तुओं के भेजने पर

व्यय;

7. ग्राहकों और डीलरों के लिए गृह-पत्रिकाओं का प्रकाशन;
8. प्रतियोगिताओं पर होने वाला व्यय;
9. पैकेजिंग पर होने वाला व्यय;
10. उपभोक्ता प्रतिस्पर्धा पुरस्कार;
11. नमूनों का निःशुल्क वितरण;
12. वस्तुओं के टैग;
13. शो-रूम पर होने वाला व्यय;
14. उपभोक्ताओं को शिक्षित करने के कार्यक्रम;
15. वस्तु प्रचार;
16. फैक्टरी और फैक्टरी की गाड़ियों पर इस्तेमाल होने वाले चिह्न;
17. आदेश संलग्निकाएँ;
18. प्रेस क्लिपिंग सर्विस;
19. बाजार अनुसन्धान;
20. भर्ती विज्ञापन;
21. मूल्य-सूचियाँ;
22. जन-सम्पर्क परामर्शदाता;
23. उपहार वितरण;
24. गारण्टीशुदा वापसियों पर होने वाला व्यय;
25. कानूनी मामलों पर हुए खर्च का हिस्सा;
26. कम्पनी की मनोरंजन गतिविधियाँ;
27. उत्पादन अनुसन्धान;
28. कर्मचारियों/सेल्ज़मैनूज के लिए गृह-पत्रिका;
29. ग्राहकों और सम्भावी ग्राहकों को जलपान;
30. छात्रवृत्तियाँ;
31. संयन्त्र भ्रमण;
32. वार्षिक रिपोर्टों का प्रकाशन;
33. विविध संस्थाओं को चन्दे व अनुदान।

उपरोक्त सूची पूरी नहीं है और न ही इनका अंधा अनुसरण किया जाना चाहिए। निष्कर्ष के तौर पर कहा जा सकता है कि विज्ञापन बजट में केवल उन्हीं मदों पर व्यय दिखाना चाहिए जिनका सीधा सम्बन्ध विज्ञापन विभाग के सुसंचालन, विज्ञापन गतिविधियों में लगे कर्मचारियों और विज्ञापनों कार्यक्रमों को तैयार करने और उन्हें जारी करने से है। माध्यमों में जगह और समय की खरीद, विविध विज्ञापन सामग्री की खरीद और विज्ञापन अनुसन्धान आदि पर होने वाला व्यय

विज्ञापन बजट का ही हिस्सा है। उन मदों को जिनका सम्बन्ध कम्पनी के दूसरे विभागों से है, उन्हें विज्ञापन बजट में शामिल किया जाना उचित नहीं है।

विज्ञापन बजट कैसे निर्धारित करें

विज्ञापन बजट तैयार करने के लिए कुछ आधारों-नियमों या सिद्धान्तों को ध्यान में रखा जाना चाहिए जो इस प्रकार हैं :

(1) पूर्व विक्रय का आधार : विज्ञापनकर्ता कम्पनी यदि पहले से ही स्थापित होकर चल रही हो तो पिछले कुछ वर्षों में उनके उत्पाद की बिक्री को आधार बनाकर विज्ञापन बजट तैयार किया जा सकता है। अर्थात् पिछले अनुभवों, प्रयोगों और परिणामों के आधार पर निर्णय किया जा सकता है। यद्यपि यह तरीका भ्रामक अथवा दुष्परिणाम देने वाला भी हो सकता है क्योंकि प्रतिदिन बाजार की परिस्थितियाँ बदलती हैं, विज्ञापन माध्यमों का निरन्तर विकास हो रहा है, उपभोक्ता की रुचि में अभूतपूर्व परिवर्तन देखने को मिलता है। अतः पूर्व विक्रय के आधार पर तैयार किया विज्ञापन बजट कुछ ही स्थितियों में लाभप्रद सिद्ध होता है।

(2) पूर्वानुमान : सम्भावित बिक्री का पूर्वानुमान लगाकर विज्ञापन बजट तैयार किया जा सकता है। इसमें बाजार के रुख का अध्ययन-विश्लेषण करने वाला विज्ञापनकर्ता सफल हो सकता है। अनुमान किसी भी मात्रा में उचित या अनुचित हो सकता है अतः वास्तविकता पर आधारित न होने के कारण यह तरीका भी पूर्णतः सफल नहीं कहा जा सकता।

(3) बिक्री के प्रतिशत का तरीका : यह तरीका व्यापार और विज्ञापन के क्षेत्र में काफी समय से प्रचलित है। इसमें बिक्री के एक निर्धारित प्रतिशत धन को विज्ञापन व्यय के लिए रख लिया जाता है जैसे 50 लाख वार्षिक बिक्री के आधार पर पाँच प्रतिशत धन यानी 2.50 लाख रुपए विज्ञापन के लिए आबंटित कर दिए जाएँ। यह प्रतिशत पिछले एक या दो वर्षों की बिक्री और अगले वर्ष की सम्भावित बिक्री का औसत निकालकर उसका पाँच प्रतिशत निकाल लिया जाए।

(4) विक्रय इकाई के आधार पर : उत्पादित प्रत्येक इकाई पर कुछ धनराशि तय कर दी जाए, जैसे एक स्कूटर बनाने वाली कम्पनी हर बिकने वाले स्कूटर पर 20 रुपए विज्ञापन पर खर्च करने का निर्णय करे। अतः जितने स्कूटर बिकेंगे उतनी ही अधिक राशि विज्ञापन बजट में आ जाएगी।

(5) लक्ष्य एवं कार्यप्रणाली के आधार पर : सामान्यतः विज्ञापन की कार्यवाही लम्बी अवधि के प्रभाव के लिए की जाती है। किन्तु बीच-बीच में अल्पकालिक या तुरन्त परिणाम देने वाले लक्ष्य और काम तय कर लिए जाते हैं। उद्देश्य तो दीर्घकालीन हो सकते हैं जैसे, वस्तु या कम्पनी का छवि-निर्माण करके उपभोक्ताओं

में अपनी साख पैदा करना, कम्पनी की आर्थिक व व्यापारिक नीतियों से लोगों को अवगत कराना, लोक-कल्याणकारी कार्यों या विज्ञापनों पर धन व्यय करके यश व नाम कमाना। किन्तु तुरन्त के लक्ष्य या काम यानी पूरी विज्ञापन की कार्यवाही के किसी एक अंग को विज्ञापन एजेंसी को सौंपा जा सकता है जैसे, निम्नलिखित में से एक काम सौंपा जा सकता है :

(1) एक नए उत्पाद की जानकारी देना

(2) एक ब्रांड को विज्ञापित करना

(3) वितरकों के बारे में जानकारी देना

(4) ग्राहकों को शिक्षित करना

(5) वस्तु/सेवा की बिक्री बढ़ाना

(6) उत्पाद के बारे में भ्रांतियों या दुष्प्रचार का निवारण करना, बिज्ञापन बजट का यह तरीका स्पष्ट, सीधा, सरल एवं अत्यंत प्रभावी है। यह आवश्यक है कि 'काम' या 'लक्ष्य' को पूर्णतः स्पष्ट करके एजेंसी को सौंपा जाए।

(6) प्रतिस्पर्द्धा के आधार पर : अनेक कम्पनियाँ अपनी प्रतिस्पर्द्धी कम्पनियों द्वारा किए गए विज्ञापन व्यय को आधार बनाकर अपना विज्ञापन बजट तैयार करती हैं। इस बात का लेखा-जोखा रखा जाता है कि इनके मुकाबले में खड़ी कम्पनी वर्ष भर में कितने विज्ञापन, किस प्रकार के, किस माध्यम से कब देती है। अतः प्रतिस्पर्द्धी कम्पनी के अनुभवों का लाभ उठाकर अपना विज्ञापन बजट तैयार किया जा सकता है। सामान्यतः यह तरीका ठीक है किन्तु अंधानुकरण की शिकार कम्पनी को हानि भी उठानी पड़ सकती है। दूसरे प्रतिस्पर्द्धी कम्पनी को बाजार में नीचा दिखाने के उद्देश्य से व्यर्थ का व्यय किए जाने का खतरा बना रहता है।

(7) शुद्ध मुनाफे के आधार पर : कम्पनी की कुल आय में से व्यय आदि निकालकर विशुद्ध लाभ को आधार बना लिया जाए और उसका कुछ प्रतिशत विज्ञापन बजट के रूप में व्यय कर दिया जाए।

(8) वहनीय आधार पर : यथार्थ और सादा तरीका यह हो सकता है कि अपनी सामर्थ्य, आय के स्रोत, सम्भावित आय का अनुमान लगाकर उसी में से थोड़ा सा धन विज्ञापन के लिए आबंटित किया जा सकता है। यह तरीका सरल सीधा व लचीला है।

(9) सुरक्षा कोष : इसमें विज्ञापन के लिए एक स्थायी कोष का निर्माण कर लिया जाता है ताकि विज्ञापन पर कोई संकट आ जाए तो इस सुरक्षित राशि में से उसकी सहायता की जा सकती है।

9

विज्ञापन कानून और संहिताएँ

विज्ञापन आज के व्यावसायिक एवं प्रतिस्पर्धा के दौर में उत्पादक एवं उपभोक्ता दोनों के लिए ही अत्यन्त अनिवार्य चीज हो गयी है। उत्पादक जहाँ विज्ञापन के माध्यम से अपने उत्पाद की बिक्री बढ़ाने की चेष्टा करता है वहीं उपभोक्ता उसके द्वारा सही वस्तु का चयन करने में सुविधा महसूस करता है। कड़ी प्रतिस्पर्धा एवं आधुनिकता बोध ने विज्ञापन के चरित्र को बहुत बदल दिया है। अनैतिकता और अश्लीलता का चित्रण उसमें अनिवार्य सा माना जाने लगा है। इसीलिए विलियम कोबैट ने जो एक समाज-सुधारक भी थे, ने विज्ञापन को 'झूठ, कूड़े और अश्लीलता का मसाला' कहा था। यह 1800 ई. की बात है। वर्तमान 20 वीं सदी में इस झूठ, कूड़े, अनैतिकता और अश्लीलता के मसाले में वृद्धि ही हुई है, कमी नहीं। विज्ञापन एजेंसी में काम करने वाले एक अन्य विशेषज्ञ के अनुसार विज्ञापन मानसिक प्रदूषण उत्पन्न करते हैं। बच्चों के भोले-भाले मस्तिष्क पर इनका दुष्प्रभाव शीघ्र पड़ता है। उनके सोचने-समझने और कार्य करने की शैली में परितर्वन हो जाता है। वे अधिकतर विज्ञापन का अनुकरण करने की कोशिश करते हैं। इस अनुकरण के फलस्वरूप प्राप्त परिवर्तन सार्थक, सकारात्मक भी हो सकता है और विध्वंसक, निरर्थक व नकारात्मक भी।

विज्ञापन अनचाही माँग उत्पन्न करता है जिसके परिणामस्वरूप प्रत्येक उपभोक्ता उस वस्तु को प्राप्त करने की इच्छा करता है। उपभोक्ता को वस्तु प्राप्त करने के लिए उकसाता है। जब यह इच्छा पूर्ण नहीं होती तो व्यक्ति में निराशा, हताशा और कुण्ठा जन्म ले लेती है। उपभोक्ता को मानसिक परेशानी, शोपण, धोखाधड़ी और समाज को अनैतिकता व अश्लीलता से बचाने के लिए अनेक

कानून और संहिताएँ बनाई गईं। ये कानून और संहिताएँ उत्पादक और उपभोक्ता दोनों से जुड़ी हैं। एक उत्पादक को इन कानूनों की जानकारी होना अनिवार्य है। इनका उल्लंघन करना दण्डनीय अपराध होता है। भारत में अभी तक जो उपभोक्ता संरक्षण एवं विज्ञापन से सम्बन्धित अधिनियम बनाए गए हैं उनका क्रमशः वर्णन इस प्रकार है :

उपभोक्ता संरक्षण अधिनियम, 1986

यह अधिनियम उपभोक्ता के हितों को सुरक्षित करता है। इसके द्वारा उपभोक्ता की शिकायतों एवं विवादों के निपटारे के लिए उपभोक्ता परिषदों एवं अन्य प्राधिकरणों की स्थापना का प्रावधान किया गया है। इस अधिनियम द्वारा उपभोक्ता के हितों का संरक्षण तो होता ही है साथ ही उसके अधिकारों का संवर्धन भी होता है जैसे :

(क) ऐसे उत्पाद के विपणन के विरुद्ध संरक्षित किए जाने का अधिकार जो उपभोक्ता की जिन्दगी और सम्पत्ति के लिए हानिकर है।

(ख) उत्पाद (माल) की गुणवत्ता, मात्रा, क्षमता, शुद्धता और मूल्य आदि के सम्बन्ध में सूचित किए जाने का अधिकार।

(ग) जहाँ सम्भव हो वहाँ प्रतिस्पर्धात्मक मूल्यों पर उत्पाद (माल) तक पहुँच का आश्वासन दिए जाने का अधिकार।

(घ) उपभोक्ता की आवाज सुने जाने और उसे आश्वस्त किए जाने का अधिकार कि उसके हितों पर सम्बन्धित मंच पर पूर्णतया विचार किया जाएगा।

(ङ) उपभोक्ता के अनुचित शोषण के विरुद्ध मुआवजा पाने का अधिकार।

(च) उपभोक्ता शिक्षा का अधिकार।

उपभोक्ता के इन हितों की सुरक्षा केन्द्र तथा राज्यों में स्थापित 'उपभोक्ता हित संवर्धन और संरक्षण परिषदों' द्वारा की जाएगी। उपभोक्ता की शिकायतों एवं विवादों के शीघ्र और सरल निपटारे के लिए एक अर्धन्यायिक मशीनरी, जिला, राज्य और केन्द्र स्तर पर गठित होगी। ये संस्थाएँ प्राकृतिक-न्याय के सिद्धान्त का पालन करेंगी और निर्दिष्ट प्रकृति का अनुदेश देने के लिए जहाँ तक सम्भव और उचित हो वहाँ उपभोक्ता को मुआवजा दिलवाएँगी। इसके लिए उनको अत्यन्त सशक्त बनाया गया है। ये अर्धन्यायिक निकाय जो आदेश जारी करेंगे, उनका पालन न होने की स्थिति में इनको दण्ड देने के अधिकार से सम्पन्न किया गया है।

औषधि एवं प्रसाधन सामग्री अधिनियम, 1940

इस अधिनियम का सम्बन्ध औषधि एवं प्रसाधन सामग्री से है। औषधियाँ जो देश में बनती हैं उनकी मानकता, शुद्धता, विक्रय, वितरण एवं नियंत्रण का कार्य इसमें रखा गया है। ऐसी कोई औषधि या प्रसाधन सामग्री जो उत्तम स्तर की नहीं है, सरकार उसके आयात, उत्पादन एवं वितरण पर रोक लगा सकती है। इस अधिनियम में यह भी प्रावधान किया गया है कि विज्ञापन में सरकारी विश्लेषक की रिपोर्ट का इस्तेमाल नहीं किया जा सकता। ऐसा करने पर दण्ड का प्रावधान इस अधिनियम में किया गया है।

औषधि एवं जादुई इलाज (आपत्तिजनक विज्ञापन अधिनियम) 1954

इस अधिनियम द्वारा यह व्यवस्था की गई है कि ऐसे आपत्तिजनक विज्ञापन जिसमें किसी बीमारी के जादुई इलाज का दावा किया गया है, का इस्तेमाल नहीं हो मकता। उस पर पूर्णतया रोक है। यह अधिनियम नीम-हकीमों की ठगी को रोकता है जो भोले-भाले लोगों को हानिप्रद दवाएँ देकर उनके जीवन से खिलवाड़ करते हैं।

अश्लीलता चित्रण प्रतिषेध अधिनियम, 1986 या
स्त्री अशिष्ट रूपण प्रतिषेध

(क) यह अधिनियम अशिष्टता एवं अश्लीलता का प्रतिषेध करता है। स्त्री-शरीर-प्रदर्शन के सन्दर्भ में यह अधिनियम विशेष रूप से बनाया गया है। किसी स्त्री की ऐसी आकृति, उसका रूप, शरीर या उसके किसी अंग को इस तरह दिखाना जिससे प्रतिकूल प्रभाव पड़ता हो, स्त्री के लिए असम्मानजनक एवं अपमानकारी हो अथवा उससे व्यक्ति, समाज में दुराचार और अनैतिकता फैलने का खतरा हो, प्रतिषेध होगा।

(ख) इस अधिनियम में ऐसे सभी विज्ञापनों-प्रकाशनों पर प्रतिषेध है जिनमें किसी भी रूप में स्त्री-अशिष्ट-चित्र प्रस्तुत किए गए हों।

(ग) यह अधिनियम ऐसी सभी पुस्तकों का प्रतिषेध करेगा जिसमें किसी भी रूप में स्त्री का अशिष्ट चित्रण/प्रस्तुतीकरण हो।

(घ) इस अधिनियम में दंड के सम्बन्ध में कहा गया है कि पहली बार दोष सिद्ध हो जाने पर किसी भी तरह का कारावास, जिसकी अवधि दो साल तक हो सकती है और जुर्माना, जो दो हजार तक हो सकेगा, दंड दिया जा सकता है। दूसरी बार और उसके बाद दोष सिद्ध होने पर भारी दण्ड का प्रावधान किया गया है।

एकाधिकार तथा अवरोधक व्यापारिक व्यवहार (संशोधन) अधिनियम, 1969

इस अधिनियम में दो बातों का उल्लेख है। प्रथम एकाधिकार पर रोक, दूसरे उपभोक्ता-हित के विरुद्ध होने वाले व्यापारिक व्यवहार पर रोक। आर्थिक शक्ति के केन्द्रीकरण को रोकना जिससे एकाधिकार वाले व्यापारिक व्यवहार को नियंत्रित रखा जा सके। तथा ऐसे गलत व्यापारिक व्यवहारों को रोकना जो उपभोक्ता के हितों के प्रतिकूल पड़ते हैं।

बाट और माप मानक अधिनियम, 1976

इस अधिनियम द्वारा मानक बाट एवं माप का प्रावधान किया गया है ताकि उपभोक्ता को उसके पैसे की समुचित वस्तु प्राप्त हो सके। अमानक व अशुद्ध बाट व माप प्रणाली का प्रयोग करने पर इस अधिनियम में दण्ड का प्रावधान रखा गया है।

खाद्य अपमिश्रण निवारण (संशोधित) अधिनियम, 1986

खाद्य वस्तुओं में अपमिश्रण की समस्या को देखते हुए यह अधिनियम 1954 में लाया गया। इस अधिनियम में मान्यता प्राप्त उपभोक्ता संगठनों को वस्तु का नमूना लेने और जहाँ अनिवार्य हो वहाँ अभियोजन करने का अधिकार प्रदान नहीं करता लेकिन 1986 के संशोधित अधिनियम में उपभोक्ता भी विहित फीस प्रदान कर लोक विश्लेषक द्वारा विश्लेषण के लिए नमूने ले सकता है। विश्लेषक की रिपोर्ट में यदि किसी प्रकार का अपमिश्रण पाया जाता है तो उपभोक्ता को न्यायालय में कानूनी कार्रवाई करने का अधिकार है। उपभोक्ता संगठन भी खाद्य पदार्थों के नमूने धारा 12 के अधीन ले सकते हैं और यदि ये संगठन खाद्य पदार्थ में किसी प्रकार का अपमिश्रण पाते हैं तो अधिनियम की धारा 20 के अन्तर्गत विधिक कार्रवाई करने के लिए उनको समर्थ बनाया गया है। इस अधिनियम में मान्यता प्राप्त उपभोक्ता संगठन के पद को स्पष्ट करने की भी व्यवस्था की गयी है ताकि उसे कम्पनी अधिनियम, 1956 या उस समय प्रवृत्त किसी विधि के अधीन पंजीकृत स्वैच्छिक उपभोक्ता संगठन बनाया जा सके।

पंजाब आबकारी अधिनियम, 1914

यह अधिनियम ऐसे विज्ञापनों का प्रतिषेध करता है जो मदिरा के प्रयोग को प्रचारित

करते हैं। अन्य राज्यों में भी इस तरह के कानून बनाए गए हैं जिनमें नशीली वस्तुओं के प्रचार पर प्रतिबन्ध लगाया गया है।

चिह्न एवं नाम अधिनियम, 1950

इस अधिनियम द्वारा यह प्रावधान किया गया है कि निजी विज्ञापनों में संयुक्त राष्ट्र संघ, विश्व स्वास्थ्य संगठन, यूनेस्को आदि ऐसे अन्तर्राष्ट्रीय संगठनों के नाम एवं चिह्नों का प्रयोग नहीं किया जा सकता। देश में केन्द्रीय सरकार, राज्य सरकार, न्यायालय, राष्ट्रपति, राज्यपाल आदि के नाम व मुहर तथा राष्ट्रीय ध्वज का प्रयोग भी किसी कम्पनी के निजी विज्ञापनों में नहीं किया जा सकता। इस अधिनियम में राष्ट्रीय-सम्मान एवं गरिमा के संरक्षण की भी व्यवस्था की गई है। देश के राष्ट्रीय ध्वज, राष्ट्रगान, राष्ट्रीय चिह्नों तथा संविधान का अपमान करने पर दण्ड की व्यवस्था भी इस अधिनियम में की गई है।

इस अधिनियम द्वारा आपत्तिजनक और किसी की मानहानि वाला विज्ञापन प्रसारित-प्रकाशित नहीं किया जा सकता। किसी की बदनामी करना, अश्लील पिक्चरों और चरित्र-हनन आदि को भी प्रतिबन्धित किया गया है।

व्यापार एवं माल चिह्न अधिनियम, 1958

व्यापारिक चिह्न को सुरक्षित करने के लिए इस अधिनियम को लाया गया। प्रत्येक उत्पादक का एक व्यापारिक चिह्न होता है। यह चिह्न उसके व्यापार की पहचान होता है। केवल वही इस चिन्ह का प्रयोग कर सकता है। इस अधिनियम द्वारा उत्पादक के चिह्न-विशेष को पूर्णयता सुरक्षा मिलती है। कोई अन्य उत्पादक इस चिह्न का उपयोग/दुरुपयोग नहीं कर सकता।

विज्ञापन से किसी न किसी रूप में सम्बन्धित कुछ अन्य अधिनियम जो समय-समय पर जारी किए गए हैं—उनका संक्षिप्त विवरण प्रस्तुत है :

1. आवश्यक वस्तु अधिनियम, 1955
2. पुरस्कार प्रतिस्पर्धा अधिनियम, 1955
3. हानिप्रद प्रकाशन अधिनियम, 1956
4. कॉपी राइट अधिनियम, 1957
5. आबकारी अधिनियम, 1962
6. भारतीय गोपनीयता अधिनियम, 1963
7. भारतीय दंड संहिता, 1868
8. प्रेस एवं पुस्तक पंजीकरण अधिनियम, 1868
9. भारतीय तार (टेलिग्राफ) अधिनियम, 1885

10. भारतीय ठेका अधिनियम, 1972
11. पेटेन्ट अधिनियम, 1970
12. प्रेस परिषद् अधिनियम, 1978
13. पैकेट बन्द वस्तुओं के नियमन से सम्बन्धित अधिनियम, 1976
14. बाट तथा माप मानक (संशोधित) अधिनियम, 1986
15. मुम्बई लाटरीज (नियन्त्रण एवं कर) और पुरस्कार प्रतिस्पर्धा (कर) अधिनियम, 1958

आचार संहिता

इन सभी अधिनियमों के अतिरिक्त विज्ञापनों की अपसंस्कृति पर नियन्त्रण करने के लिए एडवरटाइजिंग स्टैण्डर्ड्स कौंसिल आफ इंडिया, इण्डियन न्यूज पेपर सोसाइटी, एडवरटाइजिंग एजेंसीज एसोसिएशन ऑफ इंडिया आदि ने आचार-संहिताएँ बनाई हैं। समाचार-पत्रों, दूरदर्शन एवं रेडियो आदि की अपनी अलग आचार-संहिताएँ हैं। इन आचार-संहिताओं का पालन प्रत्येक विज्ञापनकर्ता को करना पड़ता है।

विज्ञापन एजेंसियों, विज्ञापनकर्ताओं, समाचार-पत्रों एवं पत्रिकाओं ने परस्पर मिलकर एडवरटाइजिंग, स्टैण्डर्ड्स कौंसिल ऑफ इंडिया का गठन किया। इसने जो आचार संहिता बनाई है उसमें विज्ञापनकर्ता का यह दायित्व हो जाता है कि सभी विज्ञापन कार्रवाई साफ, स्पष्ट व सत्य पर आधारित हो। उसमें उपभोक्ता के हितों को अनदेखा न किया गया हो। इस आचार संहिता में विज्ञापन कार्रवाई के सम्बन्ध में निम्न दिशा-निर्देशक सावधानियों का उल्लेख किया गया है :

(1) भ्रामक एवं दिग्भ्रमित करने वाले विज्ञापनों के विरुद्ध उपभोक्ता को सुरक्षा प्रदान करना और उन सच्चाइयों और दावों को सुनिश्चित करना जो विज्ञापन में किए गए हैं।

(2) सेक्स और भोंडेपन को रोकना। और सुनिश्चित करना कि विज्ञापन में अश्लीलता का प्रदर्शन न हो और उसमें शिष्टता के सामाजिक स्तर का पालन हो रहा है या नहीं।

(3) सामाजिक दृष्टि से हानिकारक वस्तुओं के विज्ञापनों के अत्यधिक प्रचार को नियन्त्रित करना। और ऐसे विज्ञापन के दुष्प्रभाव से सामाजिक सुरक्षा सुनिश्चित करना।

(4) विज्ञापन प्रतिस्पर्धा में ईमानदारी बरतें। इसका निश्चय भी संहिता करती है।

दिग्भ्रमित करने वाले तथा अशिष्ट, तथा मिथ्या विज्ञापनों की शिकायत कौंसिल से की जा सकती है। दोषी पाए जाने पर विज्ञापनकर्ता के विरुद्ध कौंसिल

आवश्यक अनुशासनात्मक कार्रवाई कर सकती है। उपभोक्ता की शिकायतों की सुनवाई के लिए 14 सदस्यों की एक समिति होती है। इसकी बैठक एक महीने में दो बार होती है और किसी फैसले के लिए कम-से-कम पाँच सदस्यों का होना अनिवार्य होता है। शिकायत मिलने पर कौंसिल विज्ञापनकर्ता को बुलाती है। यदि शिकायत ठीक है, पूछताछ के बाद विज्ञापनकर्ता को वह विज्ञापन वापस लेने के लिए कहा जाता है। यदि विज्ञापनकर्ता इस आदेश का पालन नहीं करता तो सीधे सम्बन्धित मीडिया से सम्पर्क करके निवेदन किया जाता है कि वह उस विज्ञापन को मुद्रित प्रचारित न करे।

दूरदर्शन और रेडियो की आचार-संहिता में उल्लिखित बातें निम्न हैं :

(1) विज्ञापन की संरचना इस तरह की हो कि वह देश के संविधान के अनुसार जनता की धार्मिक मान्यताओं और नैतिकता पर कोई चोट या आघात न पहुँचाती हो।

(2) किसी जाति, व्यक्ति, रंग और राष्ट्रीयता की निन्दा करने वाले विज्ञापन प्रसारित नहीं किए जाएँगे। साम्प्रदायिक सामंजस्य और सामाजिक सद्‌भाव के विरुद्ध पड़ने वाले विज्ञापन प्रसारित नहीं किए जाएँगे। दूसरे देशों की मैत्री को प्रभावित करने वाले, राष्ट्रीय चिह्न, प्रतीक या किसी राष्ट्रीय नेता के व्यक्तित्व का दुरुपयोग करने वाले विज्ञापनों का प्रसारण नहीं किया जाएगा। साथ ही तम्बाकू, सिगरेट, मदिरा और अन्य नशीली वस्तुओं के विज्ञापनों में इनका (राष्ट्रीय प्रतीक, चिह्न आदि) का प्रयोग नहीं किया जा सकता। स्त्री-पुरुष का भेद प्रदर्शित करने वाले तथा नारी प्रतिष्ठा को आघात पहुँचाने वाले विज्ञापनों को प्रसारित नहीं किया जाएगा।

(3) सन्देश-समाचार के रूप में कोई विज्ञापन प्रस्तुत नहीं किया जाएगा।

(4) धर्म-राजनीति सम्बन्धी विज्ञापन स्वीकार्य नहीं होंगे।

इसके अतिरिक्त निम्न विषयों सेवाओं से सम्बन्धित विज्ञापन स्वीकार्य नहीं होंगे :

(1) शादी कराने वाली एजेंसियों के विज्ञापन।
(2) चिट-फण्ड कम्पनी के विज्ञापन।
(3) केन्द्र और राज्य की संस्थाओं, राष्ट्रीयकृत बैंकों, सार्वजनिक क्षेत्र की बचत एवं लाटरी का ही विज्ञापन प्रसारित किया जाएगा इसके अतिरिक्त किसी का नहीं।
(4) गैर-लाइसेंस प्राप्त रोजगार सेवाओं के विज्ञापन।
(5) भविष्यवाणी व सम्मोहन से जुड़े विज्ञापन।
(6) घुड़दौड़, किस्मत के खेल से जुड़े विज्ञापन।
(7) विदेशी बैंकों के विज्ञापन।

(8) विदेशी वस्तुओं के विज्ञापन।
(9) चमत्कारी इलाज का दावा करने वाले विज्ञापन।
(10) द्विअर्थी, दिग्भ्रमित करने वाले विज्ञापन।
(11) हिंसा, अपराध, चीखों वाले विज्ञापन स्वीकार नहीं किए जाएँगे।
(12) ऐसे विज्ञापन जिनमें सम्बन्धित क्षेत्र के दूसरे निर्माता के बारे में कुछ अपमानजनक कहा गया हो।
(13) बच्चों के मस्तिष्क पर बुरा असर डालने वाले, उनमें हीन भावना उत्पन्न करने वाले विज्ञापन। उन्हें खराब आदतों या समाज-विरोधी बनाने वाले विज्ञापन।
(14) किसी विज्ञापन की नकल करने वाले विज्ञापन।
(15) तथ्यों को तोड़-मरोड़ कर प्रस्तुत करने वाले विज्ञापन।

ऐसा कोई भी विज्ञापन जो जन हित में नहीं है रेडियो-दूरदर्शन पर उसके प्रदर्शन पर रोक लगाई जा सकती है। यदि विज्ञापन स्वस्थ व्यावसायिक व व्यापारिक मानदण्डों के विरुद्ध है और श्रोताओं/दर्शकों पर कुप्रभाव डालने वाला है तो उसका प्रसारण भी रोका जा सकता है।

10

शेड्यूलिंग

शेड्यूलिंग का अर्थ होता है—अनुसूची बनाना। विज्ञापन के सन्दर्भ में इसका अर्थ किसी विज्ञापन को विभिन्न माध्यमों में जारी करने की अनुसूची बनाने से है। शेड्यूलिंग की अवधि सीमित भी हो सकती है और असीमित भी। यह अनुसूची एक वित्तीय वर्ष के लिए भी हो सकती है और जब तक विज्ञापन-अभियान चलता है तब तक भी। शेड्यूलिंग में कई बातों का उल्लेख होता है। विज्ञापन किन-किन माध्यमों को भेजने हैं। कब-कब वे प्रकाशित/प्रसारित हों; कितनी बार और कब उन्हें दोहराना है; विज्ञापन किसको सम्बोधित करना है; कितने श्रोता/दर्शक क्षेत्र को कवर करना है—ये सब विवरण शेड्यूलिंग में होते हैं। इन सबमें तीन चीजें प्रमुख रूप से उभरकर सामने आती हैं—निरन्तरता (Continuity), व्याप्ति (Coverage) और आवृत्ति (Frequency)। निरन्तरता से तात्पर्य विज्ञापन के प्रसारित/प्रकाशित होने की नियमितता से है। व्याप्ति से तात्पर्य माध्यमों के चयन से है। आवृत्ति का सम्बन्ध विज्ञापन की संख्या व आकार से तो होता ही है, साथ ही एक निश्चित समय के भीतर विज्ञापन के प्रकाशित होने से भी है। निरन्तरता, व्याप्ति और आवृत्ति तीनों का आपस में गहरा सम्बन्ध है। ये तीनों एक-दूसरे पर आश्रित हैं। उचित ढंग से शेड्यूलिंग करके जब विज्ञापन प्रकाशित कराया जाता है तो उसके परिणाम काफी लाभदायक होते हैं। शेड्यूलिंग में निश्चित नियम और फार्मूलों के साथ-साथ नये प्रयोग और अनुसंधान का भी सहारा लिया जा सकता है।

निरन्तरता (Continuity) : विज्ञापन अभियान की सफलता के लिए किसी विज्ञापन का निरन्तर प्रकाशित-प्रसारित होते रहना नितान्त अनिवार्य है। कई बार विज्ञापन की निरन्तरता को मौसम के कारण रोक देना पड़ता है। उस समय विज्ञापन प्रसारित-प्रकाशित नहीं किए जाते। उदाहरणार्थ ऊन और शीतल पेय के

विज्ञापन ले सकते हैं। ऊन के विज्ञापनों के प्रसारण की समय-अवधि अक्तूबर से लेकर फरवरी तक होती है। इसी प्रकार शीतल पेय के विज्ञापन दिसम्बर, जनवरी और फरवरी को छोड़कर सारे वर्ष प्रसारित-प्रकाशित होते हैं। यह विज्ञापन का **प्रथम** प्रकार का अन्तराल होता है। दूसरे प्रकार के अन्तराल में जब किसी उत्पाद का विज्ञापन अभियान निरन्तर जारी रहता है लेकिन विज्ञापन थोड़ी अवधि के लिए रोक दिया जाता है और फिर उसी उत्पाद का नया विज्ञापन प्रसारित-प्रकाशित कर दिया जाता है।

व्याप्ति (Coverage) : व्याप्ति से तात्पर्य-विज्ञापन के लिए विभिन्न माध्यमों का इस्तेमाल करने से है। विज्ञापन के अनेक माध्यम हैं जैसे टी. वी., रेडियो, समाचार-पत्र और पत्रिकाएँ, दीवार आदि। माध्यम के चुनाव में अत्यन्त सावधानी बरतनी चाहिए। उसके सभी पक्षों, गुणों, व्याप्ति, श्रोता-दर्शक संख्या आदि पहलुओं का अध्ययन कर लेना चाहिए। क्योंकि प्रत्येक माध्यम की अपनी अलग विशेषता होती है। उसमें कुछ कमियाँ भी हो सकती हैं। एक माध्यम से किसी एक निर्माता को लाभ मिल सकता है तो वहीं दूसरा माध्यम हानिकारक साबित हो सकता है।

माध्यम का चुनाव एवं उसमें विज्ञापन देते समय तुलनात्मक अध्ययन कर लेना चाहिए कि प्रति सैकड़ा दर्शक/श्रोता/पाठक तक विज्ञापन पहुँचने का औसत खर्च कितना बैठेगा। इस बात का भी तुलनात्मक अध्ययन करना चाहिए कि विज्ञापन के लिए कौन-सा माध्यम ठीक रहेगा। यदि माध्यम के लिए किसी पत्रिका को लिया जाता है तो यह ज्ञात करना चाहिए कि उस पत्रिका की प्रसार संख्या कितनी है। पाठक पर उसका कितना प्रभाव है। पाठक का वित्तीय, शैक्षणिक और व्यावसायिक स्तर क्या है। यदि किसी समाचार-पत्र का चयन माध्यम के रूप में किया जाता है तो इसमें भी इन सब बातों का अध्ययन अनिवार्य होता है। समाचार-पत्र या पत्रिका की विज्ञापन दरें अधिक होने पर भी उनका चयन किया जा सकता है। यह इस बात पर निर्भर करता है कि उस पत्र या पत्रिका की प्रसार संख्या क्या है और पाठक वर्ग पर उसकी कितनी पकड़ है। पत्र-पत्रिका में विज्ञापन देते समय सबसे बड़ा प्रश्न यह उठता है कि विज्ञापन पत्र-पत्रिका में किस स्थान पर प्रकाशित हो। वस्तुतः विज्ञापन उसी स्थान पर प्रकाशित करवाना चाहिए जो स्थान सबसे अधिक पढ़ा जाता हो। उदाहरण के लिए 'नवभारत टाइम्स' में रोज आने वाले फिल्मी पृष्ठ पर विज्ञापन दिया जा सकता है क्योंकि फिल्मों की खबरों में अधिकांश लोगों की रुचि रहती है। रंगीन विज्ञापन श्वेत-श्याम विज्ञापन की अपेक्षा अधिक प्रभावी व आकर्षक होते हैं अतः यदि सम्भव हो तो रंगीन विज्ञापन ही देना चाहिए। यद्यपि रंगीन विज्ञापन श्वेत-श्याम विज्ञापन की अपेक्षा महँगा पड़ता है लेकिन विज्ञापनकर्ता को ऐसे पत्र-पत्रिकाएँ चुनने चाहिए जिनकी प्रसार संख्या काफी हो और विज्ञापन दरें कम। ऐसे पत्र-पत्रिका को वरीयता देनी चाहिए जिसमें

विज्ञापनकर्ता को अधिक सुविधा प्राप्त हो।

आवृत्ति (Frequency) : आवृत्ति से अभिप्राय है कि विज्ञापन किसी माध्यम में कब-कब सुनाया/दिखाया/प्रकाशित किया जाएगा। यदि टी. वी. को माध्यम चुना है तो विज्ञापन किस दिन, किस समय, कितनी बार दिखाया जाएगा, यदि रेडियो है तो उसमें विज्ञापन किस समय सुनाया जाएगा। इसी तरह समाचार-पत्रों और पत्रिकाओं में विज्ञापन कब-कब दिए जाएँगे—ये सब आवृत्ति के अन्दर आते हैं। उदाहरणार्थ एक विज्ञापनकर्ता दैनिक पंजाब केसरी या राष्ट्रीय सहारा में अपने एक पृष्ठ के विज्ञापन को पाँच महीने के लिए रविवार के लिए शेड्यूल कर सकता है। इससे वह विज्ञापन प्रति रविवार इन दोनों पत्रों में रविवार को फुल पेज पर पूरे पाँच मास तक आएगा। इसी तरह टी. वी. में विज्ञापन देने की शेड्यूलिंग की जा सकती है। किसी उत्पाद को प्रचलित करने, उसकी बिक्री बढ़ाने, पाठक/दर्शक वर्ग पर प्रभाव छोड़ने के लिए यह अनिवार्य होता है कि उस विज्ञापन विशेष का बार-बार प्रसारण-प्रकाशन हो। विज्ञापन की यह आवृत्ति बड़े स्तर पर भी हो सकती है और छोटे स्तर पर भी।

नए उत्पाद को उपभोक्ता वर्ग से परिचित कराने के लिए बड़े आकार के रंगीन आकर्षक विज्ञापन दिए जाते हैं। इन विज्ञापनों को बार-बार प्रसारित-प्रकाशित किया जाता है। जब उत्पाद उपभोक्ता के बीच प्रचलित हो जाता है तब विज्ञापन का प्रसारण-प्रकाशन हल्के-फुल्के ढंग से भी कर दिया जाता है। जब उत्पाद अत्यधिक लोकप्रिय हो जाता है तो ऐसी स्थिति में कभी-कभार विज्ञापन दिए जाते हैं। वस्तुतः विज्ञापन की पुनरावृत्ति (बार-बार दोहराया जाना) मार्किट में विज्ञापनकर्ता की अलग पहचान बनाती है। उत्पाद को प्रतिष्ठित करती है। स्पष्ट है कि विज्ञापन के आकार पर भी बहुत कुछ निर्भर करता है।

निरन्तरता, व्याप्ति और आवृत्ति—तीनों आपस में जुड़े हैं। इनका परस्पर गहरा सम्बन्ध है। प्रत्येक उस टी. वी., रेडियो, समाचार-पत्र और पत्रिकाओं की सूची विज्ञापनकर्ता और विज्ञापन एजेंसी के पास होती है जिनमें विज्ञापन दिया जाना है। विज्ञापन की प्रसारण-प्रकाशन की तिथि, समय, आकार और विज्ञापन पर होने वाले खर्च का ब्यौरा भी उनके पास रहता है। विज्ञापन एजेंसी को ध्यान रखना चाहिए कि विज्ञापन-शेड्यूल के अनुसार ही विज्ञापनों का प्रसारण-प्रकाशन हो। विज्ञापन-शेड्यूल में अगर कोई कमी रह जाती है तो अगले विज्ञापन अभियान में उसे दूर कर देना चाहिए।

मुद्रण की प्रणालियाँ

मुद्रण की प्रणाली का स्वरूप वैज्ञानिक व तकनीकी क्रान्ति ने एकदम बदल दिया है। पहले लकड़ी की बनी हैंड प्रेसों का प्रयोग होता था अब उनका स्थान आधुनिक

मशीनों ने ले लिया है। आज जो मुद्रण प्रणालियाँ प्रयोग में लाई जा रही हैं वे मुख्यतः चार तरह की हैं :

(क) स्लिक स्क्रीन

(ख) लीथोग्राफी/ऑफसेट

(ग) लैटर प्रेस

(घ) ग्रेव्योर

स्लिक स्क्रीन : इस प्रक्रिया का प्रयोग कार्ड बोर्ड, प्लास्टिक, शीशा, धातु और कपड़े आदि कई प्रकार की सामग्रियों पर छापने के लिए किया जाता है। इस प्रक्रिया में एक लचीला ब्लेड चलाकर, रंग, स्याही, बार्निश और तरल प्लास्टिक को बारीक रेशम से बनी स्क्रीन पर चढ़ाए गए स्टेंसिल में से निकाला जाता है। स्टेंसिल के छेदों का आकार ही वह डिजाइन होता है जिसे छापा जाता है।

लीथोग्राफी/ऑफसेट : लीथोग्राफी/ऑफसेट मुद्रण की एक अन्य महत्त्वपूर्ण प्रणाली है। यह प्रणाली इस बात पर आधारित है कि इसमें तेल और पानी अलग-अलग रहते हैं; उनका मिश्रण नहीं होता। इस प्रणाली की छपाई की प्रक्रिया में एक विशेष किस्म के कागज पर किताबत कर दी जाती है, चित्र छाप दिए जाते हैं। बाद में इनको लीथोस्टोन पर उल्टा अंकित करना पड़ता है। लेखन वाला क्षेत्र और स्टोन का चित्र तैलीय होने के कारण वह स्याही को तो स्वीकार कर लेता है किन्तु पानी का असर इस पर नहीं होता। इस प्रक्रिया में कागज का सम्पर्क सीधे पत्थर से होता है और पत्थर पर अंकित प्रभाव कागज पर सीधे उतरते हैं। स्पष्ट है कि इस प्रणाली में प्रत्यक्ष छपाई होती है। इस प्रणाली में आजकल पत्थर की जगह जिंक या अल्यूमीनियम से बनी प्लेटें प्रयोग में लाई जा रही हैं। वर्तमान समय में लिखाई और चित्रकारी सीधे पत्थर या प्लेट पर नहीं उतारनी पड़ती बल्कि सम्पूर्ण सामग्री को एक विशेष कागज पर उतार लिया जाता है। इसके बाद ही मशीन उसे पत्थर और प्लेट पर उतारती है।

ऑफसेट की प्रक्रिया बहुत कुछ लीथोग्राफी के समान होती है। इसमें थोड़ा-सा अन्तर यह है कि ऑफसेट की छपाई का तरीका प्रत्यक्ष होने की बजाए अप्रत्यक्ष होता है। जो भी सामग्री ब्लैंकट सिलैंडर पर स्थानान्तरित होती है उसका स्वरूप उल्टा होता है। कागज पर जब इसकी छाप पड़ती है तो सामग्री सीधे छपती है।

लैटर प्रेस : लैटर प्रेस की मुद्रण प्रक्रिया में स्याही एक बेलन के द्वारा धातु के बने फर्मे में कसे टाइपों के उभरे हुए हिस्सों पर चलती है तब इन टाइपों का दबाव कागज पर बनता है। टाइप के जो हिस्से धंसे होते हैं उन पर स्याही नहीं चलती। वस्तुतः लैटर प्रेस एक तरह की रिलीफ छपाई ही है। जिसकी छपाई का तरीका बहुत कुछ रबर-स्टैम्प की छपाई से मिलता-जुलता है।

वैज्ञानिक और तकनीक की उन्नति के परिणामस्वरूप आज लैटर प्रेस की धातु से बनी अनेक आकारों और स्पीड वाली मशीनें बाजार में उपलब्ध हैं। ट्रेडल मशीन परम्परागत किस्म की मशीन है इसका संचालन पाँव से होता है। उसकी छपाई कामचलाऊ ही होती है। ट्रेडल मशीन केवल एक स्थिति में कारगर सिद्ध होती है कि जब पर्याप्त समय हो और छपने वाले कागजों की संख्या काफी कम हो।

स्याही ट्रेडल मशीन के सबसे ऊपरी हिस्से में जमा की जाती है। स्याही की मात्रा जरूरत के अनुसार घटाई-बढ़ाई जा सकती है। ट्रेडल मशीन में बेलन इस जमा हिस्से से स्याही लेकर सिल और उभरे टाइप केस पर चलते हैं। और फिर वे कागज 'ग्रिप्स' की मदद से प्लेटन पर एक-एक करके रख दिए जाते हैं, जिन पर छपाई होनी है। प्लेटन मशीन के चलने पर चेज में कसे टाइप के फर्मे के सम्पर्क में आने वाला मशीन का हिस्सा है। छपाई वाली सामग्री (कागज आदि) रखने के लिए मशीन में एक फीड बोर्ड होता है। मशीन मैन यहाँ से कागज उठाकर प्लेटन पर रखता है। छपाई को नियन्त्रित करने वाला लीवर मशीन के बायीं ओर लगा होता है। इस लीवर को जब तक खींचा नहीं जाएगा तब तक प्लेटन पर रखे कागज पर दाब नहीं आएगी। मशीन को पांवदान और बिजली दोनों में से किसी की भी सहायता से चलाया जा सकता है।

आजकल सिलैंडर मशीन का प्रयोग भी लैटर प्रेस छपाई के लिए होने लगा है। इस मशीन में 'सिल' नहीं रहती। मशीन में एक घूमने वाला ड्रम लगा होता है। जिसका कार्य स्याही की पिसाई एवं उसका वितरण करना होता है। इस मशीन में आगे-पीछे होते रहने वाला एक फलेट बैंड भी होता है। सिलैंडर इसके ऊपर एक ही दिशा में घूमता है जिस पर कागज चढ़कर फलेट बैंड से अपनी छाप लेता है।

ग्रेव्योर : अक्षर मुद्रण प्रक्रिया के विपरीत ग्रेव्योर प्रक्रिया होती है। इस प्रक्रिया के अन्तर्गत प्लेट के छपने न छपने वाले स्थान की स्थिति लैटर प्रेस से ठीक उल्टी होती है। छापे जाने वाले अक्षरों और डिजाइनों को प्लेट पर खोद दिया जाता है जिससे ये अक्षर और डिजाइन न छपने वाले स्थान से नीचे रह जाते हैं। स्याही पूरी प्लेट पर चढ़ा दी जाती है। 'डॉक्टर ब्लेड' द्वारा ऊपरी सतह पर फैली फालतू स्याही को पोंछ लेते हैं। और फिर स्याही केवल अक्षर, चित्र आदि वाले नीचे धंसे स्थानों में ही रह जाती है। चूषण द्वारा स्याही को छपाई के समय कागज पर उतार लिया जाता है।

कम्पोजिंग : कम्पोजिंग के कई तरीके प्रचलन में हैं—लाइनोटाइप कम्पोजिंग, हाथ द्वारा कम्पोजिंग, मोनोटाइप कम्पोजिंग, और फोटो टाइप कम्पोजिंग।

लाइनोटाइप कम्पोजिंग : इस प्रकार की कम्पोजिंग आधुनिक तकनीक की

देन है क्योंकि यह कम्पोजिंग मशीन द्वारा होती है। की बोर्ड (Key Bord) की सहायता से आपरेटर टाइपों को सैट कर एक-एक पंक्ति की कम्पोजिंग करता है। कम्पोज हुई यह पंक्ति तैयार होकर मशीन के बाहर आ जाती है। पंक्तियों के टाइप शीशे के बने होते हैं। ये टाइप काफी ठोस होते हैं। बॉर्डर और रूल आदि लगाने का कार्य भी कम्पोजिंग करते समय किया जा सकता है। लाइनोटाइप कम्पोजिंग हाथ के कम्पोजिंग की अपेक्षा अधिक सफाई से काम करता है। इससे काम भी जल्दी होता है।

हाथ से की जाने वाली कम्पोजिंग : हाथ की कम्पोजिंग सबसे प्राचीन कम्पोजिंग है। मशीनी कम्पोजिंग से पहले हाथ की कम्पोजिंग प्रचलित थी। इस कम्पोजिंग में हाथ का इस्तेमाल मुख्यतया होता है। इसमें एक-एक टाइप हाथ से उठाकर स्टिक पर जोड़ी जाती है। इसमें टाइप का आकार आयताकार होता है जो शीशे की मिश्रित धातु से बना होता है। इसके एक सिरे पर कोई वर्ण, चिह्न या अक्षर अंकित होता है। पंक्ति-दर-पंक्ति का निर्माण इन टाइपों की सहायता से किया जाता है। बाद में इन पंक्तियों को उठाकर 'ट्रे गैली' में रखा जाता है। इसके बाद प्रूफ रीडिंग और संशोधन करने के बाद फरमे को लैटर प्रेस मशीन पर चढ़ाकर छपाई की जाती है। इस प्रक्रिया में काफी समय लगता है। क्योंकि यह कम्पोजिंग का पुराना तरीका है। अधिकतर छोटे कार्यों में ही हाथ की कम्पोजिंग का प्रयोग होता है।

मोनोटाइप कम्पोजिंग : मोनोटाइप कम्पोजिंग मशीन से की जाती है। की बोर्ड (Key Bord) और कास्टर मशीनी टाइप कम्पोजिंग की दो यूनिटें हैं। की बोर्ड पेपर रोल पर छेद करने का कार्य करता है। फिर इस रोल को चिह्नों की ढलाई हेतु कास्टिंग मशीन पर चढ़ा दिया जाता है। मोनो टाइप कम्पोजिंग का सबसे बड़ा फायदा यह है कि इसमें किसी गलती को टाइप से हटाया जा सकता है। पूरी की पूरी पंक्ति खराब होने का डर नहीं रहता।

फोटो टाइप कम्पोजिंग : यह कम्पोजिंग की अत्याधुनिक प्रणाली है। इसमें कम्प्यूटर मुख्य भूमिका निभाता है। इस प्रणाली में मोनोटाइप कम्पोजिंग की तरह टाइप की ढलाई नहीं होती क्योंकि इसके की बोर्ड पर टंकक (Type writter) की तरह सभी चिह्न, अक्षर और अंक छपे होते हैं। इस की बोर्ड (key Bord) पर हाथ चलाने से मशीन के भीतर एक छिद्रयुक्त टेप पर बिन्दु बनते जाते हैं। इस टेप को बाद में कम्प्यूटर में लगा दिया जाता है। इससे उस सारी सामग्री की फोटो कम्प्यूटर में कागज पर उतर आती है, जिसे आपरेटर ने फोटो टाइप मशीन पर कम्पोज किया था। इसके उपरान्त प्रूफ रीडिंग, संशोधन करके पन्ने का मेकअप कर दिया जाता है। मेकअप का कार्य मशीन भी कर सकती है या मेकअप आर्टिस्ट भी यह कार्य कर सकता है। अन्त में आर्ट वर्क का नैगेटिव बनाया जाता है। इसके

बाद इस नैगेटिव को ऑफसेट मशीन पर छपाई हेतु भेजा जाता है।

आज जो नयी-नयी फोटो टाइप सैटिंग मशीनें आ रही हैं उनमें पहले से अधिक सुविधा उपलब्ध होती है। उनमें आधुनिक वर्ड प्रोसैसर, इनपुट और आउट पुट डिवाइस की सुविधा कम्पोजिंग कार्य को आसान बना देती है। फोटो कम्पोजिंग में अधिक आउट पुट निकालने में मेकअप, मैमोरी और संशोधन की महत्त्वपूर्ण भूमिका रहती है। ये सब चीजें आधुनिक तकनीक की देन हैं। फोटो कम्पोजिंग मशीन कई-कई घण्टे लगातार काम कर सकती है। यह मशीन गलतियाँ भी कम करती है और बहुत सारी सामग्री को बहुत सफाई और आकर्षक रूप में कुछ ही घण्टों में छाप सकती है।

ब्लाक बनाने की प्रक्रिया : ग्राफिक डिजाइन और फोटो चित्र जो लैटर प्रेस में छपते हैं, इनको ब्लाक से ही छापा जाता है। ब्लाक जस्ते या तांबे की प्लेट का बना होता है। मास्क कैमरे से छपने वाले डिजाइन या चित्र का नैगेटिव लिया जाता है फिर इसे प्लेट पर उतारने के लिए मशीन और रासायनिक क्रियाओं का इस्तेमाल किया जाता है। प्लेट का जो हिस्सा (तल) मुद्रित नहीं करना होता उसे रसायन की सहायता से रगड़कर खुरच देते हैं फिर प्लेट पर केवल मुद्रण होने वाला हिस्सा बचा रह जाता है।

हाफटोन ब्लाक बनाना महँगा और मुश्किल कार्य होता है। जबकि रेखांकन, लाइन ड्राइंग का ब्लाक आसानी से बन जाता है। हाफटोन ब्लाक फोटोचित्रों के बनाए जाते हैं। रेखांकन और लाइन ड्राइंग हेतु लाइन ब्लाक बनाए जाते हैं। हाफटोन बिन्दुओं से छपते हैं। स्क्रीनों का प्रयोग हाफटोन ब्लाक बनाने के लिए होता है। स्क्रीन एक तरह की जाली होती है जिसमें बिन्दु की हर एक दिशा में समानान्तर रेखा होती है। 110 नम्बर स्क्रीन का मतलब हुआ हर एक दिशा में एक इंच में 110 पंक्तियाँ। इसका मतलब हुआ एक वर्ग इंच के 110 नम्बर के स्क्रीन में 12100 बिन्दु होंगे। अखबार की छपाई में मोटे बिन्दुवाली स्क्रीन प्रयुक्त होती है क्योंकि अखबार का कागज बहुत अच्छा नहीं होता। ये स्क्रीन 45 से 85 नम्बर की होती हैं। मशीन की छपाई जब बढ़िया कागज पर होती है तो 100 से 200 नम्बर तक की स्क्रीन इस्तेमाल करनी चाहिए।

रंग : किसी उत्पाद की बिक्री और उसके विज्ञापन में रंग महत्त्वपूर्ण भूमिका निभाता है। रंगीन विज्ञापन में अनेक रंगों का प्रयोग होने से वे श्वेत-श्याम विज्ञापनों की अपेक्षा अधिक आकर्षक और प्रभावशाली होते हैं। रंगीन विज्ञापन श्वेत-श्याम विज्ञापन की अपेक्षा उपभोक्ता का ध्यान जल्दी खींचते हैं। उपभोक्ताओं की रुचि जगाने के लिए ले-आउट आर्टिस्ट आकर्षक रंगों का इस्तेमाल करते हैं। विज्ञापन में रंग विशेष का इस्तेमाल किसी उत्पाद की अलग पहचान बना देता है, साथ ही दूसरे विज्ञापनों से अंतर भी स्पष्ट कर देता है।

लाल, पीला और नीला—ये तीन रंग मुद्रण के प्राथमिक रंग हैं। इन्हीं तीन मूल रंगों के मिश्रण से अन्य अनेक रंग बनाए जा सकते हैं। काले रंग का प्रयोग भी छपाई में होता है। काला रंग डिजाइन को ठोस, मजबूत और समृद्ध बनाता है। यह रंग विज्ञापन की बॉडी कापी के लिए सबसे अच्छा होता है क्योंकि पठनीयता की दृष्टि से यह बहुत सुविधाजनक होता है। ज्यादातर विज्ञापन इन्हीं रंगों (लाल, पीला, नीला और काला) में ही छापे जाते हैं। छपाई-प्रक्रिया से पूर्व आर्टवर्क या डिजाइन की स्क्रीनिंग करके उसके अलग-अलग रंगों के अनुसार नैगेटिव बनाकर उनकी प्लेट बनाई जाती है और फिर उनका मुद्रण होता है।

परिशिष्ट-1

विज्ञापन एजेंसियों के व्यवसाय के मानदण्ड

एडवरटाइजिंग एजेंसी एसोसिएशन आफ इंडिया, मुम्बई द्वारा अनुमोदित।

1. संघ का प्रत्येक सदस्य अपने पेशे और व्यवसाय का इस तरह से निर्वहन करेगा कि जिससे संघ की प्रतिष्ठा और हितों की गरिमा बनी रहे।

2. कोई भी सदस्य किसी भावी विज्ञापनदाता का इस ढंग से पक्ष-प्रचार नहीं करेगा कि समग्रता में किसी विज्ञापन एजेंट अथवा इस संघ अथवा विशिष्ट विज्ञापन एजेंट के प्रति पक्षपात झलके।

3. केवल इस शर्त पर पक्ष-प्रचार की अनुमति दी जाएगी कि जब विज्ञापन एजेंसी के तौर पर कोई सदस्य किसी दूसरे सदस्य के ग्राहक की सामर्थ्य जानना चाहे। सदस्य अपने-अपने ग्राहक के विज्ञापन से सम्बन्धित विस्तृत सिफारिशें प्रस्तुत नहीं करेगा जब तक कि उसके द्वारा लिखित अनुरोध न किया जाए।

4. कोई भी सदस्य भुगतान अथवा भुगतान करने का वचन अथवा किसी विज्ञापक अथवा एजेंट अथवा उसके प्रतिनिधि को समग्रता में अथवा कमीशन के मानक दर के किसी भाग के परिणामस्वरूप भुगतान नहीं करेगा। और न ही वचन अथवा दलाली अथवा किसी विज्ञापन एजेंसी को विज्ञापन-स्थान देने का वचन अथवा निःशुल्क सुविधाएँ देने का वचन देगा। अथवा तैयार चित्र कार्य समेत अथवा ब्लॉक स्टीरियो अथवा इसी प्रकार की अन्य सामग्री जैसे टाइपसैटिंग अथवा समग्रता में मुद्रण की कम दर पर अदायगी न ही विज्ञापक के किसी कर्मचारी को वेतन का कोई अंश, न ही कोई भत्ते, छूट अथवा इसी प्रकार न ही किसी विज्ञापन माध्यम को अपनी कोई सेवा प्रदान करेगा जिसका प्रभाव विज्ञापन माध्यम द्वारा अनुमोदित कमीशन की छूट पर पड़े। तथापि संघ द्वारा सदस्य अथवा विदेशी एजेंसी अथवा एजेंट को कमीशन की हिस्सेदारी देने की अनुमति दी जाएगी।

5. विज्ञापन सेवाओं की श्रीवृद्धि के लिए सैद्धान्तिक पक्ष-प्रचार प्रस्तुत करना

हानिकारक है और भारतीय एडवरटाइजिंग एजेंसीज एसोसिएशन किसी सदस्य द्वारा सैद्धान्तिक पक्ष-प्रचार प्रस्तुत नहीं किया जाएगा। सैद्धान्तिक पक्ष-प्रचार का मतलब है किसी विज्ञापक द्वारा असंगत पक्ष-प्रचार प्रस्तुत करना। और इसी प्रकार पक्ष-प्रचार प्रस्तुत करना जहाँ ऐसे ही किसी विज्ञापक ने एक या अधिक विज्ञापन एजेंसियों को ऐसा करने का अनुरोध किया है; किसी फर्म के ऐसे प्रस्तावित कार्य को असंगत माना जाएगा। अगर किसी भावी विज्ञापक द्वारा ऐसी शंकाएँ व्यक्त की गई हों तो सदस्यों को ऐसी सूचनाओं के सम्बन्ध में एसोसिएशन के सचिव को अधिसूचित करना चाहिए। सचिव को भी ऐसी सूचनाएँ सदस्यों तक पहुँचानी चाहिए।

6. कोई सदस्य धीमी गति से भुगतान, सन्दिग्ध उधार अथवा कर्जवान होने के आधार पर अपना खाता बन्द करना चाहता है, तो उस स्थिति में उसे संघ के सचिव को तत्काल अधिसूचित करना होगा और सदस्यों के हितों की सुरक्षा व जानकारी के लिए इस प्रकार सूचना पूर्ण गोपनीयता के साथ प्रसारित की जाएगी।

7. कोई भी ऐसा कारोबार स्वीकृत नहीं किया जाएगा जो कि कमीशन-फीस के भुगतान की शर्तों पर किया गया हो अथवा ऐसा कोई तृतीय पक्ष जो एजेंसी का पूर्णकालिक सदस्य नहीं है अथवा कारोबार का आरम्भ करने वाला अथवा उसके पश्चात् खाते से इस सम्बन्ध में सेवाएँ प्रदान करने वाला तथापि यह नियम किसी सदस्य को कॉपी राइटरों को नियुक्त करने अथवा उत्पादन से जुड़े व्यक्तियों द्वारा किए गए कार्यों के एवज में शुल्क देने से नहीं रोकता।

ग्राहकों के दायित्व

1. सदस्य एजेंसियों को संघ की एजेंसी सेवा मानकों के अनुसार विवेकपूर्ण ढंग से लगातार पूर्ण एजेंसी सेवा प्रदान करनी चाहिए।

2. मीडिया मालिकों द्वारा प्रदत्त कमीशन सदस्य अपने पास रखेगा अथवा ग्राहकों से फीस सेवा वसूल करेगा जो ग्राहक के कुल खर्च की 15% से कम नहीं हो।

3. वह किसी भी आधार विज्ञापन के लिए ऐसी सामग्री की पूर्ति नहीं करेंगे जो प्रत्यक्ष अथवा परोक्ष अथवा गुप्त छूट से सम्बन्धित हो। जहाँ मीडिया मालिक द्वारा कमीशन की अनुमति नहीं दी जाती वहाँ सदस्य अपने ग्राहक से उसके कुल लागत का कम से कम 15% वसूल करेगा।

4. सदस्य बिना ग्राहक की जानकारी और सहमति के, प्रकाशक द्वारा स्वीकृत नियमित एजेंसी कमीशन के अलावा कोई छूट अथवा कमीशन नहीं देगा।

5. सदस्य पात्र ग्राहकों के लिए कम दरें प्राप्त करने हेतु अपना सारा समय लगाएगा तथा बेहतर प्रयास करेगा।

6. सप्लायरों के प्रति दायित्व : सदस्य अपने आपको आश्वस्त करने के लिए प्रत्येक वह कदम उठाएँगे कि उनके ग्राहक वित्तीय दृष्टि से कितने मजबूत हैं।

साथ काम करने वाली एजेंसियों के दायित्व

1. सदस्यों से अपेक्षित है कि वे प्रतियोगिता में स्वच्छ तरीके अपनाएँ, सेवाओं का बढ़ा-चढ़ा कर वर्णन न करें अथवा बिना अपेक्षित मुआवजे के उनको अतिरिक्त सेवाएँ न दें। अथवा उधार सेवाओं अथवा बैंकिंग सेवाओं में वृद्धि न करें।

2. सदस्य न तो विज्ञापन तैयार करेंगे और न देंगे जिनमें—

(क) उसमें इस प्रकार का कुछ न हो कि जान-बूझकर नकल की गई है अथवा अन्य किसी प्रकार के विज्ञापन की भाव या विचार की चोरी हो।

(ख) व्यक्तिगत चरित्र पर आघात करने वाले अथवा जिनमें प्रतियोगी वस्तुओं प्रतियोगिताओं पर अनावश्यक चिन्तन किया गया हो।

(ग) ऐसे विज्ञापन जो विषयवस्तु और व्यवहार में अश्लील, अशिष्ट, विचारोत्तेजक, घृणास्पद और वीभत्स हों।

(घ) ऐसे चिकित्सा सम्बन्धी आपत्तिजनक विज्ञापन और मुफ्त इलाज करने का प्रस्ताव करने वाले विज्ञापन जो उपचार और रोगनाशक होने का दावा अथवा अनुमान से निर्देशित जिनकी सामान्य अनुभव से पुष्टि न हुई हो।

(ङ) सदस्य को यह ज्ञात हो कि कोई उत्पाद आदत डालने वाले हैं अथवा खतरनाक औषधि अथवा ऐसा विज्ञापन जिसमें नैतिकता अथवा स्वास्थ्य अथवा धन की हानि होती हो अथवा प्रतिष्ठित व्यवसाय व विज्ञापन में विश्वास कम करने वाला हो अथवा जो भारतीय एडवरटाइजिंग एजेंसीज एसोसिएशन की कार्यकारी परिषद् द्वारा अयोग्य माना गया है।

यदि कोई सदस्य कार्यकारी परिषद् को संतुष्ट कर देता है कि किसी ग्राहक ने किसी सदस्य की आपत्ति पर अनैतिकता को देखते हुए अपना विज्ञापन वापस ले लिया है। (जैसा कि ऊपर वर्णित है) ऐसी स्थिति में कोई दूसरा सदस्य, जो भी हो, इस कथित ग्राहक के कार्य को स्वीकार नहीं करेगा।

प्रायोजक और व्यावसायिक विज्ञापन की दर-सूची

21.3.94 से प्रभावित
दर सूचीं में संशोधन
1 मार्च 1995 से प्रभावित
विभिन्न विज्ञापन एजेंसियों/उत्पादकों से पुनर्निवेशन मिलने के पश्चात् वर्तमान विज्ञापन दर-सूची में निम्न प्रमुख संशोधन शामिल किए जा रहे हैं :

राष्ट्रीय नेटवर्क (DD-1)

सुपर A विशेष श्रेणी

शनिवार की हिन्दी फिल्म	(प्रति 30 मिनट के लिए)
स्थान लेने की राशि (स्पॉट मूल्य)	1, 10,000 रुपए
व्यावसायिक अवधि (FCT)	60 सेकंड
प्रायोजक राशि	6.50 लाख रुपए

1. दूरदर्शन ने इसके अतिरिक्त फिल्म के बीच में प्रीमियम जगह लेने की दर दस सेकंड के लिए 1.50 लाख रु. रखी है। यह स्थान फिल्म के प्रत्येक आधे घण्टे के हिस्से के गुजर जाने के बाद तीस सेकंड के लिए निर्धारित होगा।

A सुपर श्रेणी

सभी कार्यक्रमों के फोरमेट (9.00 सायं से 10.00 बजे सायं तक)
(प्रति आधे घण्टे के लिए)

	एक से तेरह कड़ी	तेरह कड़ियों से आगे
स्थान लेने की राशि	70,000 रु.	90,000 रु.
व्यावसायिक अवधि	90 सेकंड	90 सेकंड
प्रायोजक फीस	2.40 लाख रु.	3.00 लाख रु.

A विशेष श्रेणी	एक से तेरह कड़ी	तेरह कड़ियों से आगे
सुबह 9.00 से 12.00 दोपहर (रविवार)		
सभी कार्यक्रमों के फोरमेट		
(प्रति 30 मिनट के लिए)		
स्थान लेने की राशि	60,000 रु.	70,000 रु.
व्यावसायिक अवधि	90 सेकंड	90 सेकंड
प्रायोजक राशि	2.00 लाख रु.	2.60 लाख रु.

वृहत (Mega) धारावाहिक

(प्रति तीस मिनट के लिए)

स्थान लेने की राशि	85,000 रु.
व्यावसायिक अवधि	120 सेकंड
प्रायोजक राशि	2.60 लाख रु.

वृहत (Mega) धारावाहिकों की दर प्रसारण के समय का ध्यान किए बिना एक समान होती है।

मैट्रो चैनल (DD-2)

राष्ट्रीय चैनल पर प्रसारित धारावाहिकों का दोपहर में पुनः प्रसारण।

(अवधि तीस मिनट)

स्थान लेने की राशि	15,000 रु.
व्यावसायिक अवधि	90 सेकंड
प्रायोजक राशि	1,00,000 रु.

मैट्रो चैनल (DD-2)

सुपर A श्रेणी

सायं 8.00 से 10.00 तक

प्रति तीस मिनट के लिए

(1) फिल्म आधारित

	एक से तेरह कड़ियों तक	तेरह कड़ियों से आगे
स्थान लेने की राशि	60,000 रु.	70,000 रु.
व्यावसायिक अवधि	90 सेकंड	90 सेकंड
प्रायोजक राशि	2.60 लाख रु.	3.40 लाख रु.

(2) हिन्दी धारावाहिक

स्थान लेने की राशि	60,000 रु.	70,000 रु.
व्यावसायिक अवधि	120 सेकंड	120 सेकंड
प्रायोजक राशि	2.50 लाख रु.	3.00 लाख रु.

DD-2 की सुपर A श्रेणी में अतिरिक्त स्थान के लिए प्रीमियम दरें

प्रथम तीस सैकंड के लिए–जगह लेने की राशि के अतिरिक्त 15%

अगले तीस सेकंड के लिए–जगह लेने की राशि के अतिरिक्त 20%

अगले तीस सेकंड और अधिक के लिए–जगह लेने की राशि के अतिरिक्त 25%

विशेष श्रेणी (30 मिनट)

8.00 बजे सायं से 10.00 बजे सायं तक

अहिन्दी और गैर फिल्मी धारावाहिक

	एक से तेरह कड़ियों-तक	तेरह कड़ियों से आगे
स्थान लेने की राशि	30,000 रु.	40,000 रु.
व्यावसायिक अवधि	120 सेकंड	120 सेकंड
प्रायोजक राशि	1.50 लाख रु.	2.10 लाख रु.

फिल्म आधारित/हिन्दी धारावाहिक/सिटकॉम (CITCOM)
सायं 7.30 से 8.00 बजे सायं

स्थान लेने की राशि	30,000 रु.	40,000 रु.
व्यावसायिक अवधि	120 सेकंड	120 सेकंड
प्रायोजक राशि	1.50 लाख रु.	2.10 लाख रु.

A श्रेणी
7.30 सायं से 8.00 बजे सायं
गैर फिल्मी/अहिन्दी धारावाहिक (प्रत्येक 30 मिनट)

जगह लेने की राशि	15,000 रु.
व्यावसायिक अवधि	210 सेकंड
प्रायोजक राशि	35,000 रु.

DD-2 पर शनिवार और रविवार की हिन्दी फिल्में

जगह लेने की राशि	30,000 रु.
फिल्म के बीच स्थान लेने की राशि	45,000 रु.

(ये फिल्में प्रायोजन के लिए नहीं खोली जाएँगी)

2. एक कार्यक्रम के निर्धारण में कई प्रायोजकों को अनुमति दी जाएगी। एक प्रायोजक को DD-1, DD-2, दोनों पर तीस सेकंड का व्यावसायिक समय दिया जाएगा।
3. अन्य सभी कार्यक्रमों के फोरमेट और समय-श्रेणियाँ जो ऊपर लिखित नहीं हैं। DD-1 और DD-2 की मौजूदा दर के अनुसार अपरिवर्तित रहेगी।
4. वे सभी धारावाहिक जिनकी तेरह कड़ियों का प्रसारण पूर्ण हो चुका हैं उनकी जगह लेने की राशि, व्यावसायिक अवधि और प्रायोजक राशि उपरलिखित 14 वीं और उसके आगे प्रसारित होने वाली कड़ियों की शर्तानुसार होगी।
5. उपरोक्त संशोधन 1 मार्च, 1995 से प्रभावित होंगे।
6. पहले से किए गए अनुबंध रद्द कर दिए जाएँगे। ऐसे अनुबन्धों पर भी ध्यान नहीं दिया जाएगा जिनकी दरें परिवर्तित हैं।
7. आपसे अनुरोध है कि नए अनुबंध जमा कराएँ।
   (I) संलग्नक 1,2,3 स्थान लेने की राशि और प्रायोजन की ओर संकेत करता है।
   (II) विभिन्न श्रेणियों के प्रकार इस तरह से हैं :

राष्ट्रीय नेटवर्क (DD-1)

(1) सुपर A विशेष

(I) हिन्दी फिल्म (शनिवार)

(II) चित्रहार (बुधवार)

(III) रंगोली (रविवार)

(2) सुपर A

(I) 9.00 सायं प्रतिदिन (हिन्दी/अंग्रेजी)

(II) 9.30 सायं से 10.00 सायं हिन्दी धारावाहिक

(III) अन्तर्राष्ट्रीय खेलों का सीधा प्रसारण/मुख्य अंश (पूर्व सूचित)

(IV) 8.30 बजे सायं समाचार से पूर्व

(V) कोई अन्य पूर्व सूचित कार्यक्रम

(3) स्पेशल A

(I) रविवार की सुबह के विभिन्न कार्यक्रम प्रातः 9.00 बजे से दोहपर 12.00 तक।

(II) 9.30 सायं से 10.00 बजे सायं (हिन्दी धारावाहिकों को छोड़कर)

(III) अन्तर्राष्ट्रीय खेल-घटनाओं का सीधा प्रसारण/मुख्य अंश

(IV) 10.00 बजे सायं अंग्रेजी समाचार से पहले

(V) कोई अन्य पूर्वसूचित कार्यक्रम

(4) A श्रेणी

(I) 10.30 बजे सायं का समय प्रतिदिन

(II) देर रात/बृहस्पतिवार दोपहर के कार्यक्रम

(III) राष्ट्रीय खेल घटनाओं का सीधा प्रसारण/मुख्य अंश (रविवार, छुट्टियों के दिन और फाइनल्स)

(IV) 10.30 बजे सायं प्रसारित अन्तर्राष्ट्रीय खेल घटनाओं के रिकॉर्ड मुख्य अंश के बाद

(V) केवल शनिवार को सायं 9.00 के बाद

(5) B श्रेणी

(I) सुबह और दोपहर के प्रसारण

(II) 11.00 सायं से और आगे

(III) नेशनल नेटवर्क पर क्षेत्रीय फीचर फिल्म (रविवार को)

(IV) राष्ट्रीय खेल घटनाओं का सप्ताह के दिनों में प्रसारण और सेमीफाइनल तक के मैच

(V) अन्य कोई पूर्व सूचित कार्यक्रम।

ANNEXURE I

राष्ट्रीय नेटवर्क पर स्थान लेने की दर-सूची
जगह लेने की राशि (10 सेकंड के लिए रु.)

केन्द्र	सुपर A स्पेशल	सुपर A	A स्पेशल	A	B
	(1)	(2)	(3)	(4)	(5)	(6)

राष्ट्रीय नेटवर्क चित्रहार

1,20,000 रु. 60,000 रु. 40,000 रु. 25,000रु. 15,000 रु.

1,30,000 रु. (अन्तिम दो स्थानों के लिए)

1,50,000 रु. (बीच में)

हिन्दी फीचर फिल्म

1,00,000 रु.

पहले (1) समाचार (हिन्दी) रंगोली स्थान राशि

70,000 रु.

(2) समाचार (अंग्रेजी) 75,000 रु.

40,000 रु. 80,000 (अन्तिम दो स्थान हेतु)

1,00,000 (बीच में)

राष्ट्रीय नेटवर्क

बीच में

समाचार (हिन्दी) 80,000 रु.

समाचार (अंग्रेजी) 60,000 रु.

विज्ञापन एजेंसियों का दूरदर्शन के साथ प्रत्यायन और पंजीकरण हेतु अधिनियम

पंजीकरण तथा प्रत्यायन के लिए पात्रता

पंजीकरण

(1) ऐसी कोई विज्ञापन एजेंसी जो विज्ञापन कार्य करती हो, उसमें रुचि रखती हो दूरदर्शन के द्वारा पंजीकृत हो सकती है बशर्ते कि महानिदेशक उसकी सद्‌चरित्रता से सन्तुष्ट हो।

प्रत्यायन

केवल उन्हीं पंजीकृत एजेंसियों को प्राधिकृत करने पर विचार किया जाएगा जिन्होंने–

(1) दूरदर्शन के साथ कम से कम दो वर्ष व्यवसाय किया हो

(2) वार्षिक आय 20 लाख या उससे अधिक हो

(3) पब्लिक लिमिटेड कम्पनियों के मामले में प्रदत्त पूँजी 1 लाख रु. और प्राइवेट लिमिटेड व निजी अथवा साझेदारी वाली कम्पनी के मामले में यह राशि 50,000 रु. है।

(4) उपयुक्त आयकर प्राधिकरण द्वारा जारी इस आशय का प्रमाण-पत्र कि गत वर्ष का आय कर तत्काल जमा करा दिया गया है और वर्तमान वर्ष का आय कर प्रमाण-पत्र जिसका आकलन कर लिया गया है।

(5) आवेदन के 24 महीने पूर्व तक उसने दूरदर्शन के लिए कम से कम 12 लाख रु. का व्यवसाय उपलब्ध कराया हो।

(6) प्रत्यायन प्रदान की सूचना मिलने के पश्चात् एक लाख रु. की बैंक गारंटी भरी हो।

(7) यदि कोई विज्ञापन एजेंसी आवेदन करने के महीने से 12 महीने पहले ही दूरदर्शन के साथ 25 लाख का व्यवसाय कर लेती है तो उसको दूरदर्शन के साथ दो वर्ष व्यवसाय न होने पर भी प्राधिकृत माना जाएगा। बशर्ते कि उसने 12 महीने का व्यापार पूरा कर लिया है और अधिनियम 3.2.1 के उप पैरा 2, 3, 4 और 5 में उल्लिखित शर्तों को पूरा करती है। मान्यता उसी महीने से प्रभावी होगी जिस महीने महानिदेशक ने उसकी बैंक गारंटी को स्वीकृत करके उसे मान्यता प्रदान की है। यदि कोई मान्यता/प्राधिकृत विज्ञापन एजेंसी एक वर्ष में दूरदर्शन के साथ कम से कम 6 लाख रु. का लेन-देन नहीं कर पाती है तो उसकी मान्यता वापस ली जा सकती है। मान्यता प्राप्त विज्ञापन एजेंसियाँ अपने वार्षिक खाते बन्द होने की तारीख से पूर्व 6 महीने के अन्दर चार्टर्ड एकाउंटेंट द्वारा विधिवत अंकेक्षित लाभ और हानि लेख प्रत्येक वर्ष जमा कराएँगी। अन्तिम आकलन के समय एक महीने के भीतर विगत आकलन वर्ष के सम्बन्ध में आय कर निपटान प्रमाण पत्र भी जमा कराएगी। इन आवश्यकताओं को पूर्ण न करने पर दूरदर्शन के साथ मान्यता खत्म होने की स्वयं जिम्मेदार होगी।

टिप्पणी-1

वर्तमान प्राधिकृत विज्ञापन एजेंसियाँ तभी मान्यता प्राप्ति के योग्य मानी जाएँगी जब निम्न शर्तों को पूरा करती हों।

1. नए नियम लागू होने के दो महीने के भीतर अधिनियम के अनुसार मान्यता प्राप्ति के लिए आवेदन किया गया हो।

2. उनके द्वारा अधिनिमय 3.2.1 अथवा 3.2.2 जैसा भी मामला हो की आवश्यकताएँ पूरी करने पर।

टिप्पणी-2

इस प्रकार की एजेंसियों को न्यूनतम व्यवसाय हासिल करने के लिए लागू तारीख से एक वर्ष की अवधि उपलब्ध कराई जाएगी। इस अवधि में इस प्रकार की कम्पनियों को अस्थायी मान्यता का दर्जा प्राप्त रहेगा।

आवेदन

विज्ञापन एजेंसियों द्वारा पंजीकरण/मान्यता के लिए निम्नलिखित प्राधिकरणों को आवेदन करना चाहिए।

(I) पंजीकरण के लिए आवेदन–

निदेशक दूरदर्शन केन्द्र, जिसके क्षेत्र में विज्ञापन एजेंसी का प्रधान कार्यालय स्थित है।

(II) मान्यता के लिए आवेदन–

बिक्री नियंत्रक

दूरदर्शन व्यावसायिक सेवा

एशियन खेल गाँव, सीरी फोर्ट, नई दिल्ली 110049

(ख) आवेदन निर्धारित फार्म पर भरकर भेजे जाएँगे जो कि अपने आप में पूर्ण हो यथापेक्षित कागजात संलग्न हों।

(क) इस प्रकार के आवेदनों पर महानिदेशक का निर्णय अन्तिम होगा।

कमीशन और क्रेडिट

मान्यता प्राप्त विज्ञापन एजेंसी महीने के पहले प्रसारण की तिथि से 45 दिन तक उधार करने की हकदार होगी।

मान्यता प्राप्त करने के लिए आवेदन करने वाली एजेंसी के पास भली-भाँति सुसज्जित कार्यालय सहित सुशिक्षित स्टाफ और नियमित विभाग उदाहरणार्थ कला, कॉपी और संचार की सुविधाएँ होनी चाहिए। ग्राहकों की सूची दूरदर्शन को उपलब्ध करानी चाहिए जिसमें कम से कम एक ग्राहक ऐसा हो जो राष्ट्रीय स्तर पर या तो रेडियो, टेलीविजन अथवा पत्र-पत्रिकाओं में विज्ञापन देता है। ऐसी किसी एजेंसी को पंजीकरण/मान्यता का दर्जा नहीं दिया जाएगा जिसका मालिक, कोई साझेदार अथवा

निदेशक किसी अन्य विज्ञापक का वेतन भोगी कर्मचारी हो।

किसी विज्ञापन को प्रदत्त कमीशन का बँटवारा उसके द्वारा नहीं होगा अथवा किसी अन्य व्यक्ति, फर्म अथवा कम्पनी को प्रत्यक्ष अथवा परोक्ष रूप से छूट नहीं दी जाएगी।

विज्ञापकों के साथ विज्ञापन और सम्बन्धित विज्ञापन एजेंसी विज्ञापनों और सम्बन्धित बिलों के भुगतान के लिए विज्ञापकों के साथ अलग-अलग और सामूहिक रूप से जिम्मेदार होगी। केन्द्र अथवा राज्य सरकार द्वारा वह उद्योग जो लघु उद्योग प्रमाणित किए गए हैं, जो सीधे दूरदर्शन के माध्यम से सीधे विज्ञापन देते हैं, वे निर्धारित दरों में 15% छूट के पात्र होंगे। तथापि वे आगे अन्य कमीशन के हकदार नहीं होंगे। सभी प्रकार की बुकिंग का अग्रिम भुगतान उनसे अपेक्षित होगा।

यदि किसी विज्ञापन एजेंसी के किसी साझेदार/निदेशक/मालिक कोई सम्बन्धी दूरदर्शन में कार्यरत है तो ऐसी स्थिति में दूरदर्शन में कार्यरत कर्मचारी से साझेदार/निदेशक/मालिक के साथ सम्बन्धों का पूर्ण ब्यौरा देना होगा।

सभी सार्वजनिक क्षेत्र के उपक्रम/केन्द्र/राज्य सरकारें/सहकारी संस्थान दूरदर्शन में सीधे विज्ञापन बुक करा सकते हैं। वे 15% कमीशन और मान्यता प्राप्त एजेंसियों पर लागू उधार समय-सीमा के हकदार होंगे।

महानिदेशक यदि उचित समझे तो इन नियमों को समय-समय पर संशोधित अथवा परिवर्तित कर सकता है और इस प्रकार के संशोधन व परिवर्तन विज्ञापन एजेंसी पर अनिवार्यतः लागू होंगे।

जी. टी. वी.
दक्षिण एशिया जी. टी. वी. चैनल

दर सूची नम्बर Z I N R/अक्तूबर, 93. 1.10.1993 से प्रभावित एम्बियन्स स्पेस सेलर्स प्राइवेट लिमिटेड के माध्यम से देय भारतीय ग्राहकों के लिए मान्य।

सारे भुगतान भारतीय रुपयों में

समय अवधि	अनुसूची में तय दर Ros	प्रति घण्टे तय कीमत	तयशुदा समय की राशि (FT)
60 सेकंड	1,03,200 रु.	1,23,840 रु.	1,44,480 रु.
45 सेकंड	84710 रु.	1,01,480 रु.	1,18,680 रु.
30 सेकंड	51,600 रु.	61,920 रु.	72,240 रु.
20 सेकंड	41,280 रु.	49,880 रु.	58,050 रु.
15 सेकंड	33,110 रु.	30,560 रु.	46,440 रु.

10 सेकंड	25,800 रु.	30,960 रु.	36,120 रु.
5 सेकंड	17,200 रु.	20,640 रु.	24,080 रु.

दर सूची नम्बर Z I N R/अप्रैल, 94. 1.4.1994 से प्रभावित

टाइम बैण्ड 17.30 से पूर्व 17.30 से 19.30 तक

प्राइम टाइम 22.30 के बाद गोल्ड प्रोग्राम (मूल रूप में चलने वाले)

10 सेकंड का

आधारभूत मूल्य	25,000 रु.	25,000 रु.	25,000 रु.	25,000 रु.	40,000 रु.
बोनस स्पोटस की संख्या	2	1	NB	1	कुछ नहीं

प्रत्येक स्थान को देय

प्राइम टाइम (गोल्ड प्रोग्राम को छोड़कर) 19.30 से 22.30 तक प्रतिदिन साथ में 9.30 से 11.30 प्रत्येक रविवार।

रेडियो विज्ञापन

आल इंडिया रेडियो के पास इस समय 175 प्रसारण केन्द्र हैं जिनमें 168 पूर्ण विकसित स्टेशन, तीन रिले केन्द्र, एक सहायक केन्द्र तथा तीन विधि भारती के विशिष्ट व्यावसायिक केन्द्र हैं। नेटवर्क के पास 146 मीडियम वेव, 49 शार्ट वेव तथा 85 FM ट्रांसमीटर हैं। वर्तमान में रेडियो देश की कुल जनसंख्या के 89.7% को कवर करता है। स्थानीय समाचारों को अधिक से अधिक कवर करने के लिए पाँच-पाँच मिनट की अवधि के तीन सहायक समाचार बुलेटिन अगरतल्ला, गंगटोक और सिलचर से प्रसारित किए गए थे। आल इंडिया रेडियो, चंडीगढ़ ने एक पाँच मिनट की समाचार कमेंट्री का प्रसारण प्रारम्भ किया।

हिन्दी में साप्ताहिक लोक रुचि समाचार बुलेटिन प्रत्येक रविवार को दिल्ली से प्रसारित होता है। ऑल इंडिया रेडियो की 13 क्षेत्रीय समाचार इकाइयाँ अपनी क्षेत्रीय भाषा में लोकरुचि के बुलेटिन प्रसारित करती हैं। दिल्ली, मुम्बई, कलकत्ता और चेन्नई में आल इंडिया रेडियो के प्रसारण के घण्टों में वृद्धि इस तरह से की गई है कि प्रातः 6 बजे से आधी रात तक इनमें से कोई न कोई ट्रांसमीटर प्रसारण करता रहता है। अब आल इंडिया रेडियो की सेवा राष्ट्रीय चैनल पर चौबीस घण्टे उपलब्ध रहती है। आठवीं पंचवर्षीय योजना में आल इंडिया रेडियो के कुछ गिने-चुने स्टेशनों पर Compact Discs शुरू क़रने का प्रस्ताव रखा गया। आल इंडिया रेडियो, मुम्बई में अपनी किस्म का पहला मल्टी ट्रैक रिकार्डिंग स्टूडियो खोला गया। कलकत्ता में लाइसेंसधारियों को नौ घण्टे तथा पणजी में चार घण्टे का समय आबंटित किया गया।

14 जनवरी, 1995 को आल इंडिया रेडियो ने दिल्ली में रेडियो पेजिंग सेवा का आरम्भ किया। इस प्रकार आल इंडिया रेडियो एशिया क्षेत्र में इस प्रकार की सेवा जिसमें एफ. एम. ट्रांसमीटर का प्रयोग हो, का आरम्भ करने वाला प्रथम सार्वजनिक प्रसारक हो गया है।

विविध भारती और प्राइमरी चैनल पर 1984-85 से 1993-94 तक व्यावसायिक उपयोग से प्राप्त राजस्व के आंकड़े :

विविध भारती और प्राइमरी चैनलों से प्रसारित विज्ञापनों द्वारा अर्जित राजस्व

(रुपयों में)

वर्ष	विविध भारती	सकल अर्जित राजस्व-प्राइमरी चैनल		
		चरण-I	चरण-II	कुल
1975-76	6,25,87,679	—	—	6,25,87,679
1976-77	6,85,54,222	—	—	6,85,54,222
1977-78	7,82,06,252	—	—	7,82,06,252
1978-79	8,90,75,436	—	—	8,90,75,436
1979-80	10,31,43,702	—	—	10,31,43,702
1980-81	12,51,32,824	—	—	12,51,32,824
1981-82	15,23,44,716	—	—	15,23,44,716
1982-83	15,39,89,422	72,64,000	—	16,12,53,422
1983-84	16,00,34,250	42,30,500	—	16,42,64,750
1984-85	15,93,58,046	66,78,500	—	16,60,31,546
1985-86	17,54,89,035	50,06,275	2,13,84,761	20,22,80,071
1986-87	17,71,77,765	1,06,68,575	5,20,92,195	23,99,38,535
1987-88	19,26,24,082	88,13,025	8,51,64,751	28,66,01,858
1988-89	21,99,92,445	84,81,675	9,60,45,546	32,45,20,666
1989-90	23,72,28,116	68,02,372	10,59,36,265	35,06,55,753
1990-91	25,25,09,742	64,71,500	13,40,37,024	39,30,18,255
1991-92	34,89,00,000	83,62,000	17,00,68,000	52,73,00,000
1992-93	37,66,00,000	1,38,00,000	19,87,00,000	58,91,00,000
1993-94	36,96,00,000	1,93,00,000	25,46,00,000	64,35,00,000
1994-95	35,44,00,000	58,00,000	28,37,00,000	84,32,00,000
1995-96	37,32,30,000	1,45,48,000	42,19,79,000	80,97,57,000

अंग्रेजी के सर्वाधिक बिक्री वाले दस पत्र

क्रम सं.	पत्र का नाम/प्रकाशन स्थान	प्रसार संख्या जनवरी से जून '94 के अनुसार
1.	टाइम्स आफ इंडिया नई दिल्ली, पटना, इलाहाबाद, लखनऊ, बंगलौर	7,110,63
2.	हिन्दू चेन्नई, कोयम्बटूर, बंगलौर, दिल्ली, हैदराबाद, नागपुर और विशाखापत्तनम	4,78,139
3.	इंडियन एक्सप्रैस पूना, मुम्बई, नागपुर, चंडीगढ़, दिल्ली मदुरै, विजयवाड़ा, कोचीन, हैदराबाद चेन्नई, विजयरंगम, कोज्जीकोडे, अहमदाबाद, बड़ौदा	4,44,112
4.	हिन्दुस्तान टाइम्स दिल्ली, पटना	3,77,190
5.	इकोनोमिक टाइम्स दिल्ली, मुम्बई, बंगलोर, कलकत्ता	2,69,784
6.	ट्रिब्यून चण्डीगढ़	1,61,134
7.	स्टेट्समैन दिल्ली, कलकत्ता	1,48,382
8.	डेक्कन हेराल्ड बंगलौर, हुबली, धारवाड़	1,42,199
9.	टेलिग्राफ कलकत्ता	1,38,705
10.	डेक्कन क्रोनिकल सिकन्दराबाद	86,715

हिन्दी के दस सर्वाधिक बिक्री वाले पत्र

क्र. सं.	पत्र का नाम/प्रकाशन स्थान	प्रसार संख्या जनवरी से जून '94 के अनुसार
1.	पंजाब केसरी जालन्धर, अम्बाला, दिल्ली	6,13,908
2.	दैनिक जागरण आगरा, झाँसी, वाराणसी, कानपुर, गोरखपुर, लखनऊ, मेरठ, दिल्ली	4,67,950
3.	नवभारत टाइम्स दिल्ली, मुम्बई, पटना, जयपुर	3,85,499
4.	आज कानपुर, वाराणसी, इलाहाबाद, रांची, आगरा, जमशेदपुर और लखनऊ	3,80,918
5.	राजस्थान पत्रिका जयपुर, जोधपुर, उदयपुर, भोपाल, इन्दौर	3,42,921
6.	हिन्दुस्तान दिल्ली, पटना	3,16,873
7.	नया भारत नागपुर, रायपुर, भोपाल, बिलासपुर, जबलपुर, इन्दौर	30,2,887
8.	अमर उजाला आगरा, मेरठ, मुरादाबाद	2,22,832
9.	जनसत्ता दिल्ली, मुम्बई, चण्डीगढ़	1,53,410
10.	दैनिक भास्कर इन्दौर, ग्वालियर, जबलपुर	1,38,262

विविध भारती सेवा पर विभिन्न प्रायोजित कार्यक्रमों की दरें

क्र. सं. कार्यक्रम का नाम समय घण्टों में	कार्यक्रम की अवधि	स्टेशन नंम्बर	समय (सेकंड में)	छूटमुक्त कार्यक्रम	महीना	3 महीने	6 महीने	सालभर
प्रतिदिन के कार्यक्रम								
1. रंगावली								
07.00 से 07.20 तक	20 मि.	29+4	40 (20+20)	15000	4,10,600	12,18,000	24,09,000	48,18,000
2. संगीत सरिता								
07.30 से 07.45 तक	15 मि.	30+4	40 (20+20)	10,000	2,73,800	4,12,100	16,05,000	32,10,000
3. भूले बिसरे गीत								
(क) भाग-I								
07.45 से 08.00 तक	15 मि.	30+4	40 (20+20)	16,000	4,38,000	12,99,300	25,69,500	51,39,000
(ख) भाग-II								
08.15 से 08.30 तक	15 मि.	26+4	40 (20+20)	16,000	4,38,000	12,99,300	25,69,500	51,39,000
4. (क) चित्रलोक (प्रातः)								
08.30 से 10.00 तक	90 मि.	30+4	90 (50+40)	25,000	6,84,400	20,31,000	40,15,200	8,03,04,000
(ख) चित्रलोक (सायं)								
20.00 से 1.000	30 मि.	24+4	60 (30+30)	10,000	3,34,700	6,96,300	13,77,000	27,54,000

5. मनचाहे गीत								
13.30 से 14.30	60 मि.	30+4	60(30+30)	12,000	3,28,500	9,74,400	19,27,200	38,54,400
6. अनुरोध गीत								
15.30 से 16.00	30 मि.	22+4	60(30+30)	8,000	2,19,000	6,49,800	12,84,900	25,69,800
7. गुलदस्ता								
16.00 से 16.30	30 मि.	30+4	40(20+20)	7,000	1,91,600	5,68,500	11,24,100	22,84,200
8. तराने नए पुराने								
16.30 से 17.00 और								
17.05 से 17.30	55 मि.	23+4	60(30+30)	8,000	2,19,000	6,49,800	12,84,900	25,69,800
9. हवा महल								
20.30 से 20.45	15 मि.	28+4	30 (15+15)	5,000	1,36,900	4,06,200	8,03,100	16,06,200
10. छायागीत								
22.00 से 22.30 तक	30 मि.	30+4	70 (40+30)	8,500	2,32,700	6,90,300	13,65,000	27,30,000
11. (क) जयमाला (शनिवार को छोड़कर)								
19.05 से 19.45	40 मि.	29+4	90 (50+40)	12,000	2,81,600	8,35,500	16,52,400	33,04,800
(ख) विभेद जयमाला								
फिल्मी सितारों द्वारा प्रस्तुत								
19.05 से 19.45	40 मि.	29+4	90(50+40)	15,000	3,28,500	9,74,400	19,27,200	38,54,400

टिप्पणी :

विज्ञापकों के कुल सकल कार्य व्यापार की विविध भारती सेवा और प्राइमरी चैनल फेज-I द्वारा पुष्टि हो जाने पर उनको छूट दी जाएगी। (राष्ट्रीय समाचारों से पहले एवं बाद में) यह छूट 1 अप्रैल से शुरू होने वाले वित्तीय वर्ष से शुरू होकर 31 मार्च तक रहेगी। प्राइमरी चैनल के स्टेशनों (फेज-II) पर होने वाले कार्य व्यापार पर कोई छूट नहीं है। यह भुगतान इस शर्त के अधीन है कि अगर विज्ञापक की कोई बकाया राशि है तो उसका भुगतान उसको चेक या ड्राफ्ट द्वारा किया जाएगा।

यह छूट एस. एस. आई विज्ञापकों के लिए ग्राह्य नहीं है।

विज्ञापन के लिए दिशा निर्देश :

(क) सिगरेट, बीड़ी, तम्बाकू, पान मसाला, शराब और अन्य मादक पदार्थों तथा सोना, चांदी के आभूषण व कीमती पत्थरों (Stones) के विज्ञापनों के प्रसारण की अनुमति नहीं है।

(ख) पेय पदार्थों (शीतल पेय आदि) पर वैधानिक चेतावनी लिखी होनी चाहिए कि इसमें किसी प्रकार के फल का रस या गूदा नहीं है, यह पूर्णतया कृत्रिम रस है और इसमें B.V.O. नहीं है।

(ग) औषधीय उत्पादों के आलेख (हिन्दी अथवा अंग्रेजी) की पाँच प्रतियाँ संलग्न होनी चाहिए। संघटकों (दवाई बनाने में सहायक) की सूची की पाँच प्रतियाँ (संघटकों के प्रतिशत सहित) दी जाएँ। और प्रसारण से पहले ड्रग्स नियन्त्रक द्वारा अनुमोदित दवा का नमूना प्रस्तुत किया जाए।

(घ) औषधीय गुणों का स्थान हमेशा निश्चित हो।

(ङ) विज्ञापन में किसी प्रकार के अतिशयोक्तिपूर्ण, सर्वश्रेष्ठता और भ्रामकतापूर्ण दावे नहीं होने चाहिए।

(य) विज्ञापन कार्य से जुड़े सभी विज्ञापकों को कठोरता से संस्तुत किया जाता है कि देश में विज्ञापन को प्रभावी बनाने वाले कानूनों की जानकारी वे रखें ये कानून निम्नलिखित हैं जो समय-समय पर संशोधित होते रहे हैं।

(1) औषधि एवं प्रसाधन सामग्री एक्ट, 1940

(2) औषधि नियन्त्रक एक्ट, 1950

(3) औषधि एवं चमत्कारी इलाज (आपत्तिजनक विज्ञापन) एक्ट, 1954

(4) कॉपी राइट एक्ट, 1957

(5) व्यापार एवं माल चिह्न एक्ट, 1958

(6) खाद्य अपमिश्रण निवारण एक्ट, 1954

(7) फार्मेसी एक्ट, 1948

(8) चिह्न और नाम (अनुचित प्रयोग अवरोधक) एक्ट, 1950

(9) उपभोक्ता संरक्षण एक्ट, 1986

(10) भारतीय एडवरटाइजिंग कौंसिल द्वारा जारी आचार संहिता

(11) अश्लीलता चित्रण प्रतिषेध एक्ट, 1986 (स्त्री अशिष्ट प्रदर्शन प्रतिषेध)

(12) औषधीय और उपचार से सम्बन्धित विज्ञापन की आचार संहिता व मानवता

(13) विज्ञापक एजेंसियों के व्यवसाय की मानकता

(14) व्यावसायिक प्रसारण की आचार संहिता जिसकी कापी केन्द्रीय बिक्री इकाई के अनुकूल हो।

1. विज्ञापनों का डिजाइन इस तरह का हो कि वे देश के कानून के अनुसार चलने वाले हों। उनमें जनता की नैतिकता, मर्यादा और धार्मिक भावप्रवणता के विरुद्ध कुछ न कहा/चित्रित हो।

2. ऐसे विज्ञापन नहीं दिखाए जा सकते जिनमें :

(1) किसी जाति, वर्ण/वर्ग, रंग, धर्म-सिद्धान्तों या राष्ट्रीयता का उपहास किया गया हो।

(2) देश के संविधान के नीति निदेशक सिद्धान्तों या अन्य प्रावधानों के विरुद्ध कुछ कहा गया हो।

(3) लोगों को भड़का कर अपराध की ओर ले जाने वाले, साम्प्रदायिक हिंसा और अव्यवस्था के कारण प्रस्तुत करने वाले, कानून का उल्लंघन करने वाले, हिंसा को महिमामंडित करने वाले और किसी तरह की अश्लीलता प्रदर्शित करने वाले विज्ञापन नहीं प्रसारित होंगे।

(4) अपराधीकरण को प्रस्तुत करने वाले।

(5) विदेशी राष्ट्रों के मित्रतापूर्ण सम्बन्ध पर विपरीत प्रभाव डालने वाले।

(6) राष्ट्रीय प्रतीकों, संविधान के किसी भाग, किसी व्यक्ति, व्यक्तित्व, राष्ट्रीय नेता और राष्ट्र के प्रतिष्ठित व्यक्ति का उपयोग/दुरुपयोग करनेवाले विज्ञापन प्रसारित नहीं किए जाएँगे।

परिशिष्ट-2

वि

एक आधुनिक विज्ञापन एजेंसी में, एक विज्ञापन

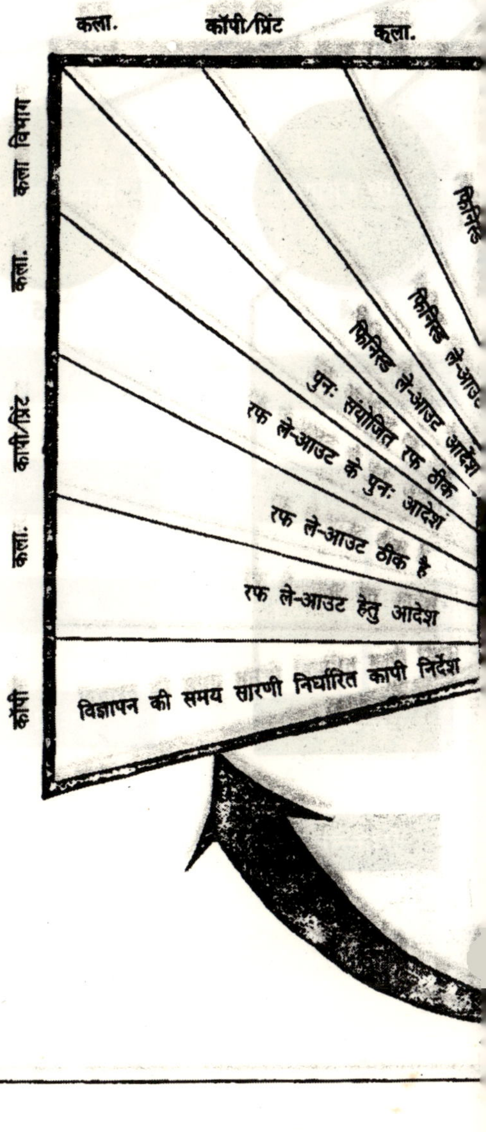

परिशिष्ट-3